# 정지훈의
# 양자 컴퓨터
# 강의

# 정지훈의 양자 컴퓨터 강의
### AI 다음의 게임 체인저 양자 컴퓨터의 모든 것
양자 기술의 핵심 메커니즘 · 비즈니스 판도 · 투자 가이드

**초판 1쇄 발행** 2025년 8월 29일
**초판 2쇄 발행** 2025년 9월 30일
**초판 3쇄 발행** 2025년 11월 11일

**지은이** 정지훈 / **펴낸이** 임백준
**펴낸곳** 한빛미디어 / **주소** 서울시 서대문구 연희로2길 62 콘텐츠2부
**전화** 02-325-5544 / **팩스** 02-336-7124
**등록** 1999년 6월 24일 제2017-000058호 / **ISBN** 979-11-6921-424-7  03420

**총괄** 이복연 / **책임편집** 홍성신 / **기획 · 편집** 김대현 / **디자인** 임진태 / **전산편집** 다인
**영업마케팅** 송경석, 김형진, 장경환, 조유미, 한종진, 이행도, 고광일, 성화정, 김한솔, 전차은 / **제작** 박성우, 김정우

한빛미디어는 한빛앤(주)의 IT 출판 브랜드입니다.

이 책에 대한 의견이나 오탈자 및 잘못된 내용은 출판사 홈페이지나 아래 이메일로 알려주십시오.
파본은 구매처에서 교환하실 수 있습니다. 책값은 뒤표지에 표시되어 있습니다.
**홈페이지** www.hanbit.co.kr / **이메일** ask@hanbit.co.kr

Published by HanbitN, Inc Printed in Korea
Copyright © 2025 정지훈 & HanbitN, Inc
이 책의 저작권은 정지훈과 한빛앤(주)에 있습니다.
저작권법에 의해 보호를 받는 저작물이므로 무단 전재와 무단 복제를 금합니다.

지금 하지 않으면 할 수 없는 일이 있습니다.
책으로 펴내고 싶은 아이디어나 원고를 메일(**writer@hanbit.co.kr**)로 보내주세요.
한빛앤(주)는 여러분의 소중한 경험과 지식을 기다리고 있습니다.

# 정지훈의 양자 컴퓨터 강의

**AI 다음의 게임 체인저
양자 컴퓨터의 모든 것**

양자 기술의 핵심 메커니즘·비즈니스 판도·투자 가이드

정지훈 지음

한빛미디어

## 추천의 말

늘 새로운 기술의 본질과 그것이 만들어낼 미래를 누구보다 앞서 친절하고 명확하게 짚어주는 정지훈 박사가 이번에는 양자 컴퓨터에 관한 책을 세상에 내놓았다. 정 박사의 왕성한 활동을 보고 있노라면 언제나 몸이 열 개라도 모자라지 않을까 싶을 정도인데 이번에도 역시 기대를 저버리지 않았다. 양자 컴퓨터는 이제 더 이상 먼 미래의 이야기가 아니다. 머지않아 우리 일상과 산업 전반을 뒤흔들 거대한 변화로 다가올 것이며 그 흐름을 이해하는 사람만이 새로운 기회를 잡을 수 있다. 그런 점에서 이 책은 반드시 읽어볼 만한 가치가 있다. 정 박사의 글은 언제나 기술에 대한 깊이 있는 이해를 바탕으로 한다. 동시에 복잡하고 난해한 주제도 차근차근 풀어내어 독자가 미래를 미리 내다볼 수 있게 한다. 이번 책에서도 양자 컴퓨터의 핵심 원리를 쉽고 명쾌하게 정리해 다가올 양자 시대를 누구보다 먼저 준비할 수 있도록 독자에게 큰 울림을 줄 것이다.

**박태웅**_녹서포럼 의장, 민주연구원 집단지성센터장

기술의 가치는 결국 세상을 얼마나 바꿀 수 있느냐에 달려 있다. 그러나 새로운 기술은 대개 너무 어렵게 다가와 많은 사람이 이해하기를 포기하곤 한다. 양자 컴퓨터는 인류의 삶을 근본적으로 바꿀 거대한 잠재력을 품고 있지만 가장 난해하고 접근하기 힘든 분야로 꼽힌다. 『정지훈의 양자 컴퓨터 강의』가 특별한 이유가 바로 여기에 있다. 이 책은 어렵게만 느껴지는 양자 컴퓨터의 문턱을 낮추어 누구나 본질을 이해할 수 있도록 길을 열어준다. 나아가 핵심 개념을 단순히 설명하는 데서 멈추지 않고 실제로 이 기술이 사회와 산업 전반에 어떤 변화를 불

러올지 구체적인 그림을 그려 보여준다. 이를 통해 양자 컴퓨터에 대한 지식 습득을 넘어 미래를 주도할 통찰과 상상력을 함께 얻게 될 것이다. 이제 더 이상 양자 컴퓨터를 외면하지 말고 이 책으로 다가올 양자 시대를 준비하며 새로운 기회의 문을 열어가길 바란다.

**이효석**_HS아카데미 대표

양자 컴퓨터는 더 이상 사이언스 픽션이 아니다. 구글, IBM, 마이크로소프트를 비롯한 글로벌 빅테크는 물론, 미국과 중국 등 주요 국가들도 양자 기술을 국가 전략과 산업 혁신의 핵심에 두고 막대한 자원을 쏟아붓고 있다. 이 거대한 기술 패러다임의 전환을 이해하는 자만이 다가올 미래의 기회를 선점할 수 있다. 이 책은 난해하게 느껴질 수 있는 양자 컴퓨팅의 핵심 원리를 친절하고도 명확하게 설명한다. 동시에 인공지능, 금융, 암호 보안, 바이오 등 일상과 자산에 직결되는 분야에서 양자 기술이 어떤 방식으로 구조적 변화를 이끌고 있는지를 구체적으로 짚는다. 단순한 기술 해설을 넘어, 양자 기술이 사회와 시장 전체에 미치는 의미와 잠재력을 통찰력 있게 풀어낸 이 책은 기술을 이해하는 것이 곧 투자 인사이트로 직결되는 시대에 꼭 필요한 지침서다. 양자 시대의 흐름을 읽고 싶은 독자라면 이 책이 가장 현실적이고 전략적인 출발점이 되어줄 것이다.

**김동주(김단테)**_유튜브 〈내일은 투자왕 김단테〉 운영, 전 업라이즈투자자문 대표이사

2021년 코로나19 팬데믹과 2023년 초전도체 이슈로 세상이 떠들썩했을 때만 해도 양자 컴퓨터에 대한 회의론이 팽배했고 대중의 관심도 요원했다. 그러나 2025년에 이르러 빅테크와 스타트업들의 가시적인 성과, 중국 정부 주도의 기술 약진이 이어지며 분위기가 급변했다. 이제 양자 컴퓨터는 전문 투자자와 기업가뿐만 아니라 일반 대중에게도 높은 관심을 받는 핫 키워드가 되었다. 특히 챗GPT의 등장으로 AI가 현실을 바꾸는 모습을 직접 경험하면서, 컴퓨팅 기술의 변화가 우리 삶에 얼마나 큰 영향을 미치는지 깨닫게 된 점이 양자 컴퓨터에 대한 관심을 더 증폭시키는 계기가 되었다. GPU, NPU처럼 생소했던 용어가 일상 대화에 등장하고, 전력망과 에너지에 이어 AI 인프라가 국가 핵심 자산이 된 지금, 다음 주자로 떠오른 양자 컴퓨터에 이목이 쏠리는 건 당연한 일일지도 모른다.

그러나 양자 컴퓨터에 대한 관심이 최고조에 달했음에도 불구하고, 대중의 궁금증을 속 시원히 해소해줄 만한 책은 좀처럼 찾기 힘들다. 하지만 이 책은 양자 컴퓨터의 기초 원리부터 최신 하드웨어 경쟁, 산업별 응용과 투자 전략까지 폭넓고 깊이 있게 다룬다. 무엇보다 단순히 이론을 설명하는 데 그치지 않고, 구현 가능성과 산업적 현실이라는 날카로운 시각으로 풀어낸다. 이 책의 저자인 정지훈 박사가 산업의 최전선에서 직접 겪고 투자하며 쌓아온 경험과 통찰이 곳곳에 녹아 있으며 마지막 장은 양자 기술이 막연한 미래가 아닌 현실에 얼마나 가까워졌는지를 생생하게 보여준다. AI로 인해 반도체 컴퓨팅에 대한 관심이 높아진 상황에서 그 뒤를 이을 차세대 컴퓨팅 패러다임인 양자 컴퓨터를 어떻게 구현할 것인가라는 관점에서 이처럼 깊이 있게 다룬 책은 드물다. 기술의 미래를 고민하는 개발자, 기획자, 투자자라면 반드시 곁에 두고 읽어야 할 책이다.

**에러**_유튜브 〈안될공학〉 콘텐츠 크리에이터

### 지은이의 말

**지금, 우리는 퀀텀의 새벽을 목격하고 있다.**

기술의 역사를 돌아보면 거대한 변화는 언제나 조용한 새벽녘처럼 찾아왔다. 대부분이 아직 잠들어 있거나 다가올 아침을 인식하지 못할 때, 소수의 선구자는 희미한 여명을 먼저 발견하고 새로운 시대를 준비한다. 나에게도 그런 순간으로 기억되는 몇 번의 경험이 있다.

2015년, 나는 루닛Lunit이라는 의료 AI 스타트업에 엔젤 투자를 결정했다. 2016년에는 데이터 플랫폼 기업인 크라우드웍스Crowdworks의 여정에 동참했다. 지금은 모두 각자의 분야에서 주목받는 상장 기업으로 국내 AI 산업을 선도하는 곳 중 하나가 되었지만, 당시만 하더라도 AI는 일부 연구실에서만 다루는 전유물처럼 여겨지던 시기였다. '과연 AI가 진짜 산업을 바꿀 수 있을까'라는 의구심이 팽배했고 투자는 모험에 가까웠다. 하지만 나는 당시 AI 기술 생태계가 꿈틀거리는 모습 속에서 거대한 물결이 시작되고 있음을 직감했다.

그리고 지금, 나는 양자 컴퓨팅이라는 새로운 기술 앞에서 약 10년 전 AI의 시작점에서 느꼈던 것과 비슷한 설렘을 느끼고 있다. 아직은 낯설고 기술적 장벽이 높으며 대중의 이해가 부족하다는 상황까지 놀라울 만큼 닮았다. 그러나 안개 너머에서는 이미 IBM, 구글, 마이크로소프트 같은 거인들이 치열한 경쟁을 벌이고 있고 아이온큐, 리게티 같은 혁신적인 기업이 등장해 생태계를 뒤흔들고 있다.

나는 시대의 변곡점마다 가장 중요하다고 생각되는 기술에 대해 글을 써왔다. 『거의 모든 IT의 역사』에서는 디지털 혁명의 뿌리를 되짚었고, 『미래자동차: 모빌리티 혁명』과 『AI 101: 인공지능 비즈니스의 모든 것』에서는 우리 삶을 바꿀 거대한 기술의 흐름을 조망했으며 『생성형 AI가 바꾸는 메타버스의 미래』에서는 새로운 디지털 경험의 가능성을 탐색했다. 『정지훈의 양자 컴퓨터 강의』도 그 연장선에 있다. 지금이야말로 양자 컴퓨팅이라는 다음 시대의 게임 체인저를 제대로 이해해야 할 결정적 시기라고 믿는다.

이 책은 양자물리학의 복잡한 수식을 파고드는 이론서가 아니다. 오히려 양자 컴퓨팅이라는 낯선 대륙을 탐험하는 여행자를 위한 안내서에 가깝다. 이 기술이 어떤 원리로 작동하는지, 핵심 플레이어들은 누구이며 어떤 전략을 쓰고 있는지 그리고 앞으로 어떤 산업이 어떻게 바뀔 것인지에 대한 큰 그림을 그리고자 했다. 조금 이르다고 생각할 수도 있다. 하지만 진정한 기회는 언제나 남들보다 한 발 앞서 미래를 내다보고 준비하는 자의 몫이었다. 부디 이 책이 다가올 퀀텀 시대를 이해하는 단단한 지적 기반이 되어주고, 그 거대한 변화 속에서 새로운 기회를 포착할 수 있는 혜안을 기르는 데 작은 도움이 되기를 바란다. 제대로 된 이해는 미래를 보는 눈을 뜨게 하고, 그 눈은 우리를 가장 빛나는 기회의 순간으로 이끌어줄 것이다.

**저자 소개**

## 정지훈

대한민국을 대표하는 IT 융합 전문가이자 미래 전략가. 기술과 사회 변화의 흐름을 예리하게 통찰하며, 다가올 미래의 기회와 전략을 제시하는 데 앞장서고 있다. 한양대학교 의과대학을 졸업하고 서울대학교에서 보건정책관리학 석사, 미국 서던캘리포니아 대학교에서 의공학 박사 학위를 받았다. 의사, 과학자, 교수, 저술가, 스타트업 어드바이저, 엔젤 투자자로서 활동하며 기술 혁신이 인간의 삶과 산업 전반에 미치는 영향을 다각도로 분석해왔다. 삼성전자, LG전자, 현대자동차, SK텔레콤, 네이버, 카카오엔터테인먼트 등 국내 주요 기업에서 미래 전략 자문을 수행했으며, 현재 대구경북과학기술원 겸직교수, 모두의연구소 최고비전책임자, 다음세대재단 이사, 아시아2G캐피탈 공동 창업자 겸 제너럴 파트너로 활동 중이다. 대한민국을 대표하는 양자 컴퓨팅 스타트업인 노르마의 고문도 맡고 있다. 국내에서 손꼽히는 엔젤 투자자로도 잘 알려져 있으며, 다양한 기술 기반 스타트업의 성장을 지원하고 있다. 저서로는 『거의 모든 IT의 역사』, 『생성형 AI가 바꾸는 메타버스의 미래』, 『AI 101, 인공지능 비즈니스의 모든 것』, 『미래자동차: 모빌리티 혁명』 등이 있다.

## 이 책에 대하여

『정지훈의 양자 컴퓨터 강의』는 양자 기술의 개념부터 구현 방식, 산업적 흐름까지 8장으로 구성된 체계적이고 입체적인 입문서다. 독자의 눈높이에 맞춘 설명과 단계적인 흐름을 통해 비전공자도 양자 컴퓨팅의 전체 그림을 자연스럽게 이해할 수 있도록 설계되어 있다.

### 1장 양자 컴퓨팅, 세상을 바꿀 혁신의 시작

양자 컴퓨터가 기존 컴퓨터와 어떻게 다른지 그리고 왜 지금 이 기술이 중요한지를 설명한다. 중첩, 얽힘 등 양자역학의 핵심 개념을 통해 양자 컴퓨팅의 작동 원리를 이해하고 기술의 발전 과정과 역사적 흐름을 짚는다. IBM, 구글 등 주요 기업의 참여와 기술 경쟁 배경을 통해 현재 위치를 조망하고, 왜 지금 양자 컴퓨팅에 주목해야 하는지를 살펴본다.

### 2장 양자 컴퓨터 하드웨어, 큐비트는 어떻게 만들어질까

양자 컴퓨터의 핵심인 큐비트가 무엇인지 그리고 이를 어떻게 구현할 수 있는지를 다룬다. 초전도, 이온 트랩, 중성 원자, 광자 등 다양한 방식의 큐비트 구현 기술과 각 방식의 장단점을 비교한다. 큐비트의 안정성과 확장성을 확보하기 위한 기술적 과제도 함께 살펴본다. 마지막으로 구글, IBM, 인텔 등 기업들이 어떤 하드웨어 전략을 통해 경쟁하고 있는지를 분석한다.

### 3장 양자 컴퓨터의 소프트웨어: 알고리즘과 프로그래밍

양자 알고리즘의 기본 원리와 고전 컴퓨팅과의 차이를 살펴보고 쇼어 알고리즘, 그로버 알고리즘 같은 대표적 사례를 통해 양자 컴퓨팅의 계산 방식이 어떻게 다른지를 이해한다. 이어서 키스킷, 써크, 브라켓 등 주요 프레임워크를 이용한 양자 프로그래밍 방식을 소개하고, 클라우드 기반 양자 개발 환경에서 실제로 프로그래밍이 어떻게 이뤄지는지도 배운다. 또한 양자 소프트웨어 생태계를 이끄는 주요 기업들의 전략과 기술 트렌드도 함께 조망한다. 알고리즘부터 개발환경, 산업 흐름까지 양자 소프트웨어 전반을 통합적으로 다룬다.

### 4장 양자 통신: 해킹할 수 없는 미래 통신망

양자 컴퓨터가 초래할 보안 위협을 소개하며 이를 해결하기 위한 대안으로 양자 통신 기술의 기본 원리를 다룬다. 양자 키 분배를 중심으로 한 통신 구조와 그 강점을 설명하고 글로벌 기술 경쟁과 실제 상용화 동향을 짚는다. 양자 통신 네트워크 구축에 필요한 기술 과제, 주요 기업들의 전략도 함께 살펴본다. 궁극적으로는 '양자 인터넷'이라는 미래형 통신망이 어떻게 현실화될 수 있는지까지 조망한다.

### 5장 양자 컴퓨팅, 현대 암호를 해체하다: 블록체인과 디지털 경제의 미래

양자 컴퓨터가 기존의 공개키 기반 암호체계를 무력화할 수 있다는 가능성을 짚으며 암호화폐와 블록체인 보안에 어떤 위협이 있는지를 살펴본다. 이를 해결하기 위한 대안으로 양자 내성 암호가 어떻게 작동하고 현재 어떤 방식들이 주목받고 있는지를 설명한다. 나아가 양자 컴퓨팅 시대에 대비한 사이버 보안 분야의 투자 전략도 함께 제시한다. 암호, 자산, 보안의 연결고리 속에서 디지털 경제의 미래를 전망한다.

### 6장 양자 컴퓨팅이 바꾸는 산업의 미래: 신약 개발부터 AI까지

양자 컴퓨팅이 산업에 어떻게 적용되고 있는지를 다룬다. 신약 개발과 신소재 설계에서 양자 시뮬레이션이 어떤 혁신을 이끄는지 살펴보고 금융과 AI 분야에서의 활용 가능성도 소개한다. 월스트리트, 제약회사, AI 연구자들이 양자 기술을 어떻게 실험하고 있는지 구체적 사례로 설명하며 기초 과학 연구에서도 양자 컴퓨팅의 역할을 조명한다. 마지막으로 산업 전반에 걸친 통합적 전망을 통해 미래 응용 가능성을 제시한다.

### 7장 양자 컴퓨팅 앞에 놓인 과제: 기술적 한계와 윤리적 문제

양자 컴퓨팅이 직면한 기술적·사회적 과제를 살펴본다. 큐비트 수 증가, 에러율 제어, 소프트웨어 최적화 등 기술적 한계와 함께 실질적인 상용화까지의 현실적인 장벽들을 짚는다. 또한 양자 기술이 가져올 사회적 영향과 윤리적 딜레마, 기술 불평등 문제 등도 다룬다. 이를 통해 양자 컴퓨팅의 미래를 지속 가능하게 만들기 위해 해결해야 할 과제들을 조망한다.

### 8장 양자 컴퓨팅의 생태계: 어디에 투자할 것인가

양자 컴퓨팅 생태계의 전반적인 구조와 투자 관점을 다룬다. 하드웨어부터 소프트웨어, 알고리즘 개발까지 각각의 기술 축을 조망하고 주요 기업과 스타트업들의 전략을 비교해본다. 양자 기술의 상업화 가능성과 시장 흐름을 분석하며, 어디에 주목해야 할지 투자자 관점에서 기회와 리스크를 짚는다. 기술과 산업, 투자가 만나는 지점을 중심으로 양자 생태계의 큰 그림을 제시한다.

**목차**

추천의 말 4
지은이의 말 8
저자 소개 10
이 책에 대하여 11

## CHAPTER 1
## 양자 컴퓨팅, 세상을 바꿀 혁신의 시작

1.1 기존 컴퓨터 vs. 양자 컴퓨터: 무엇이 다른가 18
1.2 양자 컴퓨터, 왜 중요한가 21
1.3 양자역학의 기본 개념: 초미세 세계의 마법 23
1.4 양자 컴퓨팅의 역사와 발전 과정: 혁신의 여정 27
1.5 왜 지금 양자 컴퓨팅인가: 새로운 시대의 요구 32

## CHAPTER 2
## 양자 컴퓨터의 심장, 큐비트는 어떻게 만들어질까

2.1 양자 컴퓨터의 핵심: 큐비트 36
2.2 다양한 큐비트 구현 기술들 38
2.3 산업계의 치열한 경쟁: 양자 컴퓨팅 시대를 향한 경주 51

## CHAPTER 3
## 양자 컴퓨터의 소프트웨어: 알고리즘과 프로그래밍

3.1 양자 알고리즘의 기본 원리 58
3.2 주요 양자 알고리즘 62

3.3  양자 프로그래밍: 퀀텀 시대를 코딩하다  76

3.4  양자 개발 환경: 클라우드에서 만나는 퀀텀  85

3.5  양자 소프트웨어 개발 기업: 혁신의 물결을 이끌다  90

## CHAPTER 4  양자 통신: 해킹할 수 없는 미래 통신망

4.1  양자 컴퓨터가 흔드는 보안의 미래  94

4.2  양자 통신의 기본 원리: 양자 키 분배  96

4.3  양자 통신의 장점: 깨지지 않는 방패  105

4.4  양자 통신 네트워크: 글로벌 경쟁과 기술적 과제  109

4.5  양자 통신 기술의 주요 과제  114

4.6  주요 양자 통신 기업: 양자 보안 시대를 열어갈 주역들  117

4.7  양자 인터넷: 꿈의 통신망이 열어갈 미래  125

## CHAPTER 5  양자 컴퓨팅, 현대 암호를 해체하다: 블록체인과 디지털 경제의 미래

5.1  암호 기술을 흔드는 양자의 위협  134

5.2  양자 컴퓨터, 암호화폐의 창이 되다: 기존 암호 체계의 위협  136

5.3  양자 내성 암호: 새로운 방패의 등장  141

5.4  양자 컴퓨팅 시대의 사이버 보안 투자 전략  160

## 목차

### CHAPTER 6 양자 컴퓨팅이 바꾸는 산업의 미래: 신약 개발부터 AI까지

- 6.1 산업을 재편하는 양자 컴퓨팅 168
- 6.2 신약 및 신소재 개발: 양자 시뮬레이션, 혁신의 열쇠 170
- 6.3 금융: 양자 컴퓨팅, 월스트리트를 뒤흔들다 180
- 6.4 AI: 양자 기계학습, 새로운 지능의 탄생 189
- 6.5 기초 과학 연구와 양자 컴퓨팅: 우주의 비밀을 푸는 열쇠 201
- 6.6 양자 응용 분야의 미래: 통합적 전망 203

### CHAPTER 7 양자 컴퓨팅 앞에 놓인 과제: 기술적 한계와 윤리적 문제

- 7.1 양자 컴퓨팅, 지속 가능한 미래를 향하여 206
- 7.2 기술적 한계: 장밋빛 미래를 가로막는 현실 207
- 7.3 양자 알고리즘과 소프트웨어: 효율적 활용의 어려움 217
- 7.4 윤리적, 사회적 문제: 새로운 고민거리 219

### CHAPTER 8 양자 컴퓨팅의 생태계: 어디에 투자할 것인가

- 8.1 양자 컴퓨팅 생태계, 조감도 그리기 226
- 8.2 하드웨어: 퀀텀 시대를 여는 거인들 231
- 8.3 소프트웨어와 알고리즘: 양자 두뇌의 설계자들 240
- 8.4 기회와 도전: 양자 컴퓨팅 투자, 무엇을 볼 것인가 252

에필로그: 퀀텀 시대, 새로운 기회의 문 앞에서 260

# 양자 컴퓨팅,
# 세상을 바꿀 혁신의 시작

양자 컴퓨팅은 양자역학이라는 독특한 물리 법칙을 바탕으로 정보를 처리하는 새로운 방식의 컴퓨터 기술이다. 양자역학은 원자나 전자처럼 매우 작은 입자들이 어떻게 움직이고, 서로 어떤 방식으로 영향을 주고받는지를 설명하는 이론이다. 이런 양자 세계의 법칙은 우리가 일상에서 경험하는 고전적인 물리 법칙과는 매우 다르다. 양자역학의 원리를 활용하는 양자 컴퓨터도 기존의 컴퓨터와는 정보를 처리하는 방식부터 상반된다. 기존 컴퓨터로는 풀기 어려운 복잡한 문제도 양자 컴퓨터는 훨씬 빠르게 해결할 수 있다. 따라서 양자 컴퓨팅은 과학, 산업, 사회 전반에 걸쳐 커다란 변화를 이끌 수 있는 기술로 주목받고 있다.

이 장에서는 양자 컴퓨터가 기존 컴퓨터와 어떻게 다른지, 왜 중요한 기술인지, 어떤 과학 원리에 기반하는지 그리고 지금 우리가 주목해야 하는 이유까지 살펴본다.

# 1.1 기존 컴퓨터 vs. 양자 컴퓨터
## : 무엇이 다른가

기존 컴퓨터와 양자 컴퓨터의 가장 큰 차이는 정보를 저장하고 처리하는 방식에 있다. 우리가 일상적으로 사용하는 일반 컴퓨터는 정보를 비트$_{bit}$라는 단위로 저장한다. 비트는 오직 0 또는 1 중 하나의 값만 가질 수 있는 아주 단순한 구조다. 이 0과 1을 무수히 조합해서 글자, 숫자, 이미지, 영상 같은 다양한 정보를 표현하고 처리한다.

반면, 양자 컴퓨터는 큐비트$_{qubit}$라는 새로운 단위를 사용한다. 큐비트는 비트처럼 단순히 0 아니면 1만 가지는 것이 아니라 0과 1을 동시에 가질 수 있다. 이 현상을 중첩$_{superposition}$이라고 한다. 두 컴퓨터가 무엇이 다른지 좀 더 자세히 살펴보자.

### 정보 저장 방식: 동전 vs. 팽이

기존 컴퓨터의 비트는 마치 동전과 같아서 한 번에 앞면(0)이나 뒷면(1) 중 딱 하나의 상태만 가질 수 있다. 컴퓨터는 이 비트를 여러 개 모아 숫자, 문자, 이미지, 동영상 같은 다양한 정보를 저장하고 표현한다.

양자 컴퓨터의 큐비트는 동전보다는 팽이에 가깝다. 팽이를 돌리면 한 방향만 가리키는 게 아니라 회전하면서 여러 방향을 동시에 가리키는 것처럼 보인다. 큐비트도 이처럼 0과 1의 상태를 동시에 가질 수 있다. 예를 들어 하나의 큐비트는 '0일 확률이 70%, 1일 확률이 30%'처럼 겹쳐 있는 상태(중첩 상태)로 존재할 수 있다. 즉, 결과는 아직 확정되지 않았지만 여러 가능성을 동시에 갖고 있는 셈이다. 이 덕분에 양자 컴퓨터는 훨씬 많은 정보를 한꺼번에 담을 수 있다.

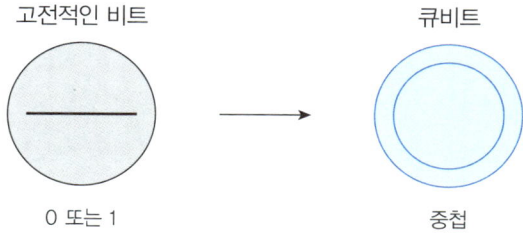

비트와 큐비트의 정보 표현 방식 비교

## 정보 처리 방식: 하나씩 vs. 동시에

기존 컴퓨터는 정보를 순서대로 처리한다. 즉 한 번에 하나씩 처리한다. 예를 들어, 10개의 숫자 중 가장 큰 숫자를 찾으려면 컴퓨터는 10개의 숫자를 하나하나 비교해가며 찾는다.

양자 컴퓨터는 여러 계산을 동시에 처리할 수 있다. 큐비트의 중첩 상태 덕분에 여러 경우의 수를 한 번에 계산할 수 있다. 양자 컴퓨터는 10개의 숫자를 동시에 비교해서 가장 큰 값을 빠르게 찾을 수 있다. 이것을 양자 병렬성quantum parallelism이라고 한다.

## 연결 방식의 차이: 독립 vs. 얽힘

기존 컴퓨터의 비트는 서로 독립적으로 작동한다. 즉, 하나의 비트가 0에서 1로 바뀌더라도 다른 비트에는 아무런 영향을 주지 않는다. 각자 따로따로 움직이는 셈이다.

하지만 양자 컴퓨터의 큐비트는 서로 연결될 수 있다. 이런 연결을 얽힘entanglement이라고 한다. 얽혀 있는 큐비트들은 서로 멀리 떨어져 있어도 마치 한 몸처럼 행동한다. 하나의 큐비트 상태를 측정하는 순간, 다른 큐비트의 상태도 동시에 결정된다.

이 현상은 마치 텔레파시가 가능한 두 사람이 서로 멀리 떨어져 있어도, 한쪽의 생각이 다른 쪽에게 동시에 전해지는 것처럼 느껴질 수 있다. 이런 얽힘 덕분에 양자 컴퓨터는 큐비트 사이의 연결을 이용해 복잡한 계산을 더 빠르고 효율적으로 수행할 수 있다. 얽힘은 양자 컴퓨터의 특별한 계산 능력을 가능하게 만드는 핵심 기술 중 하나다.

## 1.2 양자 컴퓨터, 왜 중요한가

양자 컴퓨터가 전 세계적으로 주목받는 이유는 지금까지의 어떤 슈퍼컴퓨터로도 풀기 어려웠던 문제들을 훨씬 빠르게 해결할 수 있는 가능성을 가지고 있기 때문이다. 이 기술의 영향력은 특정 분야에만 국한되지 않는다. 과학, 산업, 금융, 환경 등 우리 사회 전반에 걸쳐 혁신적인 변화를 불러올 수 있는 잠재력이 있다. 아직은 초기 단계이지만 어떤 분야에서 어떻게 활용될 수 있는지 몇 가지 예를 간단히 살펴보자.

### 신약 개발

새로운 약물 후보가 인체에 어떻게 작용할지 예측하려면 분자의 상호작용을 시뮬레이션해야 한다. 기존 컴퓨터로는 수년이 걸릴 수 있는 이 과정을 양자 컴퓨터는 몇 시간 혹은 몇 분 안에 처리할 수 있다.

### 기후 변화 예측

기후는 수많은 변수가 동시에 작용하는 복잡한 시스템이다. 양자 컴퓨터는 이러한 복잡한 기후 모델을 빠르게 계산해 더 정확한 날씨 예보와 기후 변화 시뮬레이션에 기여할 수 있다.

### 금융 최적화

투자 포트폴리오를 구성할 때는 수천 개의 자산을 조합해 최적의 수익과 리스크 균형을 찾아야 한다.

양자 컴퓨터는 이런 복잡한 선택 문제를 짧은 시간 안에 계산할 수 있어, 금융 분야에서의 활용 가능성도 크다. 물론 현재의 양자 컴퓨터는 1940년대 진공관 컴퓨터처럼 실용화 초기 단계에 머물러 있다. 여전히 큐비트를 안정적으로 유지하는 법, 오류를 줄이는 법 등 기술적으로 해결해야 할 과제가 많지만, 그 가능성만큼은 분명하다. 양자 컴퓨터는 인류가 해결하지 못했던 문제에 도전할 수 있는 새로운 도구이며 앞으로 우리 삶과 사회를 크게 바꿀 수 있는 핵심 기술로 주목할 가치가 충분하다.

# 1.3 양자역학의 기본 개념
## : 초미세 세계의 마법

양자 컴퓨팅의 핵심이 되는 양자역학은 원자나 전자처럼 아주 작은 입자들이 어떻게 움직이고 상호작용을 하는지를 설명하는 물리학 이론이다. 이 작은 세계에서는 우리가 일상에서 경험하는 고전 물리 법칙과는 전혀 다른 때로는 마법처럼 느껴지는 현상들이 나타난다. 지금부터 양자 컴퓨팅을 이해하는 데 꼭 필요한 3가지 개념인 중첩, 얽힘, 양자 터널링에 대해 살펴보자.

### 중첩: 동시에 여러 상태로 존재하기

중첩Superposition은 양자역학에서 신비로운 현상 중 하나다. 동전을 테이블 위에서 빠르게 회전시키는 장면을 떠올려보자. 회전 중인 동전은 앞면도 뒷면도 아닌 두 상태가 동시에 겹쳐 있는 것처럼 느껴지는데 이 모습이 중첩과 비슷하다. 다만 양자역학에서의 중첩은 단지 그렇게 보이는 것이 아니라 실제로 두 상태가 동시에 존재한다는 점에서 결정적인 차이가 있다.

다른 예시로 좀 더 구체적으로 알아보자. 흑과 백, 두 가지 색을 칠할 수 있는 구슬이 있다고 가정해보자. 기존의 시각으로 보면 이 구슬은 반드시 흑 아니면 백, 둘 중 하나의 색만 가질 수 있다. 그러나 양자 세계에서는 다르다. 흑과 백이 동시에 섞여 있는 회색—두 상태가 겹친 중첩 상태—처럼 존재할 수 있다.

이처럼 중첩 상태에 있는 입자는 우리가 관찰하기 전까지는 여러 가지 상태가 한꺼번에 존재한다. 하지만 우리가 그것을 관찰하는 순간, 그중 하나의 상태로 결정되고 다른 가능성은 모두 사라진다. 이런 현상을 중첩의 붕괴collapse라고 부른다.

이것은 마치 엎어놓은 카드의 뒷면을 보고 있는 상황과 같다. 카드를 뒤집기 전까지는 어떤 카드가 나올지 아무도 모른다. 그 순간에는 모든 카드가 나올 수 있는 가능성이 열려 있는 셈이다. 하지만 카드를 펼치는 순간 하나의 카드로 확정이 된다. 양자 세계에서도 이와 비슷하게 여러 상태가 함께 존재하다가 우리가 관찰하는 순간 딱 하나의 현실로 정해지는 것이다. 양자역학의 중첩도 이와 비슷한 방식으로 작동한다.

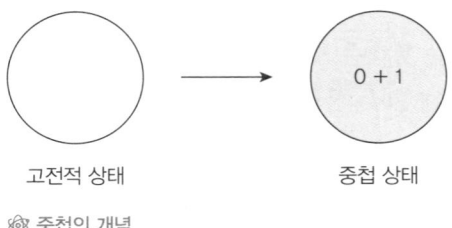

중첩의 개념

## 얽힘: 떼려야 뗄 수 없는 관계

얽힘Entanglement은 2개 이상의 입자가 서로 매우 강하게 연결되어 마치 한 몸처럼 행동하는 현상이다. 한 쌍의 양말을 떠올려보자. 오른발용과 왼발용 양말을 각각 다른 장소에 보관해두었다고 가정하자. 이때 한곳에서 양말 하나를 확인했을 때 그것이 왼발용이라면, 다른 장소에 있는 양말은 확인하지 않아도 반드시 오른발용임을 알 수 있다. 즉, 어떤 한쪽의 양말을 확인하는 순간 다른 곳에 보관된 다른 쪽의 양말의 상태도 정해지는 것이다.

얽힘 상태는 입자들이 처음 어떻게 연결되었느냐에 따라 다양한 방식으로 나타난다. 예를 들어, 서로 얽혀 있는 2개의 큐비트 A와 B가 있다고 하자. 이 두 큐비트는 완벽하게 연결되어 있어 A를 측정하는 순간 B의 상태도 함께 정해진다. 만약 두 큐비트가 같은 값을 갖도록 준비되었다면 A가 0으로 측정될 때 B도 반드시 0이 된다. 반대로 서로 반대 값을 갖도록 준비되었다면 A가 0일 때 B는 반드시 1이 된다.

이처럼 얽힘은 두 입자가 얼마나 멀리 떨어져 있든 관계없이 한쪽의 상태가 정해지면 다른 쪽의 상태도 즉시 결정되는 현상이다. 마치 멀리 떨어져 있는 쌍둥이 중 한 명의 상태가 정해지면 다른 쌍둥이의 상태도 함께 정해진다는 의미다. 이 현상은 너무 낯설고 직관에 어긋나 아인슈타인은 '유령 같은 원격 작용spooky action at a distance'이라 부르며 의문을 제기했다. 하지만 오늘날 과학은 수많은 실험을 통해 얽힘이 실제로 존재한다는 사실을 입증했고, 이 원리를 바탕으로 양자 암호 통신과 같은 첨단 기술도 개발되고 있다.

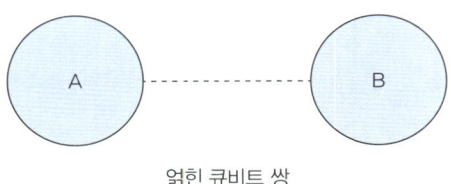

얽힌 큐비트 쌍

🔬 얽힘 상태의 큐비트 쌍

## 양자 터널링: 벽을 통과하는 마법

양자 터널링Quantum Tunneling은 입자가 자신보다 높은 에너지 장벽을 마치 터널을 지나가듯 통과하는 신기한 현상이다.

자동차가 산을 뚫은 터널을 지나가는 모습을 떠올려보자. 현실에서는 터널이 없으면 산을 그냥 통과할 수 없다. 하지만 양자 세계에서는 입자가 마치 유령처럼 벽을 뚫고 반대편으로 나올 수 있는 확률이 존재한다. 이것이 바로 양자 터널링이다.

이 현상은 단순히 이론에 그치지 않고 우리 일상에도 중요한 역할을 한다. 예를 들어 태양 안에서 일어나는 핵융합 반응은 양자 터널링 덕분에 가능하다. 반도체 소자가 작동할 수 있는 이유 중 하나도 이 현상 덕분이다. GPS 위성에 쓰이는 원자시계도 양자 터널링 효과를 고려해야 정확한 시간을 측정할 수 있다.

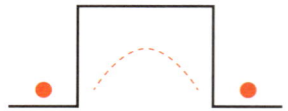
에너지 장벽을 통과하는 입자

⚛ 양자 터널 효과: 장벽을 통과하는 입자

이처럼 양자역학에서 나타나는 여러 현상은 우리가 일상에서 느끼는 물리 법칙과는 매우 다르기 때문에 직관적으로 이해하기 어렵다. 하지만 바로 이런 이상하고 낯선 현상들이 양자 컴퓨터의 강력한 계산 능력의 원천이 된다.

특히 중첩과 얽힘은 양자 컴퓨터가 기존 컴퓨터로는 풀 수 없는 문제를 해결할 수 있게 해주는 핵심 원리다. 이러한 양자 세계의 특성을 잘 이해하면 앞으로 배우게 될 양자 컴퓨터의 작동 원리와 활용 분야도 훨씬 더 쉽게 이해할 수 있을 것이다.

# 1.4 양자 컴퓨팅의 역사와 발전 과정
## : 혁신의 여정

과학의 역사에는 가끔 말도 안 되는 아이디어가 혁명적인 발견으로 이어지는 순간이 있다. 양자 컴퓨팅도 그런 사례 중 하나다. 1980년대 초, 몇몇 물리학자들이 '양자역학의 이상한 법칙을 이용해 계산할 수는 없을까?'라는 대담한 생각을 처음 내놓았을 때 많은 사람은 이를 마치 SF 소설 속 이야기처럼 여겼다.

### 아이디어의 탄생: 1980년대의 혁신적 발상

양자 컴퓨팅이라는 개념은 1980년, 물리학자 폴 베니오프Paul Benioff가 발표한 논문에서 처음 제안되었다. 그는 당시로서는 매우 파격적인 양자역학의 법칙을 따르는 컴퓨터라는 개념을 소개했다. 이 아이디어는 노벨상을 받은 물리학자 리처드 파인만Richard Feynman의 지지를 받으며 세상에 알려지기 시작했다. 1982년 파인만은 한 강연에서 다음과 같이 말했다.

> "자연은 고전 컴퓨터로 시뮬레이션하기엔 너무 복잡하다. 그렇다면 자연을 그대로 이용해보면 어떨까? 양자역학의 효과를 계산에 직접 활용하는 방식으로 말이다."

이 말은 양자 컴퓨팅이라는 새로운 분야의 출발점이 되었다. 1985년, 또 다른 물리학자 데이비드 도이치David Deutsch는 최초의 양자 알고리즘을 만들어냈다. 비록 단순한 내용이었지만 양자 컴퓨터가 기존 컴퓨터보다 어떤 계산을 훨씬 빠르게 할 수 있다는 가능성을 수학적으로 보여준 중요한 첫걸음이었다.

## 아이디어에서 현실로: 1990년대의 도약

1990년대는 양자 컴퓨팅이 단순한 이론에서 벗어나 실제로 구현될 수 있다는 가능성이 드러난 시기다. 양자 컴퓨팅의 흐름을 바꾼 가장 중요한 사건 중 하나가 1994년 피터 쇼어Peter W. Shor가 알고리즘을 발표한 것이다. 이른바 쇼어의 알고리즘은 큰 숫자를 소인수로 분해하는 문제를 양자 컴퓨터가 훨씬 빠르게 풀 수 있다는 것을 보여줬다.

이것은 단순한 수학적 발견을 넘어서는 의미를 지닌다. 당시―그리고 지금도―대부분의 인터넷 보안은 큰 숫자를 소인수로 분해하기 어렵다는 점에 기반해 암호화를 구현하고 있었기 때문이다. 쇼어의 알고리즘은 양자 컴퓨터가 실제로 만들어지면 이러한 암호 체계가 무너질 수 있다는 가능성을 제시했다. 이 충격적인 결과는 정부와 기업의 관심을 단숨에 끌어모았다.

그리고 1998년, 마침내 최초의 2큐비트 양자 컴퓨터가 구현되었다. 아이작 추앙Isaac Chuang과 그의 동료 연구자들은 핵자기공명NMR 기술을 이용해 아주 기본적인 양자 컴퓨터를 만드는 데 성공했다. 비록 매우 단순한 구조였지만 양자 컴퓨터가 이론 속 상상이 아니라 실제로 만들 수 있는 기술이라는 것을 처음 보여준 중요한 순간이었다.

## 실용화를 향한 경주: 2000년대와 2010년대

2000년대에 들어서면서 양자 컴퓨팅 연구는 점점 더 활발해졌다. 초전도체를 이용한 큐비트, 이온을 가두는 방식 등 다양한 기술이 등장하며 서로 경쟁하기 시작했다. 2007년, 캐나다의 한 기업 D-웨이브 시스템D-Wave Systems은 세계 최초의 상용 양자 컴퓨터를 출시했다. 하지만 이 컴퓨터가 진짜 양자 컴퓨터라고 할 수 있는지에 대해서는 과학자들 사이에서 의견이 갈렸다.

2010년대에 접어들면서 IBM, 구글Google 같은 대기업도 양자 컴퓨팅에 본격적으로 뛰어들기 시작했다. 2016년, IBM은 누구나 클라우드를 통해 접속해서 사용할 수 있는 5큐비트 양자 컴퓨터를 공개했다. 이 발표는 양자 컴퓨팅이 더 이상 연구실만의 전유물이 아니라 우리가 모두 경험할 수 있는 시대가 도래하고 있음을 알리는 신호탄이었다.

그리고 2019년, 구글은 세상을 놀라게 한 역사적인 발표를 했다. 자사의 53큐비트 양자 컴퓨터 시카모어Sycamore가 슈퍼컴퓨터로는 수천 년 걸릴 계산을 단 300초 만에 끝냈다고 주장한 것이다. 비록 IBM이 이에 반박하며 논쟁이 벌어지긴 했지만, 이 사건은 전 세계에 양자 컴퓨터의 잠재력을 강하게 각인시켰다.

## 폭발적인 발전: 2020년대

2020년대에 들어서며 양자 컴퓨팅은 그야말로 눈부신 속도로 발전하고 있다. IBM, 구글, 마이크로소프트 같은 글로벌 대기업이 본격적인 경쟁에 뛰어들었고, 컴퓨터의 성능을 결정짓는 큐비트의 수는 기하급수적으로 증가하고 있다.

IBM은 1000큐비트가 넘는 콘도르Condor, 오스프리Osprey 칩을 선보였고, 오류를 줄이는 데 초점을 맞춘 헤론Heron 칩을 기반으로 한 모듈형 시스템인 IBM 퀀텀 시스템 투Quantum System Two도 공개했다. 아톰 컴퓨팅Atom Computing은 무려 1180개의 원자를 제어할 수 있는 시스템을 발표하며 기술력을 과시했다.

2024년 초에는 구글이 획기적인 발표를 했다. 새로운 윌로우Willow 칩을 통해 양자 오류 정정의 중대한 진전을 이루었다고 발표한 것이다. 이는 실용적인 양자 컴퓨터 개발에 있어 큰 장애물 중 하나였던 오류 문제 해결에 한 걸음 더 다가선 것으로 평가받고 있다.

큐비트를 이온 트랩 방식으로 구현하는 분야에서도 눈에 띄는 발전이 있었다. 퀀티뉴엄Quantinuum은 높은 성능과 오류 감지·수정 능력을 갖춘 H-시리즈 시스템을 개발했고, 아이온큐IonQ는 세계 최초로 양자 컴퓨팅 전문 기업으로 상장하며 주목을 받았다. 초전도 큐비트를 기반으로 한 리게티 컴퓨팅Rigetti Computing은 자체 생산 시설(팹)까지 운영하며 경쟁하고 있고 사이퀀텀PsiQuantum, 자나두Xanadu처럼 광자를 이용한 방식을 개발하는 스타트업도 기술 혁신을 이끌고 있다.

마이크로소프트는 위상학적 큐비트라는 독창적인 방식에 집중하고 있으며, 애저 퀀텀Azure Quantum이라는 클라우드 플랫폼을 통해 다양한 파트너사의 양자 컴퓨터를 이용할 수 있는 개방형 생태계 전략을 펼치고 있다. 아마존도 아마존 브라켓Amazon Braket 서비스를 통해 다양한 양자 하드웨어에 접근할 수 있도록 지원하고 있으며, 최근에는 자체 개발한 오류 수정 효율을 높인 오셀롯Ocelot 칩을 공개하며 새로운 하드웨어 기술로 주목받고 있다.

## 현재와 미래: 새로운 지평을 향해

지금의 양자 컴퓨팅은 마치 1940~50년대 초기 컴퓨터 시대를 떠올리게 한다. 당시 진공관 컴퓨터는 방 하나를 가득 채울 만큼 크고, 간단한 계산조차도 느리고 어렵게 처리했었다. 하지만 그로부터 수십 년 만에 스마트폰이라는 마법 같은 디바이스가 등장했다. 양자 컴퓨터도 비슷한 발전의 길을 걷는 중이다.

글로벌 IT 공룡들의 행보는 흥미롭다. IBM은 큐비트 수를 매년 2배씩 늘리겠다는 야심 찬 로드맵을 발표했고, 구글은 오류 정정 기술에 집중하고 있다. 마이크로소프트는 위상학적 큐비트라는 전혀 다른 방식으로 접근하고 있으며, 아마존은 AWS를 통해 다양한 양자 컴퓨터를 클라우드에서 제공하는 전략을 펼치고 있다.

특히 주목할 점은 이들이 서로 경쟁하면서도 동시에 협력하고 있다는 것이다. 예를 들어, IBM과 구글은 서로 다른 하드웨어 방식을 연구하면서도 오픈소스 소프트웨어 개발에는 함께 참여하고 있다. 이것은 양자 컴퓨팅이라는 거대한 도전 앞에서는 협력이 필요하다는 공감대를 보여준다.

대기업뿐 아니라 스타트업들도 중요한 역할을 하고 있다. 리게티, 아이온큐, 사이퀀텀 같은 기업은 각기 다른 기술과 전략으로 주목받고 있다.

리게티는 초전도 큐비트와 기존 컴퓨터를 결합한 하이브리드 방식을 개발 중이고, 아이온큐는 이온 트랩 기술의 강점을 극대화하고 있으며 사이퀀텀은 광자(빛)를 이용한 양자 컴퓨터 개발에 집중하고 있다. 이처럼 다양한 접근 방식의 경쟁은 기술 발전 속도를 가속화하고 있다.

여전히 양자 컴퓨팅이 아직 넘어야 할 가장 큰 과제는 오류 문제다. 큐비트는 아주 민감해서 작은 진동이나 온도 변화에도 쉽게 상태가 바뀐다. 이런 특성을 '결맞음 시간coherence time이 짧다'고 표현한다. 이 문제를 해결하기 위해 오류 정정 기술이 활발히 개발되고 있지만 아직 완벽한 해결책은 나오지 않았다. 하지만 이런 도전은 동시에 기회이기도 하다. 예를 들어, 더 안정적인 새로운 큐비트를 개발하거나 효율적인 냉각 시스템을 연구하거나, 양자와 고전 컴퓨터를 결합한 하이브리드 알고리즘을 만드는 등 다양한 방식의 혁신이 계속되고 있다.

전문가들은 앞으로 5~10년 안에 양자 우위Quantum Supremacy, 즉 기존 컴퓨터로는 불가능한 문제를 양자 컴퓨터가 실제로 풀어내는 시점이 올 것으로 보고 있다. 특히 신약 개발, 기후 변화 분석, 금융 포트폴리오 최적화 같은 분야에서 먼저 실용화가 이뤄질 가능성이 크다.

장기적으로는 양자 컴퓨터가 인공지능, 암호학, 신소재 개발 등 거의 모든 첨단 기술 분야에 혁신을 가져올 것으로 기대된다. 다만 이것은 기존 컴퓨터를 완전히 대체하는 것이 아니라 특정 분야에서 매우 강력한 보완재로 자리 잡을 가능성이 높다.

우리는 지금 새로운 컴퓨팅의 시대가 열리는 역사적인 순간을 목격하고 있다. 양자 컴퓨팅의 여정은 이제 막 시작됐지만 그 잠재력은 상상을 초월할 만큼 크다. 이것은 단순한 기술 발전이 아니라 자연의 가장 근본적인 법칙을 이용해 정보를 처리하려는 인류의 새로운 도전이자 완전히 새로운 패러다임으로의 전환이라 할 수 있다.

# 1.5 왜 지금 양자 컴퓨팅인가
## : 새로운 시대의 요구

2016년, 반도체 기술이 물리적인 한계에 도달했다는 분석이 나오기 시작했다. 지난 50년간 컴퓨터 성능의 발전을 이끌어온 무어의 법칙이 더 이상 유효하지 않을 수 있다는 것이다. 바로 이 시점에서 양자 컴퓨팅이 새로운 돌파구로 주목받기 시작했다. 이제 양자 컴퓨터는 더 이상 먼 미래의 기술이 아니다.

앞서 살펴본 역사만 보더라도 양자 컴퓨팅은 이미 현실에 가까워졌고 발전 속도는 갈수록 빨라지고 있다. 그렇다면 왜 지금 양자 컴퓨팅에 주목해야 할까? 그 이유는 다음과 같다.

### 무어의 법칙 한계: 기존 컴퓨터 성능 향상의 둔화

컴퓨터 기술은 수십 년간 무어의 법칙Moore's Law을 따라 발전해왔다. 이 법칙은 인텔의 공동 창업자 고든 무어Gordon Moore가 제시한 것으로 마이크로칩에 들어가는 트랜지스터 수가 약 2년마다 2배씩 증가한다는 경험적 규칙이다.

실제로 1971년 인텔의 첫 마이크로프로세서는 2300개의 트랜지스터를 탑재했지만 2022년의 최신 칩에는 수십억 개가 들어간다. 현재 트랜지스터 크기는 3~4나노미터, 즉 원자 수십 개를 나란히 놓은 수준까지 줄어들었다. 이제는 더 줄이기도 더 집적하기도 어려운 물리적인 한계에 다다른 것이다.

이 한계를 돌파할 기술로 떠오른 것이 바로 양자 컴퓨팅이다. 기존의 트랜지스터 방식이 아닌 양자역학의 원리를 활용한 새로운 방식을 적용해 혁신적인 도약이 가능하다.

## 빅데이터 시대: 폭발적으로 증가하는 데이터 처리 요구

우리는 지금 이 순간, 빅데이터 시대 한가운데에 있다. 그리고 그 규모는 상상을 초월한다. 2025년까지 전 세계에서 하루 동안 생성되는 데이터양이 463엑사바이트에 이를 것으로 예상된다. 이것은 DVD를 10억 장 쌓아 올린 것과 맞먹는 수준이다.

더 놀라운 사실은 이 데이터의 약 80%가 기존 컴퓨터로는 분석하기 어려운 비정형 데이터—글, 이미지, 영상, 센서 정보 등—라는 점이다. 인터넷, 소셜 미디어, 사물인터넷 등 디지털 기술이 발전하면서 데이터 생성 속도는 계속 빨라지고 있다. 하지만 현재의 컴퓨터 기술로는 이처럼 급격히 늘어나는 데이터를 감당하기가 점점 더 어려워지고 있다.

여기서 주목받는 것이 바로 양자 컴퓨팅이다. 양자 컴퓨터는 본질적으로 여러 계산을 동시에 수행하는 병렬 처리 능력을 갖추고 있어 복잡한 패턴 인식, 데이터 분류, 최적화 문제에 강력한 성능을 발휘할 것으로 기대된다.

## 신기술 개발의 필요성: 혁신을 위한 새로운 돌파구

오늘날 우리가 마주한 많은 문제는 기존 컴퓨터의 계산 능력만으로는 해결이 어려운 수준에 이르고 있다. 그래서 완전히 새로운 방식의 기술, 특히 양자 컴퓨팅과 같은 혁신적인 접근이 절실히 필요한 시점이다.

그 대표적인 사례들을 살펴보면 다음과 같다.

- **신약 개발**
  새로운 약물을 개발하려면 분자의 구조와 반응을 정밀하게 시뮬레이션해야 한다. 그런데 이 작업은 기존 슈퍼컴퓨터로도 수백 년이 걸릴 수 있는 복잡한 계산이다. 반면 양자 컴퓨터는 이 같은 문제를 단 몇 분 안에 해결할 가능성을 보여주고 있다.

- **기후 변화 예측**
  현재는 변수가 너무 많아 많은 요소를 단순화해서 계산할 수밖에 없다. 하지만 양자 컴퓨터는 훨씬 많은 변수를 동시에 고려할 수 있어 더 정확한 예측과 효과적인 대응 전략을 가능하게 만들 수 있다.

- **AI(인공지능)**
  지금의 AI는 연산 성능에 한계가 있어 학습 데이터나 모델 크기에 제약이 따른다. 양자 컴퓨터는 이런 한계를 뛰어넘어 AI의 성능과 활용 가능성을 한층 넓혀줄 기술로 주목받고 있다.

무엇보다 중요한 점은 앞서 살펴본 역사처럼 양자 기술에 대한 개발과 투자가 지금 이 순간에도 빠르게 진행되고 있다는 사실이다. IBM, 구글, 마이크로소프트, 아마존 등 글로벌 빅테크는 막대한 자원을 쏟아붓고 있으며, 각국 정부 역시 양자 기술을 미래 국가 경쟁력의 핵심으로 인식하고 전략적 투자를 아끼지 않고 있다.

여기에 더해 혁신적인 기술력을 갖춘 스타트업들도 활발히 등장하면서 양자 컴퓨팅 생태계는 더욱 풍부해지고 역동적으로 성장하고 있다. 이러한 흐름은 결국 기존 컴퓨팅의 한계를 뛰어넘는 새로운 패러다임의 전환으로 이어질 것이다.

양자 컴퓨팅은 더 이상 먼 미래의 기술이 아니라 지금 이 순간 우리 눈앞에서 빠르게 현실로 다가오고 있는 차세대 혁신 동력이다. 그렇기 때문에 지금이야말로 양자 컴퓨팅의 가능성과 영향력을 제대로 이해하고 준비해야 할 때다.

# 양자 컴퓨터의 심장, 큐비트는 어떻게 만들어질까

1장에서 우리는 양자 컴퓨터의 기본 단위인 큐비트가 기존 컴퓨터의 비트와 무엇이 다른지 그리고 큐비트만의 특별한 성질인 중첩과 얽힘이 양자 컴퓨터의 강력함을 어떻게 만들어내는지 간단히 알아봤다.

이번 장에서는 그 큐비트를 실제로 어떻게 만들고 구현하는지 살펴보려고 한다. 지금 전 세계에서는 큐비트를 구현하기 위한 여러 가지 기술이 활발히 개발되고 있다. 이 장에서는 큐비트를 구성하는 하드웨어가 어떤 원리로 작동하는지, 어떤 방식이 어떤 장점과 한계를 가졌는지 그리고 주요 기업과 연구팀이 어떤 기술에 집중하고 있는지까지 함께 살펴볼 것이다.

# 양자 컴퓨터의 핵심
## 2.1 : 큐비트

### 결잃음과의 싸움

큐비트는 양자 정보를 담는 가장 작은 단위이자 양자 컴퓨터의 심장과도 같은 존재다. 기존 컴퓨터가 0 또는 1중 하나의 값을 가지는 비트를 사용하는 반면, 큐비트는 0과 1을 동시에 가질 수 있는 중첩 상태 그리고 여러 큐비트가 서로 연결돼 하나처럼 작동하는 얽힘 상태를 활용할 수 있다. 바로 이 중첩과 얽힘 덕분에 양자 컴퓨터는 기존 컴퓨터보다 훨씬 더 뛰어난 계산 능력을 가질 수 있는 잠재력을 가진다.

하지만 큐비트는 매우 민감하고 불안정한 존재다. 주변 온도가 살짝 바뀌거나 전자기파나 미세한 잡음이 들어오기만 해도 중첩이나 얽힘 상태가 쉽게 깨져버릴 수 있다. 마치 잔잔한 호수에 돌을 던졌을 때 물결이 퍼지듯 작은 외부 자극 하나에도 큐비트의 양자 상태가 흐트러지고 정보가 사라질 수 있다. 이처럼 양자 상태가 외부 환경에 의해 무너지는 현상을 결잃음Decoherence이라고 한다.

결잃음은 지금까지도 실용적인 양자 컴퓨터 개발의 가장 큰 장애물로 꼽힌다. 그래서 과학자와 엔지니어들은 큐비트의 상태를 더 오래 안정적으로 유지하고 외부 환경과 완전히 차단하며 필요할 때는 정확하게 조작하고 측정할 수 있는 기술을 만들기 위해 지속적으로 연구를 이어가고 있다. 결국, 양자 컴퓨터가 현실에서 제대로 작동하려면 결잃음을 극복하고 큐비트를 오랫동안 안정적으로 유지하는 것이 핵심이다. 이를 위해 다양한 방식의 큐비트 구현 기술이 계속 개발되고 있다.

## 이상적인 큐비트의 조건

그렇다면 성공적인 양자 컴퓨터를 만들기 위해 큐비트는 어떤 조건을 갖춰야 할까? 연구자들은 일반적으로 다음과 같은 다섯 가지 기준을 꼽는다.

- 긴 결맞음 시간(Coherence Time): 큐비트는 중첩이나 얽힘 같은 양자 상태를 유지해야 제 역할을 할 수 있다. 하지만 외부 환경의 간섭이 들어오면 이런 상태가 쉽게 무너진다. 그래서 큐비트가 외부 방해 없이 양자 상태를 유지할 수 있는 시간, 즉 결맞음 시간이 충분히 길어야 한다. 이 시간이 길수록 더 많은 양자 연산을 정확하고 안정적으로 수행할 수 있다.
- 높은 제어 및 측정 정확도(Control and Measurement Fidelity): 큐비트를 잘 쓰려면 원하는 상태로 정확하게 바꿀 수 있어야 하고 바뀐 상태를 정확하게 읽어낼 수 있어야 한다. 이걸 각각 게이트 연산의 정확도와 측정 정확도라고 부른다. 정확도가 높을수록 오류가 적고 신뢰성 높은 계산이 가능해진다.
- 확장성(Scalability): 양자 컴퓨터가 복잡한 문제를 풀기 위해서는 많은 수의 큐비트가 필요하다. 따라서 큐비트를 효율적으로 늘릴 수 있는 구조, 즉 확장성이 뛰어나야 한다. 작은 실험실 장비 수준을 넘어 수백 개, 수천 개의 큐비트를 안정적으로 연결할 수 있어야 한다.
- 상호연결성(Connectivity): 큐비트는 서로 얽혀야 복잡한 양자 연산을 수행할 수 있다. 따라서 큐비트들이 원활하게 연결되고 상호작용을 할 수 있어야 한다. 특히 여러 큐비트 간에 정확하고 빠른 얽힘 연산을 할 수 있어야 실제 계산 성능이 올라간다.
- 제작 용이성(Manufacturability): 아무리 성능이 좋아도 만들기 너무 어렵거나 비싸다면 현실성이 떨어진다. 큐비트를 안정적으로 대량 생산할 수 있는 기술, 즉 제작의 편리함과 효율성도 매우 중요한 요소다.

지금까지 소개한 다섯 가지 조건을 모두 완벽하게 만족시켜주는 큐비트 기술은 아직 존재하지 않는다.

대신 서로 다른 물리적 원리를 바탕으로 한 다양한 방식이 활발히 연구되고 있으며 각 방식은 나름의 강점과 약점을 함께 지니고 있다. 이 기술들은 경쟁 관계에 놓여 있으면서도 서로의 부족한 점을 보완하기도 하면서 꾸준히 발전해나가고 있다.

## 2.2 다양한 큐비트 구현 기술들

현재 전 세계의 연구실과 기업은 큐비트를 구현하는 다양한 방법을 개발하기 위해 활발히 연구를 이어가고 있다. 대표적인 큐비트 구현 방식으로는 초전도 회로, 이온 트랩, 중성 원자, 광자(빛 입자), 위상학적 시스템 등이 있다.

이외에도 실리콘 기반 양자점Quantum Dot, 다이아몬드 속의 NV 센터Nitrogen-Vacancy center처럼 좀 더 독특한 물리 구조를 활용한 방식도 활발히 연구되고 있다. 이처럼 구현 방식은 다양하며 큐비트를 만드는 원리, 정보를 저장하고 조작하는 방법, 적용할 수 있는 상황 등에서 저마다 강점과 한계를 갖고 있다.

이제부터는 주요 방식들을 하나씩 살펴보며 어떻게 작동하는지, 어떤 특징을 가졌는지 그리고 왜 이 방식이 주목받는지 알아보자.

### 초전도 큐비트

그렇다면 실제로는 어떤 방식으로 큐비트를 만들고 있을까? 먼저 살펴볼 기술은 현재 가장 활발하게 연구되고 있는 초전도 큐비트다. 초전도 큐비트Superconducting Qubits는 IBM, 구글, 리게티 같은 주요 기업이 집중적으로 개발 중인 대표적인 방식이다. 이 기술은 이름 그대로 초전도 현상superconductivity을 이용해 큐비트를 구현한다.

초전도란 어떤 물질을 아주 낮은 온도까지 냉각하면 전기 저항이 사라져 전기가 자유롭게 흐르게 되는 현상을 말한다. 이 현상을 활용하면 큐비트를 더 빠르고 안정적으로 제어할 수 있어 양자 컴퓨터의 핵심 기술로 주목받고 있다.

초전도 큐비트에서 가장 중요한 구조는 조셉슨 접합Josephson junction이다. 두 개의 초전도체 사이에 아주 얇은 절연막을 끼워 넣은 구조인데 이 절연막은 보통 전자가 통과하지 못하게 막는다. 하지만 양자역학의 원리에 따라 전자쌍(쿠퍼쌍)은 이 얇은 막을 마치 터널을 통과하듯 지나갈 수 있다. 이런 현상을 조셉슨 효과라고 부르며, 이 구조 덕분에 초전도 큐비트는 양자적인 특성을 갖게 된다.

초전도 큐비트는 보통 실리콘 기판 위에 알루미늄이나 니오븀 같은 초전도 금속으로 작은 회로를 그려서 만든다. 이 회로 안에는 조셉슨 접합이 포함되어 있으며 전체 구조는 인공 원자처럼 작동한다. 가장 많이 쓰이는 형태는 트랜스몬transmon 큐비트다. 트랜스몬은 조셉슨 접합에 커패시터—전기 신호를 저장하고 방출하는 전자 부품—를 연결해 에너지 상태 간격을 조절하고, 외부 잡음에도 강하게 설계됐다. 이 구조에서 가장 낮은 두 에너지 상태, 즉 |0⟩과 |1⟩[1]을 큐비트 상태로 사용한다.

초전도 큐비트는 마이크로파Microwave를 쏴서 조작한다. 마이크로파는 전자레인지에 쓰이는 전자기파와 같은 종류지만 여기서는 훨씬 더 약하고 정밀하게 조절한다. 주파수, 세기, 지속 시간을 조절하면 |0⟩에서 |1⟩로 또는 그 반대로 바꾸거나 두 상태를 동시에 갖는 중첩 상태도 만들 수 있다.

---

[1] 양자 컴퓨팅에서 큐비트의 상태를 나타내는 기호로, 켓 표기(ketnotation)라고 부른다. |0⟩은 큐비트가 0 상태임을, |1⟩은 1 상태임을 의미한다.

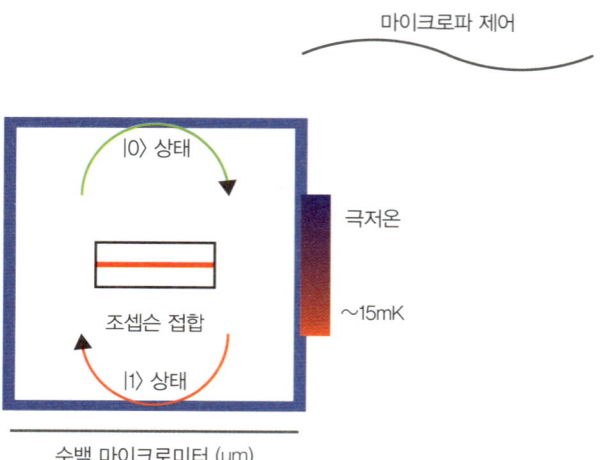

🔬 초전도 큐비트의 구현 예시

이 그림은 초전도 루프 안에서 전류가 도는 방향에 따라 큐비트의 상태를 |0⟩ 또는 |1⟩로 정의하는 방식을 보여준다. 루프 안에는 조셉슨 접합이 포함되어 있어 전류가 시계 방향 또는 반시계 방향으로 흐를 수 있다. 이처럼 전류 흐름 방향을 다르게 설정해 두 가지 상태를 구분한다.

여러 큐비트를 서로 얽히게 만들 때도 비슷한 원리를 쓴다. 큐비트들은 작은 커패시터나 공진기resonator―특정 주파수의 전자기 신호를 주고받도록 돕는 장치―를 통해 서로 연결되며 이 연결 고리를 이용해 얽힘을 유도할 수 있다. 큐비트의 상태를 읽어내는 방법도 마이크로파를 활용한다. 각 큐비트에 연결된 공진기에 아주 약한 마이크로파 신호를 보내고 그 신호가 반사되거나 통과되는 방식을 관찰한다. 이때 신호의 위상phase이나 진폭amplitude이 어떻게 바뀌는지를 보면 큐비트가 |0⟩ 상태인지 |1⟩ 상태인지 판단할 수 있다.

초전도 큐비트의 가장 큰 장점은 기존 반도체 산업의 미세 공정 기술lithography을 그대로 활용할 수 있다는 점이다. 즉, 실리콘 칩 위에 아주 작은 회로를 새기는 기술을 사용해 많은 수의 큐비트를 한 번에 제작할 수 있다. 이 덕분에 초전도 큐비트는 대규모 양자 컴퓨터를 만들기 위한 확장성 측면에서 매우 유리하다. 또 다른 장점은 연산 속도가 매우 빠르다는 것이다. 초전도 큐비트는 상태를 나노초(ns), 즉 10억 분의 1초 단위로 조작할 수 있어서 복잡한 양자 계산도 짧은 시간 안에 수행할 수 있다.

하지만 초전도 큐비트에는 아직 넘어야 할 벽도 많다. 가장 큰 문제는 초전도 현상이 극도로 낮은 온도에서만 일어난다는 점이다. 큐비트를 작동시키려면 영하 273도에 가까운 극저온까지 내려가야 한다. 이런 온도를 만들기 위해선 희석 냉동기Dilution Refrigerator라는 크고 복잡한 냉각 장치가 필요하다. 이 장치는 주변 열을 완전히 차단하고 큐비트가 있는 내부를 얼음보다 훨씬 차갑게 유지한다.

❈ 희석 냉동기

하지만 크고 비싸며 다루기 어렵기 때문에 큐비트 하나를 돌리기 위해 거대한 냉장고 같은 장비가 필요하다는 점은 상용화의 큰 걸림돌이 된다. 또한 초전도 큐비트는 외부 자극에 매우 민감하다. 작은 전기 신호나 잡음에도 양자 상태가 쉽게 흔들린다. 그래서 상태를 유지하는 시간도 짧고 큐비트 수가 많아질수록 서로 간섭하거나 배선이 복잡해지는 문제도 생긴다.

이런 한계를 극복하기 위해 연구자들은 회로 구조를 개선하거나 더 좋은 재료를 찾고 있으며 잡음을 막는 기술을 개발하는 등 다양한 노력을 이어가고 있다.

## 이온 트랩 큐비트

이온 트랩 큐비트Trapped-ion Qubits는 초전도 방식과 함께 초기부터 주목받아 온 대표적인 양자 컴퓨팅 기술이다. 아이온큐, 퀀티뉴엄 같은 기업이 이 방식을 주도하고 있다. 이름에서 알 수 있듯이 이 기술은 전기를 띤 원자, 즉 이온을 큐비트로 사용한다. 주로 칼슘($Ca^+$), 이터븀($Yb^+$), 스트론튬($Sr^+$) 같은 알칼리 토금속 원자들이 쓰인다.

먼저 이 원자들을 레이저나 열로 이온화―원자에서 전자를 하나 떼어내 전기를 띠게 만드는 과정―한 뒤 전기장과 자기장으로 정교하게 설계된 이온 트랩 안에 하나씩 가둔다. 이온은 매우 작아 공기 분자와 부딪히면 쉽게 상태가 깨지기 때문에 트랩 내부는 초고진공Ultra-High Vacuum 상태(약 $10^{-11}$ Torr 이하)로 유지한다. 말 그대로 이온이 공중에 떠 있는 듯한 안정된 환경을 만들어주는 셈이다.

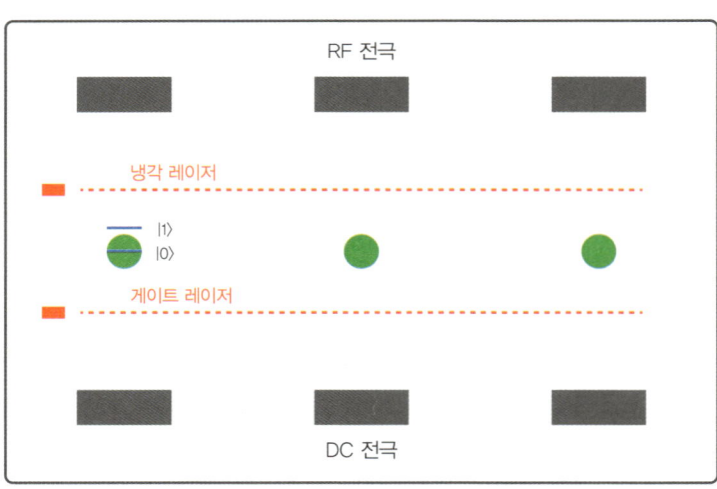

이온 트랩 큐비트의 구조

이온 트랩 큐비트는 전기장을 이용해 전기를 띤 이온을 공중에 띄워 가둔다. 위쪽과 아래쪽의 전극(RF 전극, DC 전극)이 보이지 않는 전기장을 만들어 이온이 움직이지 못하게 잡아준다. 이온의 상태는 좌우에서 쏘는 레이저 빔으로 바꾸거나 읽어낼 수 있다. 모든 과정은 공기 분자가 거의 없는 초고진공 상태에서 이루어진다.

이온 트랩 중 가장 널리 쓰이는 방식은 선형 폴 트랩Linear Paul Trap이다. 이 장치는 여러 개의 금속 전극으로 구성되며, 일부에는 고주파 전압(RF), 다른 일부에는 직류 전압(DC)을 걸어 전자기장을 만든다. 이 전자기장은 이온이 빠져나가지 못하도록 보이지 않는 전자기적 우물potential well—이온이 밖으로 빠져나가지 못하게 하는 전기와 자기장의 힘의 함정—을 만들어 이온을 특정 위치에 가둔다. 최근에는 반도체 기술을 이용해 칩 위에 아주 작은 전극 구조를 새긴 표면 전극 트랩Surface Electrode Trap 방식도 개발되고 있다. 이 방식은 더 많은 이온을 칩 위에 배치할 수 있어 큐비트를 대량으로 확장하는 데 유리하다.

이온들이 트랩 안에 일렬로 잘 잡혀 있으면 각 이온의 내부 상태 중에서 특히 안정적인 두 가지를 골라 큐비트의 $|0\rangle$과 $|1\rangle$ 상태로 정한다. 이렇게 정해진 상태가 바로 양자 정보를 담는 큐비트가 된다. 이 큐비트의 상태를 바꾸거나 읽어내는 데는 레이저가 매우 중요한 역할을 한다. 먼저 냉각 레이저를 이용해 이온을 거의 멈춘 것처럼 가만히 있게 만든다. 움직임이 너무 크면 정밀한 조작이 어렵기 때문이다.

그다음에는 게이트 레이저를 이온 하나하나에 정확히 쏘아 상태를 바꾼다. 예를 들어, 레이저를 일정 시간 쏘면 $|0\rangle$ 상태를 $|1\rangle$로 바꾸거나, 두 상태를 반반 섞은 중첩 상태를 만들 수 있다. 이온끼리 얽히게 만드는 것도 가능하다. 이온들은 전기를 띠고 있어서 서로 밀어내는 성질이 있는데, 이 힘 덕분에 마치 실로 연결된 구슬처럼 함께 흔들린다. 이 움직임을 잘 이용하면 이온들 사이에 얽힘이라는 양자 상태를 만들 수 있다.

이온이 어떤 상태인지 알아보는 것도 레이저로 한다. 특정 레이저를 이온에 비추면 $|0\rangle$ 상태일 때는 밝게 빛나고, $|1\rangle$일 때는 빛나지 않는다. 이 차이를 아주 민

감한 카메라로 찍어서 큐비트가 어떤 상태인지 알아낸다. 이온 트랩 큐비트의 가장 큰 장점은 자연에 존재하는 원자를 그대로 큐비트로 사용한다는 점이다. 모든 큐비트가 본질적으로 동일하고 매우 안정적이기 때문에 양자 상태를 유지하는 시간(결맞음 시간)이 수 초에서 수 분에 이를 정도로 길다. 또한 레이저로 큐비트를 제어하거나 상태를 측정할 때 정확도가 매우 높다. 트랩 안에 있는 이온들은 서로 쿨롱 힘Coulomb force—전기를 띤 두 물체 사이에 작용하는 힘—으로 서로 연결돼 있기 때문에 이론적으로는 모든 큐비트가 서로 직접 상호작용을 할 수 있다. 이 점은 복잡한 양자 계산을 구현하는 데 유리하다.

하지만 단점도 있다. 먼저 연산 속도가 느리다. 초전도 큐비트는 큐비트의 상태를 바꾸는 데 나노초 단위가 걸리지만, 이온 트랩 방식은 마이크로초나 밀리초가 걸린다. 그리고 트랩 안에 너무 많은 이온을 넣으면 이온들을 안정적으로 유지하고 개별 제어하기가 점점 어려워진다. 큐비트를 수백, 수천 개로 늘리기 위해서는 트랩을 나눠 연결하거나 이온을 다른 위치로 옮기는 기술이 필요하다. 초고진공 상태 유지, 복잡한 레이저와 광학 장비 운용 등도 현실적으로 어렵다.

## 중성 원자 큐비트

최근 몇 년 사이 전기를 띠지 않는 중성 원자를 큐비트로 사용하는 기술이 빠르게 발전하며 주목받고 있다. 큐에라 컴퓨팅QuEra Computing, 파스칼Pasqal, 아톰 컴퓨팅 같은 기업이 이 분야를 이끌고 있다. 이 방식은 전기를 띠는 이온 대신 중성 원자—루비듐이나 스트론튬 같은 원자—를 하나씩 큐비트로 활용한다. 중성 원자는 서로 밀거나 당기지 않기 때문에 많은 수의 큐비트를 안정적으로 배열하기에 유리하다.

중성 원자 큐비트 시스템의 핵심은 광학 족집게Optical Tweezers라는 기술이다. 광학 족집게는 레이저로 만든 작은 빛의 우물 안에 원자 하나를 가두는 방식인데, 마치 핀셋으로 원자를 하나씩 집어서 배열하듯 작동한다. 원자 기체를 먼저 아주 차갑게 식힌 뒤, 이 족집게 레이저를 수백 개까지 정밀하게 조작해 원자들을 줄지어 놓거나 평면 또는 입체 구조로 배치할 수 있다. 이렇게 만든 원자 배열 자체가 큐비트 모음이 되는 셈이다.

큐비트 상태는 원자의 내부 에너지 수준을 이용해 정의한다. 예를 들어 안정적인 바닥 상태를 |0⟩로, 에너지가 높은 리드버그 상태Rydberg state를 |1⟩ 또는 계산을 위한 중간 상태로 쓴다. 리드버그 상태에 있는 원자는 크기가 수 마이크로미터까지 커지고 외부 전기장에 아주 민감해지며 이웃한 원자와도 강하게 상호작용을 하게 된다. 이 특징 덕분에 여러 큐비트 간의 얽힘을 만들기 쉬워 복잡한 양자 연산을 구현하는 데 유리하다.

단일 큐비트 게이트는 특정 원자에 레이저를 쏘아 바닥 상태와 리드버그 상태 사이를 오가게 하여 구현한다. 두 큐비트를 얽히게 만드는 핵심 원리는 리드버그 봉쇄Rydberg Blockade 현상이다. 두 원자가 가까이 있을 때 하나가 리드버그 상태로 들뜨면 강한 전기장 때문에 다른 원자는 같은 상태로 들뜨지 못한다. 이 현상을 이용하면 두 큐비트의 상태에 따라 조건부 연산이 가능해지고 얽힘을 포함한 2큐비트 게이트도 구현할 수 있다. 큐비트 상태 판독은 상태에 따라 원자를 선택적으로 제거한 뒤 냉각 레이저를 쏘아 생기는 형광 이미지를 촬영해 남은 원자의 위치로 상태를 판별한다.

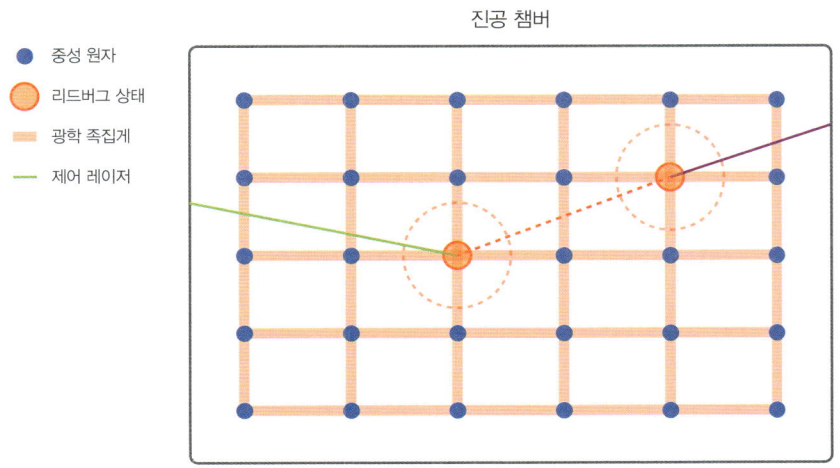

중성 원자 큐비트의 구성 예시

앞의 그림은 보면 광학 족집게 레이저로 중성 원자들을 원하는 격자 형태로 배열한 뒤, 특정 원자에 제어용 레이저를 쏘아 리드버그 상태로 만들고 이를 통해 큐비트 연산을 수행하는 모습을 나타낸다.

이처럼 중성 원자 큐비트의 가장 큰 장점은 광학 족집게 기술로 수백~수천 개의 큐비트를 만들고 자유롭게 배열할 수 있다는 점이다. 외부 간섭도 적어 결맞음 시간이 길고 동일한 원자를 사용하므로 큐비트 간 품질 차이도 거의 없다. 원자 간 거리 조절을 통해 상호작용 세기도 조절할 수 있다.

다만 리드버그 상태를 이용한 연산 정확도를 높이는 일, 정밀한 레이저 제어, 원자 손실 방지 등은 여전히 중요한 과제로 남아 있다. 그럼에도 뛰어난 확장성과 유연성 덕분에 중성 원자는 매우 유망한 기술로 주목받고 있다.

## 광자 큐비트

광자 큐비트Photonic Qubits는 빛의 알갱이인 광자photon 하나하나를 큐비트로 사용하는 방식이다. 캐나다의 자나두, 미국의 사이퀀텀 같은 기업이 이 기술을 개발하고 있다. 광자는 질량이 없고 빛처럼 빠르게 움직이며 외부 환경의 영향을 거의 받지 않기 때문에 이론적으로는 양자 상태를 오래 유지할 수 있고 극저온 냉각 장치 없이 상온에서 작동할 수 있다는 장점이 있다.

광자 큐비트를 구현하는 방식은 대표적으로 두 가지다. 첫째, 광자의 진동 방향(편광)을 이용하는 방법이다. 예를 들어 수평 방향이면 $|0\rangle$, 수직 방향이면 $|1\rangle$ 상태로 정의할 수 있다. 둘째, 광자가 지나가는 경로를 활용하는 방법이다. 빔 스플리터beam splitter를 통과한 광자가 위쪽 경로로 가면 $|0\rangle$, 아래쪽 경로로 가면 $|1\rangle$이 되는 식이다. 이외에도 시간 간격에 따라 구분하는 시간 빈 방식time-bin 등 다양한 아이디어가 함께 쓰이기도 한다.

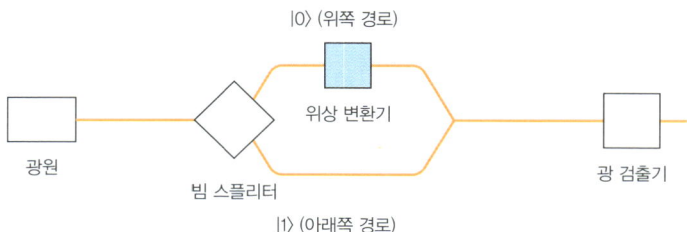

◈ 광자 큐비트의 두 가지 구현 방식(경로 기반, 편광 기반)

단일 광자를 큐비트로 사용하려면 먼저 한 번에 하나의 광자만 정확히 만들어내는 단일 광자 소스Single Photon Source가 필요하다. 이 소스는 필요할 때마다on-demand 안정적으로 광자를 방출해야 하지만 이런 장치를 만드는 건 아직 쉽지 않은 기술이다. 생성된 광자 큐비트를 조작하려면 다양한 광학 소자들을 사용해야 한다. 예를 들어, 편광판과 파장판은 광자의 편광 상태를 바꾸는 데 쓰이고, 빔 스플리터는 광자를 여러 경로로 나누거나 합치는 데 사용된다. 위상 변환기는 특정 경로의 광자 위상을 조절한다. 이런 소자들을 조합한 광학 회로(예: 실리콘 포토닉스 기반 칩)를 통해 광자 큐비트의 중첩 상태를 만들고, 단일 큐비트 게이트 연산도 수행할 수 있다. 광자 큐비트의 상태는 단일 광자 검출기를 이용해 측정하며 특정 위치에 광자가 도달했는지를 확인하는 방식이다.

광자 큐비트의 가장 큰 장점은 상온에서 작동할 수 있고 광섬유를 통해 먼 거리까지 정보 전달이 가능하다는 점이다. 이 덕분에 양자 통신이나 분산형 양자 컴퓨팅 네트워크에 매우 적합하다. 하지만 극복해야 할 한계도 뚜렷하다. 광자 간 상호작용이 매우 약해 두 광자 사이에 얽힘을 만들거나 조건부 연산(예: CNOT 등)을 수행하는 것이 어렵다. 이를 보완하기 위해 연구자들은 측정 기반 양자 컴퓨팅이나 비선형 매질 같은 간접적 방법을 시도하고 있지만 이로 인해 시스템은 복잡해지고 효율은 떨어진다.

또한 광자가 회로 내에서 흡수되거나 손실되면 계산 전체가 실패할 수 있다. 이 때문에 광자 생성부터 검출까지의 전 과정에서 거의 100%에 가까운 효율이 요구된다. 이런 기술적 한계를 감안해 사이퀀텀 같은 기업은 수백만 개의 광자 큐비트와 정교한 오류 정정 기술을 바탕으로 대규모 시스템을 개발하고 있다.

## 위상학적 큐비트

위상학적Topological 큐비트는 지금까지 소개한 다른 방식들과는 조금 다르다. 아직 실험 단계에 머물러 있지만 장기적으로 가장 안정적인 큐비트로 기대되는 기술이다. 마이크로소프트가 이 분야에 집중적으로 투자하며 연구를 이끌고 있다.

이 방식의 핵심은 큐비트 정보를 한 입자의 상태(예: 스핀 방향)에 저장하지 않고, 여러 입자가 모여 만든 시스템 전체의 위상학적 성질에 저장한다는 점이다. 위상학적 성질이란 시스템을 조금씩 변형해도 변하지 않고 유지되는 특성을 말한다. 이렇게 하면 외부 잡음에도 강해져 큐비트가 훨씬 안정적으로 유지될 수 있다.

이론적으로 가장 유력한 구현 방식은 마요라나 페르미온Majorana Fermion이나 비아벨 애니온Non-Abelian Anyon 같은 특이한 준입자를 이용하는 것이다. 이 입자들은 자신이 반입자이기도 하고 여러 개가 있을 때 위치를 바꾸는 순서에 따라 전체 양자 상태가 달라진다는 특별한 성질을 가진다. 위상학적 큐비트는 멀리 떨어진 두 마요라나 입자의 조합으로 $|0\rangle$과 $|1\rangle$ 상태를 정의하고, 이 입자들의 위치를 교차시키는 땋기Braiding 과정을 통해 양자 연산을 수행한다.

이 방식의 가장 큰 장점은 큐비트 정보가 시스템 전체의 위상학적 구조에 저장되기 때문에 외부 잡음이나 작은 교란에 거의 영향을 받지 않는다는 점이다. 이론적으로는 오류율이 매우 낮아서 복잡한 오류 정정 없이도 안정적인 연산이 가능하고 본질적으로 오류에 강한 큐비트가 될 수 있다.

하지만 이런 큐비트를 만들기 위해 필요한 마요라나 준입자는 실험적으로 매우 다루기 어렵고, 그 존재 여부조차 오랫동안 논란이 되어 왔다. 그런데 최근 마이크로소프트가 중요한 진전을 이루었다고 발표하면서 다시 큰 주목을 받고 있다.

마이크로소프트는 토포컨덕터Topoconductor라는 새로운 재료 구조[2]를 개발하고, 이를 이용해 마요라나1Majorana 1이라는 칩을 만들었다. 이 칩에서 마요라나 준입자를 실제로 생성해 제어하고, 핵심 특성도 실험으로 관측했다고 밝혔다. 즉, 위상학적으로 보호된 큐비트를 실제로 시연했다는 것이다. 이는 위상학적 큐비트가 이론이나 초기 실험 단계를 넘어 현실적인 양자 컴퓨터 구현 가능성으로 나아가고 있음을 의미한다.

물론 마이크로소프트의 발표는 아직 학계의 독립적인 검증과 후속 연구가 필요하며 이를 기반으로 한 대규모 양자 시스템을 만들기까지는 넘어야 할 기술적 과제가 많다. 하지만 이들의 주장이 사실로 입증된다면 양자 컴퓨터에서 가장 어려운 문제였던 오류 문제를 근본적으로 해결할 수 있는 길이 열릴 수 있다. 게다가 큐비트의 안정성, 확장성, 속도 측면에서도 큰 도약이 기대된다.

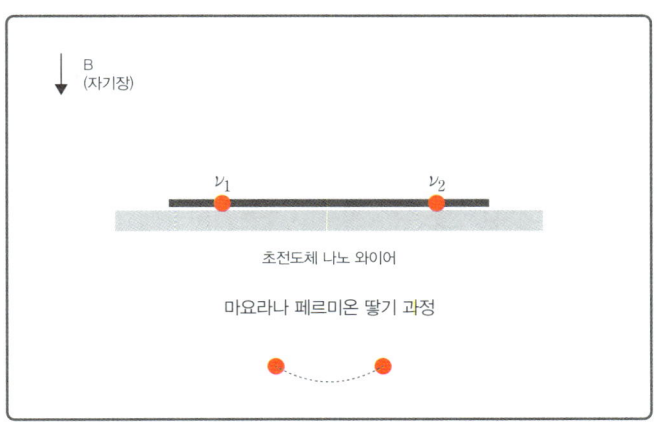

🌸 위상학적 큐비트의 구현 방식

---

2  인듐 비소와 알루미늄 등을 원자 수준에서 정밀하게 쌓아 올린 형태.

이외에도 실리콘 양자점 큐비트, 다이아몬드 NV 센터 큐비트 등 다양한 접근 방식이 활발히 연구되고 있다. 아직 어떤 방식이 최종 승자가 될지는 알 수 없지만 각 기술은 고유한 장점과 한계를 가지며 서로 다른 방향으로 발전하고 있다. 다음 표는 지금까지 살펴본 대표적인 큐비트 기술들의 핵심 원리, 장단점 그리고 주요 기업들의 개발 현황을 정리한 것이다.

| 큐비트 기술 | 기본 원리 | 장점 | 단점 | 주요 개발 기업/현황 |
| --- | --- | --- | --- | --- |
| 초전도 큐비트 | 조셉슨 접합 소자, 극저온 | 빠른 게이트 속도, 집적화/대량 생산 용이(반도체 공정 활용) | 짧은 결맞음 시간, 극저온 냉각 필요, 외부 노이즈 민감 | IBM(콘도르/헤론), 구글(시카모어/오류 수정 집중), 리게티(안카-2) |
| 이온 트랩 큐비트 | 진공에서 포획된 이온을 레이저로 제어 | 긴 결맞음 시간, 높은 제어/측정 정확도, 완전 연결성 | 느린 게이트 속도, 확장 어려움 | 아이온큐(포르테/템포, #AQ 로드맵), 퀀티늄(H1/H2 시스템) |
| 중성 원자 큐비트 | 광학 족집게로 원자 배열, 리드버그 상태 활용 | 뛰어난 확장성, 긴 결맞음 시간, 큐비트 간 균일성 | 게이트 충실도 개선 필요, 복잡한 레이저 제어 시스템 | 큐에라(256큐비트의 아퀼론), 파스칼(프레넬1, 마이크로소프트 애저 연동), 아톰 컴퓨팅(1000개 이상 원자 배열), 인플렉션 |
| 광자 큐비트 | 광자의 편광·경로 등 이용, 광학 소자 제어 | 상온 작동, 결맞음 시간 길고 빠름, 네트워크 연결에 유리 | 상호작용 약해 2큐비트 게이트 구현 어려움, 광자 손실 민감 | 자나두(보레알리스 216모드), 사이퀀텀(100만 큐비트 목표) |
| 위상학적 큐비트 | 마요라나 준입자 기반 위상학적 상태 | 이론적으로 오류에 매우 강함, 오류 정정 부담 작음 | 실현 난이도 높고 아직 초기 단계 | 마이크로소프트(집중 연구 중, 애저 플랫폼 제공) |
| 기타 | 실리콘 양자점, NV 센터 등 | 기술별 고유한 장점 존재 | 기술별 한계점 존재 | 인텔, 퀀텀 브릴리언스 등 |

## 2.3 산업계의 치열한 경쟁
: 양자 컴퓨팅 시대를 향한 경주

앞서 살펴본 것처럼 다양한 물리적 방식의 큐비트 기술이 저마다의 가능성과 한계를 안고 발전하고 있다. 이런 흐름 속에서 전 세계의 기술 기업과 연구 기관은 미래 컴퓨팅을 선도하기 위해 양자 컴퓨터 개발 경쟁에 본격적으로 뛰어들었다. 마치 초기 컴퓨터 시대나 인터넷 혁명기처럼 지금의 양자 컴퓨팅 분야는 대형 IT 기업부터 스타트업까지 수많은 플레이어가 자신만의 기술과 전략으로 치열하게 경쟁하는 매우 역동적인 전환점을 맞이하고 있다.

### 초전도 큐비트 진영: 속도와 집적화 경쟁

초전도 큐비트 분야는 현재 가장 많은 기업이 참여하고 있는 영역이며, 기술의 성숙도 면에서도 다른 방식보다 한발 앞서 있다는 평가를 받고 있다. 이 분야의 선두 주자인 IBM은 2016년 클라우드를 통해 5큐비트 시스템(IBM 퀀텀 익스피리언스)을 공개한 이후 꾸준히 큐비트 수를 늘려왔다. 2017년에는 20큐비트, 2019년에는 53큐비트를 거쳐 2021년에는 127큐비트의 이글$_{Eagle}$, 2022년에는 433큐비트 오스프리$_{Osprey}$ 프로세서를 선보였고 2023년에는 드디어 1121큐비트 콘도르$_{Condor}$ 프로세서를 공개하며 양적 성장을 과시했다.

IBM은 단순히 큐비트 수만 늘리는 데 그치지 않고 실제 연산 품질에 큰 영향을 주는 오류율 개선에도 힘을 쏟고 있다. 같은 해에 발표한 133큐비트 헤론$_{Heron}$ 프로세서는 오류율을 크게 낮춘 것이 특징이며 IBM은 이 프로세서를 핵심 모듈로 삼아 여러 개를 연결하는 새로운 시스템 구조인 IBM 퀀텀 시스템 투$_{IBM\ Quantum\ System\ Two}$를 구축하고 있다. 2024년 초에는 실제로 헤론 프로세서 3개를 연결한 시스템을 공개하며 본격적인 확장형 아키텍처 개발에 나섰다.

IBM의 또 다른 강점은 오픈소스 소프트웨어 플랫폼 키스킷Qiskit과 잘 구축된 클라우드 생태계다. 이를 통해 세계 각지의 연구자와 개발자가 IBM의 양자 컴퓨터에 손쉽게 접근하고 다양한 실험과 애플리케이션을 개발할 수 있다. IBM은 또한 클리블랜드 클리닉과 10년간의 파트너십을 맺고 헬스케어 분야에 양자 기술을 적용하는 등 산업 현장과의 협력을 통해 실제 응용 가능성을 넓혀가고 있다. 오랜 연구 개발 경험과 탄탄한 파트너십 네트워크는 IBM의 큰 경쟁력이지만 초전도 큐비트 특유의 짧은 결맞음 시간과 여전히 존재하는 오류 문제는 향후 극복해야 할 주요 과제로 남아 있다.

IBM과 함께 초전도 큐비트 분야를 선도하는 또 다른 주요 기업은 구글이다. 구글은 2018년 72큐비트 브리스콜Bristlecone 프로세서를 발표한 데 이어, 2019년에는 53큐비트 시카모어Sycamore를 통해 획기적인 성과를 공개했다. 시카모어는 특정 계산에서 당시 세계 최고 성능의 슈퍼컴퓨터보다 훨씬 빠른 속도를 보여주며 이른바 양자 우위를 입증했다고 주장해 큰 화제를 모았다.

이 발표는 일부 논란이 있었지만 구글의 기술력을 전 세계에 각인시키는 계기가 되었다. 이후 구글은 단순한 큐비트 수 확대보다 양자 오류 수정Quantum Error Correction 기술 개발에 집중하고 있다. 2023년에는 72큐비트 규모의 프로세서를 이용해 오류 수정 코드를 실험적으로 구현했고, 그 결과를 학술지 네이처Nature에 발표하며 기술적 진전을 입증했다. 구글은 앞으로 10년 안에 수천 개의 물리적 큐비트를 활용해 완전한 논리적 큐비트Logical Qubit를 구현하고, 이를 바탕으로 실용적인 양자 컴퓨터를 만드는 것을 목표로 하고 있다.

정교한 큐비트 제어 기술과 강력한 엔지니어링 역량은 구글의 확실한 경쟁력이지만 IBM과 마찬가지로 초전도 큐비트의 물리적 한계 극복은 여전히 중요한 과제이며 상대적으로 제한된 클라우드 서비스의 접근성 역시 보완이 필요한 부분이다.

리게티 컴퓨팅도 초전도 큐비트 기술을 기반으로 존재감을 키우고 있다. IBM이나 구글과는 달리 리게티는 자체 설계한 칩을 직접 제작할 수 있는 팹-1Fab-1이라는 양자 집적회로 생산 시설을 갖추고 있다는 점이 강점이다. 이를 통해 설계부터 생산, 테스트까지의 전 과정을 빠르게 반복하며 기술을 유연하게 개선해 나갈 수 있다.

2017년경 19큐비트 시스템으로 시장에 진입한 이후 리게티는 아스펜Aspen 시리즈를 통해 큐비트 수를 점차 늘려왔다. 2022년에는 84큐비트의 안카-1Ankaa-1 칩을 발표했고 40큐비트 칩 두 개를 연결해 80큐비트 시스템을 구현한 아스펜-M 시리즈를 선보이며 멀티칩 아키텍처 기반 시스템으로 확장 가능성을 보여주었다. 이어 2024년에는 성능을 개선한 안카-2 프로세서를 공개했으며 장기적으로는 336큐비트 규모의 라이라Lyra 시스템 개발을 목표로 하고 있다.

리게티는 2022년 스팩SPAC 합병을 통해 나스닥 상장에 성공하며 연구 개발 자금을 확보했고, 미국 국방부DoD, Department of Defense와의 협업을 통해 양자 기계학습 분야 연구도 병행하고 있다. 또한, 영국 옥스퍼드 인스트루먼츠와의 파트너십을 통해 영국 양자 생태계에도 적극 참여 중이다.

다만 초전도 큐비트가 지닌 물리적 한계는 이 기업에도 예외 없이 적용된다. 결맞음 시간이나 오류율 문제를 해결하고 경쟁사보다 더 많은 고품질 큐비트 확보를 이뤄내는 것이 리게티의 다음 과제다.

## 이온 트랩 진영: 정확성과 연결성의 강점

이온 트랩 방식은 게이트 속도는 느리지만 매우 긴 결맞음 시간, 높은 제어 정확도, 모든 큐비트 간 연결 가능성All-to-all connectivity이라는 장점을 앞세워 양자 컴퓨팅 경쟁에 참여하고 있다. 대표 주자인 아이온큐는 2021년 뉴욕증권거래소NYSE에 상장하며 업계의 주목을 받았다. 2020년 32큐비트 시스템을 공개한 이후 단순히 큐비트 수가 아닌 실제 알고리즘 수행 능력을 강조한 #AQAlgorithmic Qubits 지표를 도입해 기술 로드맵을 제시하고 있다.

2022년 발표된 아이온큐 포르테Forte 시스템은 소프트웨어를 통해 큐비트와 게이트 설정을 유연하게 조절할 수 있는 특징을 갖고 있으며, #AQ 35 달성을 목표로 개발되었다. 아이온큐는 2025년까지 #AQ 64 성능을 갖춘 양자 컴퓨터를 출시하고 2028년까지 데이터 센터에 쉽게 설치할 수 있는 랙마운트형 시스템을 개발하겠다는 계획을 밝혔다. 최근에는 미국 메릴랜드 대학교 내 양자 데이터 센터를 구축하고 사우디아라비아 KACST와의 협력을 통해 중동 진출도 추진 중이다.

이온 트랩 방식은 복잡한 양자 알고리즘에 적합하지만 게이트 속도가 느리며 대규모 확장성 확보에 기술적 과제가 많다는 점은 여전히 해결해야 할 과제다.

또 다른 주요 플레이어인 퀀티뉴엄은 2021년 허니웰Honeywell의 양자 하드웨어 부문과 케임브리지 퀀텀 컴퓨팅Cambridge Quantum Computing, CQC이 합병해 탄생했다. 이 덕분에 하드웨어와 소프트웨어를 모두 갖춘 풀스택full-stack 기업으로 두 분야의 강점을 융합하고 있다.

퀀티뉴엄은 허니웰 시절부터 개발한 CCD 아키텍처 기반 이온 트랩 기술을 바탕으로 'H 시리즈' 양자 컴퓨터를 출시해왔으며, 현재는 32큐비트 H2 시스템을 운영 중이다. 이 시리즈는 업계 최고 수준의 충실도fidelity와 낮은 오류율, 완전 연결성을 갖추고 있어 복잡한 양자 회로를 안정적으로 실행할 수 있는 점에서 주목받고 있다.

또한, 케임브리지 퀀텀의 소프트웨어 역량을 활용해 양자 화학 시뮬레이터인 인콴토InQuanto, 양자 컴파일러인 티켓TKET 등 다양한 도구를 제공하고 있으며 하드웨어와 소프트웨어를 함께 최적화해 산업계 응용에 직접 연결될 수 있는 플랫폼을 구축하는 데 집중하고 있다.

## 중성 원자 진영: 확장성을 무기로 급부상

최근 몇 년간 가장 빠른 성장을 보이며 주목받고 있는 분야는 중성 원자 큐비트 기술이다. 이 방식의 가장 큰 강점은 수백~수천 개의 큐비트를 비교적 쉽게 배열하고 제어할 수 있는 뛰어난 확장성에 있다. 큐에라 컴퓨팅은 하버드와 MIT의 연구를 기반으로 설립된 스타트업으로 2021년 256큐비트급 아날로그 양자 시뮬레이터인 아퀼론Aquilon을 출시해 중성 원자 시스템을 상업화한 대표 사례로 꼽힌다.

아퀼론은 큐비트를 2차원으로 정렬하고 원자 간 상호작용을 제어해 복잡한 최적화 문제나 물리계 시뮬레이션에서 높은 성능을 입증했다. 현재 큐에라는 오류 정정이 가능한 범용 게이트 기반 양자 컴퓨터 개발로 진화를 시도 중이다.

파스칼Pasqal은 프랑스를 기반으로 한 유럽 대표 양자 컴퓨팅 기업으로 3차원 원자 배열 기술을 바탕으로 한 프레넬1Fresnel1 시스템을 클라우드에 공개하고 있다. 특히 에너지, 금융, 물류 등 다양한 산업 분야의 기업과 협력을 통해 실제 문제 해결 중심의 응용 사례 발굴에 집중하고 있으며 마이크로소프트 애저 플랫폼에도 통합되어 있어 사용성이 뛰어나다.

아톰 컴퓨팅은 미국 기업으로 1000개 이상의 원자를 안정적으로 배열하고 제어하는 데 성공하면서 중성 원자의 확장성을 강하게 입증했다. 초기에는 원자 배열 자체에 집중했지만 최근에는 고충실도 양자 게이트 구현에 주력하며 오류 정정이 가능한 아키텍처 개발에 집중하고 있다.

이외에도 인플렉션Infleqtion(구 콜드콴타ColdQuanta) 등 다양한 기업이 중성 원자 기술을 기반으로 양자 컴퓨터뿐만 아니라 센서·통신 등 양자 기술 전반으로 응용 영역을 넓히고 있다. 게이트 충실도 향상 등 기술적 과제가 여전히 존재하지만 중성 원자 방식은 압도적인 확장성 덕분에 향후 양자 하드웨어 경쟁에서 앞설 수 있는 강력한 후보 중 하나로 떠오르고 있다.

### 광자 및 위상학적 큐비트: 미래를 향한 도전

광자 큐비트 분야에서는 자나두와 사이퀀텀이 독특한 접근 방식으로 주목받고 있다. 캐나다의 자나두는 2022년 보레알리스Borealis라는 광자 기반 프로세서를 발표하며 특정 그래프 문제(가우시안 보손 샘플링)에서 기존 슈퍼컴퓨터보다 빠른 계산을 시연했다고 주장해 양자 우위 논쟁에 불을 지폈다. 보레알리스는 216개의 스퀴즈드 상태squeezed state 광자 모드를 활용한 시스템으로 비록 범용 게이트 기반은 아니지만 광자 기술의 가능성을 보여준 중요한 사례로 평가된다.

반면 미국의 사이퀀텀은 100만 개의 오류 정정 큐비트를 갖춘 대규모 양자 컴퓨터를 상온에서 작동할 수 있게 만드는 것을 목표로 하고 있다. 이를 위해 기존 CMOS 반도체 공정을 활용해 광자 칩을 대량 생산하려는 전략을 택했다. 광자 간 상호작용이 약하고 손실에 매우 민감하다는 기술적 한계가 있지만 이를 극복한다면 효율적이고 실용적인 광자 기반 양자 컴퓨터가 가능할 것으로 기대된다.

한편 마이크로소프트는 위상학적 큐비트라는 독특한 방식에 장기적인 투자를 이어가고 있다. 이는 큐비트 정보를 개별 입자가 아닌 시스템 전체의 위상 구조에 저장해 외부 오류에 매우 강한 큐비트를 만드는 개념이다. 마이크로소프트는 최근 마요라나1 칩을 통해 마요라나 준입자의 생성과 제어에 성공했다고 발표하며 기술적 진전을 내비쳤다. 실험적 검증이 아직 진행 중이지만 만약 이 기술이 실제로 상용화된다면 오류 정정 없이도 안정적인 연산이 가능한 차세대 큐비트가 될 수 있다.

이와 함께 마이크로소프트는 애저 퀀텀을 통해 다양한 양자 하드웨어—아이온큐, 퀀티뉴엄, 리게티, 파스칼 등—와의 연계를 지원하고, 소프트웨어 도구와 알고리즘 개발 환경도 제공하며 생태계 전반을 아우르는 전략을 펼치고 있다. 고성능 컴퓨팅HPC과 양자 컴퓨팅을 결합한 하이브리드 시스템 구축 노력도 병행하고 있다.

결국 양자 컴퓨터 하드웨어 개발은 단일 기술의 독주가 아니라 다양한 접근 방식의 공존과 경쟁 속에서 이루어지고 있다. 초전도, 이온 트랩, 중성 원자, 광자, 위상학적 큐비트는 각각 결맞음 시간, 게이트 속도, 작동 환경, 확장성, 오류 정정의 용이성 등에서 서로 다른 장단점을 지닌다. 어떤 방식이 최종 승자가 될지는 아직 알 수 없지만 그 다양성과 경쟁이야말로 오늘날 양자 컴퓨팅을 빠르게 발전시키는 원동력이다.

하드웨어뿐 아니라 소프트웨어, 알고리즘, 오류 정정 기술 등 양자 생태계 전반이 함께 성장하고 있다. 앞으로 몇 년 안에 우리는 더 많은 큐비트를 가진 시스템, 정확하고 빠른 연산 그리고 실제 산업에 적용할 수 있는 양자 컴퓨터 사례들을 속속 목격하게 될 것이다. 양자 컴퓨팅 시대를 향한 이 여정은 이제 본격적으로 시작되었으며 그 미래를 이끌 기술 경쟁은 점점 더 뜨거워질 전망이다.

# Chapter 3

# 양자 컴퓨터의 소프트웨어
# : 알고리즘과 프로그래밍

1장과 2장에서는 양자 컴퓨팅의 원리와 하드웨어에 대해 살펴봤다. 강력한 하드웨어가 준비되었다면 이제 그 잠재력을 현실로 만들 소프트웨어가 필요하다. 양자 컴퓨터의 소프트웨어는 기존 컴퓨터의 소프트웨어와는 근본적으로 다르다. 양자 역학의 원리를 활용하는 독특한 알고리즘과 이를 구현하기 위한 새로운 프로그래밍 언어 및 개발 환경이 필요하기 때문이다.

이번 장에서는 양자 컴퓨터 소프트웨어의 세계를 탐험한다. 양자 알고리즘은 기존 알고리즘과 무엇이 다른지, 양자 프로그래밍은 어떻게 하는 것인지 그리고 양자 소프트웨어는 어떤 분야에 활용될 수 있는지를 알아보자.

# 3.1 양자 알고리즘의 기본 원리

양자 알고리즘은 양자 컴퓨터의 강력한 성능을 이끌어내는 핵심 요소다. 기존 컴퓨터로는 해결하기 어렵거나 불가능한 문제를 효율적으로 해결할 수 있는 마법의 레시피와 같다. 예를 들어, 쇼어 알고리즘Shor's Algorithm은 거대한 숫자를 빠르게 소인수분해하여 현대 암호 체계를 위협할 수 있고, 그로버 알고리즘Grover's Algorithm은 정렬되지 않은 데이터베이스에서 원하는 항목을 빠르게 찾아낸다. 이외에도 양자 시뮬레이션, 양자 기계학습 등 다양한 분야에서 활용될 수 있는 양자 알고리즘이 개발되고 있다.

양자 알고리즘을 양자 컴퓨터에서 실행하려면 기존과는 다른 새로운 방식의 프로그래밍이 필요하다. 양자 프로그래밍은 양자 역학의 개념을 이해한 다음 큐비트의 상태를 제어하고 측정하는 방법을 알아야 한다. 현재 키스킷Qiskit, 써크Cirq, Q# 같은 다양한 양자 프로그래밍 언어가 개발되어 양자 알고리즘을 쉽게 작성하고 실행할 수 있도록 돕고 있다. 또한, IBM 퀀텀 익스피리언스IBM Quantum Experience, 구글 퀀텀 AIGoogle Quantum AI, 마이크로소프트 애저 퀀텀 등 클라우드 기반의 양자 개발 환경을 통해 누구나 손쉽게 양자 컴퓨터를 체험하고 프로그래밍을 할 수 있는 시대가 열렸다.

양자 소프트웨어 개발은 아직 초기 단계에 있지만 빠르게 성장하고 있는 분야다. 자파타 컴퓨팅Zapata Computing, 원큐빗1QBit, 케임브리지 퀀텀 컴퓨팅 같은 여러 기업이 양자 알고리즘 개발, 양자 프로그래밍 도구 제작, 양자 컨설팅 등 다양한 사업을 추진하며 혁신을 이끌고 있다.

양자 알고리즘이 가진 특별한 능력은 세 가지 핵심 원리에서 나온다. 바로 중첩, 얽힘 그리고 양자 간섭이다. 1장에서도 간략히 소개했지만 양자 알고리즘을 이해하려면 이 개념을 명확히 아는 것이 중요하기 때문에 다시 한번 살펴보자. 이 세 가지 원리는 고전 컴퓨터에서는 찾아볼 수 없는 독특한 특성으로 양자 컴퓨터만의 강력한 계산 능력을 만들어낸다.

### 중첩: 동시에 여러 상태로 존재하기

우리 일상에서 동전은 앞면이나 뒷면 중 하나의 상태만 가질 수 있다. 하지만 양자의 세계는 다르다. 큐비트는 0과 1의 상태를 동시에 가질 수 있는데 이를 중첩 상태라고 부른다. 이는 마치 수많은 평행 우주에서 서로 다른 계산을 동시에 수행하는 것과 같다.

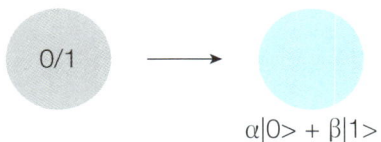

고전적 비트와 큐비트의 상태 차이

위 그림에서 왼쪽의 회색 원은 고전적인 비트를 나타내며 0 또는 1중 하나의 명확한 상태만 가질 수 있다. 파란색 원은 양자 상태를 나타내며 큐비트는 0과 1의 상태를 동시에 가질 수 있음을 의미한다. 이러한 상태는 $\alpha|0\rangle + \beta|1\rangle$ 같은 형식으로 표현한다.

### 얽힘: 신비로운 연결

얽힘은 두 개 이상의 큐비트가 서로 깊이 연결돼 한 큐비트의 상태가 다른 큐비트의 상태를 즉시 결정하는 현상이다. 이는 마치 서로 다른 장소에 있는 두 장의 카드 중 하나를 뒤집는 순간, 다른 카드의 상태도 자동으로 정해지는 것과 같다. 양자 알고리즘은 이 얽힘 현상을 활용해 복잡한 계산을 수행한다. 얽힘 덕분에 큐비트들은 서로 정보를 주고받을 수 있어 양자 컴퓨터의 놀라운 병렬 처리 능력을 발현할 수 있게 된다.

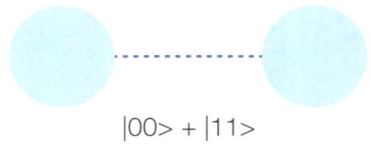

|00⟩ + |11⟩

▒ 양자 얽힘의 상태

위 그림에서 두 개의 파란 원은 서로 다른 큐비트를 나타내며 이들을 잇는 점선은 두 큐비트가 얽혀 있다는 것을 의미한다. |00⟩ + |11⟩은 두 큐비트가 항상 같은 값을 가지도록 얽혀 있는 상태를 나타낸다. 즉, 첫 번째 큐비트가 0이면 두 번째도 0이고, 첫 번째가 1이면 두 번째도 1인 상태다.

## 양자 간섭: 파동의 춤

큐비트는 파동의 성질을 가진다. 양자 알고리즘은 이 파동들이 서로 간섭하는 현상을 교묘하게 활용한다. 바다를 떠올려보자. 서로 다른 물결이 만나 큰 파도가 되기도 하고, 물결끼리 서로 상쇄되어 잔잔해지기도 한다. 이처럼 양자 알고리즘은 원하는 답을 강화하고 원하지 않는 답은 약화시킨다.

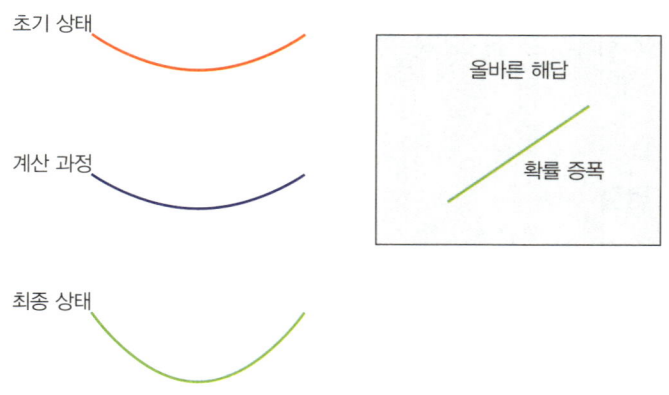

▒ 시간에 따른 양자 상태 변화와 간섭 효과

위 그림에서 세 개의 곡선은 시간에 따른 양자 상태의 변화를 나타낸다. 빨간색 곡선은 초기 상태, 파란색 곡선은 계산 과정의 중간 상태, 녹색 곡선은 최종 상태를 보여준다. 이 곡선들이 서로 중첩되고 간섭하면서 원하는 결과는 증폭되고 원하지 않는 결과는 상쇄된다. 오른쪽 그래프는 이러한 간섭 효과로 인해 올바른 해답의 확률이 점차 증가하는 현상을 나타낸 것이다.

이러한 중첩, 얽힘, 간섭이라는 세 가지 원리가 결합해 양자 알고리즘의 강력한 계산 능력을 가능하게 한다. 중첩은 여러 가능성을 동시에 탐색하게 하고, 얽힘은 큐비트 간의 상호작용을 만들며, 양자 간섭은 원하는 결과를 얻을 수 있게 해주는 것이다.

## 3.2 주요 양자 알고리즘

지금까지 개발된 양자 알고리즘은 각각 특정한 문제를 해결하는 데 특화되어 있다. 그중에서도 널리 알려진 대표적인 알고리즘 몇 가지를 살펴보자.

### 쇼어 알고리즘: 암호 체계를 뒤흔들 힘

1994년 피터 쇼어Peter Shor가 발표한 이 알고리즘은 양자 컴퓨팅 역사에서 매우 중요한 발견 중 하나다. 큰 수를 소인수분해하는 이 알고리즘은 현대 암호 체계의 근간을 흔들 수 있는 잠재력을 가지고 있다.

우리가 일상적으로 사용하는 인터넷 보안의 대부분은 큰 수를 소인수분해하기 어렵다는 점을 기반으로 한다. 예를 들어 15는 쉽게 3과 5로 분해할 수 있지만, 수백 자리 숫자를 소인수분해하는 것은 현재의 슈퍼컴퓨터로도 사실상 불가능하다.

하지만 쇼어 알고리즘은 양자 컴퓨터의 중첩과 간섭을 이용해 이 문제를 놀라운 속도로 해결한다. 소인수분해가 기존 컴퓨터에서 어려운 이유는 큰 수를 분해할 때 가능한 모든 조합을 하나씩 시도해야 하기 때문이다. 예를 들어 15는 간단히 3과 5의 곱으로 분해할 수 있지만 수백 자리 숫자가 되면 가능한 조합을 하나하나 시도해야 하며 여기에 막대한 시간이 소요된다.

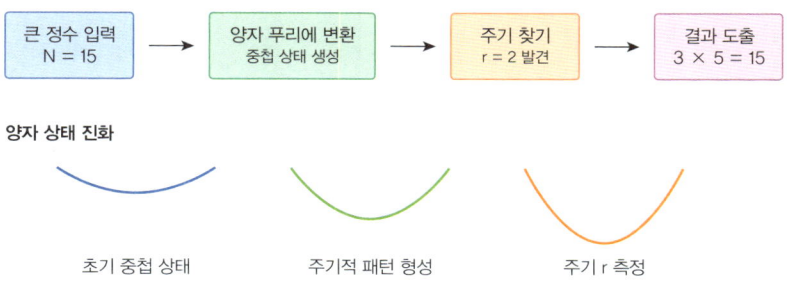

쇼어 알고리즘의 작동 원리

그러면 쇼어 알고리즘은 어떻게 이 문제를 해결할까? 위의 그림을 통해 간단히 설명해보겠다.

첫 번째 단계에서는 소인수분해하고자 하는 큰 정수를 입력한다. 여기서는 이해하기 쉽도록 $N=15$와 같은 숫자를 예로 들었다. 그다음에는 '양자 푸리에 변환' 단계를 거친다. 이 과정에서는 입력받은 숫자를 양자 상태로 변환하고 중첩 상태를 만든다. 위 그림에서 녹색 박스로 표시된 부분으로 양자 컴퓨팅의 강점인 중첩을 형성하는 단계다.

그다음은 '주기 찾기' 단계다. 그림의 주황색 박스로 표시된 이 단계에서는 $r=2$와 같은 주기를 찾아낸다. 쇼어 알고리즘의 핵심은 바로 이 주기를 효율적으로 계산하는 데 있다.

좀 더 구체적으로 살펴보자. 양자 컴퓨터는 어떤 수 $a$를 반복해서 곱해가면서 그 결과를 15로 나눈 나머지를 관찰한다. 예를 들어 $a=4$를 선택했다고 가정해보자.

$4^1 = 4 \equiv 4$ (15로 나눈 나머지)

$4^2 = 16 \equiv 1$ (15로 나눈 나머지)

$4^3 = 64 \equiv 4$ (15로 나눈 나머지)

$4^4 = 256 \equiv 1$ (15로 나눈 나머지)

여기서 볼 수 있듯이 4를 두 번 곱할 때마다 동일한 패턴이 반복된다. 이를 통해 주기가 $r = 2$임을 알 수 있다. 이 주기를 알게 되면 15의 소인수를 수학적으로 계산할 수 있게 된다.

양자 컴퓨터의 강점은 이 주기를 찾을 때 모든 가능한 거듭제곱을 동시에 계산할 수 있다는 점이다. 그림 속 녹색 곡선이 보여주는 주기적 패턴은 바로 이러한 반복되는 수의 패턴을 찾아가는 과정이다. 고전적인 컴퓨터라면 이 주기를 찾기 위해 모든 거듭제곱을 하나씩 계산해야 하지만 양자 컴퓨터는 중첩 상태를 활용해 모든 경우를 동시에 계산하고, 양자 푸리에 변환을 통해 그 속에 숨겨진 주기를 빠르게 찾아낼 수 있다. 이것이 바로 쇼어 알고리즘이 큰 수의 소인수분해를 효율적으로 수행할 수 있는 핵심 원리다.

쇼어 알고리즘의 마지막 단계는 '결과 도출'이다. 그림에서는 분홍색 박스로 표시되어 있다. 양자 컴퓨터가 $a=4$일 때 주기 $r=2$를 찾아냈다고 하자. 이 주기를 이용하면 우리가 분해하려는 숫자 $N=15$의 소인수를 계산할 수 있다. 먼저 여기서 한 가지 수학적 논리를 알고 넘어가자. 주기 $r$이 짝수일 때는 $a^{\frac{r}{2}}$에서 $\pm 1$을 한 값이 원래 숫자 N을 나눌 수 있는 소인수가 되는 경우가 많다는 사실이 수학적으로 증명되어 있다.[1]

이 공식에 따라 계산해보자. $r$이 2이므로, 먼저 $a^{\frac{r}{2}}=4^1=4$를 계산한다. 이제 이 값에서 1을 더하거나 빼본다.

    $4-1=3$

    $4+1=5$

그리고 이 숫자들(3과 5)이 15를 나눌 수 있다는 걸 확인하면, 15의 소인수는 3과 5라는 결론을 얻을 수 있다. 즉, 양자 컴퓨터가 찾아낸 주기 정보는 소인수를 계산하는 데 필요한 단서를 제공해 준 것이다.

---

[1] 단, 이 공식이 항상 적용되는 것은 아니며 특정 수학적 조건(예: $a^{\frac{r}{2}} \neq -1$)이 충족되어야 한다. 다만 대부분의 경우에서 이 방법이 유효하다.

하지만 쇼어 알고리즘에도 한 가지 약점이 있다. 바로 주기 $r$이 홀수일 경우에는 원하는 결과를 얻기 어렵다는 점이다. 이럴 땐 기준이 되는 수 $a$를 새로 정해서 알고리즘을 처음부터 다시 실행한다. 이 과정을 몇 번 반복하면 짝수 주기를 찾아낼 수 있다는 것이 수학적으로 증명되어 있다.

다행히 양자 컴퓨터는 여러 계산을 동시에 처리할 수 있기 때문에 이런 반복이 전체 계산 시간에 큰 영향을 주지는 않는다. 그래서 쇼어 알고리즘은 확률적 알고리즘이라 불린다. 한 번에 정답을 찾지 못할 수도 있지만 여러 번 시도하면 결국 성공하게 되어 있다.

쇼어 알고리즘이 효과적인 이유는 큰 수를 나누는 문제를 '주기 찾기' 문제로 바꿔서 푸는 방식에 있다. 양자 컴퓨터는 중첩 상태 덕분에 다양한 주기를 동시에 시도할 수 있고 양자 푸리에 변환을 이용해 그중 실제 주기를 빠르게 찾아낸다.

마치 아주 큰 도서관에서 책을 찾을 때 한 권씩 꺼내보는 대신 모든 책의 위치를 한눈에 꿰뚫어보는 초능력과 비슷하다. 이렇게 찾아낸 주기는 우리가 원하는 소인수를 찾는 데 중요한 실마리가 된다.

앞의 그림은 이 과정을 이해하기 쉽게 단순화한 것이지만 실제로는 더 복잡한 양자역학적 원리와 수학 계산이 들어간다. 그럼에도 쇼어 알고리즘의 핵심은 분명하다. 양자 중첩 덕분에 다양한 가능성을 한꺼번에 탐색하고, 양자 간섭을 통해 정답으로 이어지는 경로를 뚜렷하게 만드는 방식으로 기존 컴퓨터보다 훨씬 빠르게 소인수분해 문제를 해결할 수 있다는 점이다.

## 그로버 알고리즘: 데이터 속 바늘을 빠르게 찾는 법

방대한 데이터 속에서 원하는 정보를 찾는 일은 오늘날 컴퓨터가 자주 수행하는 작업 중 하나다. 하지만 데이터가 많아질수록 이 작업은 점점 더 많은 시간과 자원을 요구하게 된다. 1996년, 로브 그로버Lov Kumar Grove가 개발한 그로버 알고리즘은 이 문제에 대한 획기적인 해결책을 제시한다.

고전적인 방식에서는 정렬되지 않은 N개의 데이터 중에서 원하는 것을 찾으려면 평균적으로 N/2번의 시도가 필요하다. 데이터가 100만 개라면 원하는 항목을 찾기까지 평균 50만 번의 검색이 필요한 셈이다. 반면 그로버 알고리즘은 양자역학의 특성을 활용해 검색 횟수를 $\sqrt{N}$으로 줄인다. 100만 개 중에서 원하는 항목을 찾는 데 약 1000번 정도의 시도만으로 찾을 수 있다.

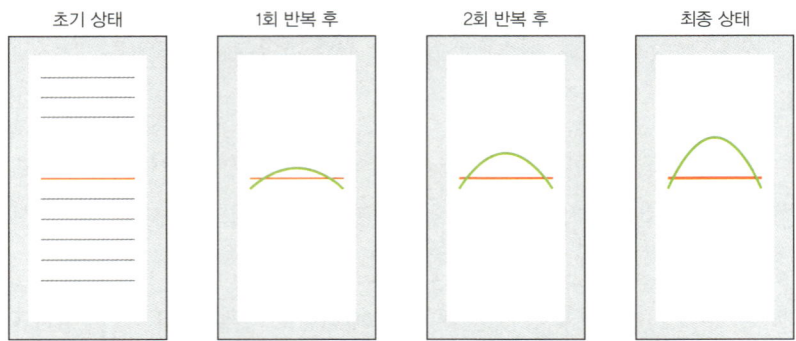

작동 원리:
1. 모든 상태를 동일한 중첩 상태로 초기화  2. 목표 상태의 진폭을 반복적으로 증폭  3. $\sqrt{N}$번의 반복 후 측정

그로버 알고리즘의 증폭 과정

그로버 알고리즘은 마치 수많은 사람 속에서 특정 인물을 찾는 것과 비슷하다. 일반적인 방법이라면 한 사람씩 확인해야 하지만 그로버 알고리즘은 다음과 같은 독특한 방식으로 접근한다.

앞 그림을 보면 처음에는 모든 데이터 항목이 똑같은 확률을 가지고 있다. 마치 어두운 방 안에 여러 개의 공이 놓여 있고, 어떤 공이 어떤 색인지 잘 보이지 않는 상황과 비슷하다. 그로버 알고리즘은 우리가 찾고자 하는 특정 항목에 어떤 표시—위 그림에서는 빨간색 선으로 표시—를 해둔다. 이것이 첫 번째 단계다. 그림을 보면 이 항목이 다른 항목보다 조금 더 눈에 띄게 표현되어 있다.

그다음 증폭 과정이 시작된다. 그림 속의 곡선이 점점 위로 올라가는 것을 볼 수 있는데 이 모습이 증폭 과정을 나타낸다. 이 과정에서 매번 다음과 같은 두 가지 일이 일어난다.

- 찾고자 하는 항목의 진폭(선택될 확률)은 점점 커진다.
- 나머지 항목들의 진폭은 조금씩 줄어든다.

즉, 그로버 알고리즘은 전체를 하나하나 확인하는 대신, 우리가 원하는 정답에 점점 더 초점을 맞춰가는 방식으로 훨씬 빠르게 답을 찾아낸다. 마치 여러 개의 소리 중 우리가 듣고 싶은 음악만 점점 볼륨을 높이고, 다른 소리는 점점 줄여가는 것과 비슷하다.

우리가 찾고자 하는 항목은 이 과정을 반복적으로 거치면서 점점 더 또렷해진다. 이것은 양자 컴퓨팅의 핵심 개념 중 하나인 양자 간섭Quantum Interference 덕분이다. 이 과정을 너무 적게 거치면 원하는 항목이 눈에 띄지 않고 오래 지속하면 오히려 흐릿해질 수 있다. 수학적으로는 약 $\sqrt{N}$번 정도의 조정이 가장 효과적인 것으로 알려져 있다. 마치 라디오 주파수를 맞출 때 여러 번의 미세 조정을 통해 가장 선명한 소리를 들을 수 있는 것과 비슷하다. 그림의 마지막 상태를 보면 우리가 찾고자 했던 항목(빨간색 선)이 주변보다 훨씬 더 눈에 띄게 부각되어 있는 것을 볼 수 있다. 결과적으로 우리가 원하는 항목을 찾을 가능성이 매우 높아졌다는 것을 의미한다.

그로버 알고리즘의 활용은 단순한 데이터 검색에 그치지 않는다. 인공지능 분야에서는 방대한 데이터 속에서 원하는 패턴을 빠르게 찾아내는 데 쓰일 수 있고, 금융 분야에서는 수많은 거래 중 의심스러운 내역을 효율적으로 골라내는 데 도움이 된다. 또한 생물정보학에서는 복잡한 유전자 서열 안에서 특정 염기 조합을 찾는 데 활용될 수 있다. 이외에도 물류, 교통, 에너지 등 다양한 산업 분야에서 최적화 문제를 해결하는 데 적용할 수 있다. 아직은 실험실 수준의 연구에 머물러 있지만 양자 컴퓨터 하드웨어 기술이 발전하면서 점차 실용화 단계에 접어들 것으로 전망된다.

### 양자 시뮬레이션: 자연을 있는 그대로 계산하다

분자의 움직임이나 화학 반응을 정확하게 시뮬레이션하는 일은 기존 컴퓨터가 가진 큰 한계 중 하나였다. 양자역학의 법칙을 따르는 시스템을 고전 컴퓨터로 시뮬레이션하려면 입자의 수가 늘어날수록 필요한 계산량이 기하급수적으로 증가하기 때문이다.

하지만 양자 컴퓨터는 스스로가 양자역학의 법칙을 따르기 때문에 이런 시스템을 자연스럽게 흉내 낼 수 있다. 이것이 바로 1982년 파인만이 양자 컴퓨터를 처음 제안했던 이유다. 파인만은 "자연은 고전 컴퓨터로 시뮬레이션하기에는 너무 복잡하다. 하지만 자연 그 자체를 이용한다면 어떨까?"라는 통찰을 통해 양자 시뮬레이션의 가능성을 처음 열었다.

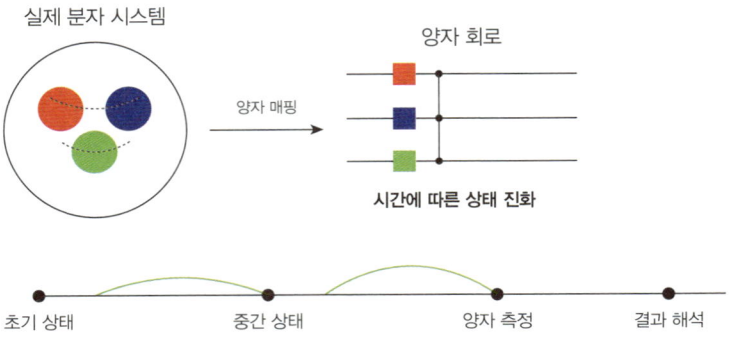

양자 시뮬레이션의 원리

그림의 상단은 분자 시스템을 나타낸 것이다. 이 그림에서는 세 개의 원자가 전자 구름으로 연결된 간단한 분자를 예시로 보여준다. 빨간색, 파란색, 녹색으로 표시된 원자들은 서로 상호작용을 하고 있다.

이 분자를 양자 컴퓨터로 시뮬레이션하려면 먼저 양자 매핑이라는 과정을 거친다. 그림 오른쪽에는 이 분자의 구조가 양자 회로로 바뀐 모습이 나타나 있다. 각 원자는 하나 이상의 큐비트(세로선)로 표현되며, 원자 간의 상호작용은 양자 게이트(작은 사각형과 연결선)로 나타나 있다.

아래쪽 그림은 시간의 흐름에 따라 시스템이 어떻게 변화하는지를 보여준다. 즉, 초기 상태에서 시작해 중간 단계를 거쳐 최종적으로 측정에 이르는 과정을 순차적으로 시각화한 것이다. 녹색 곡선은 이 변화 과정을 따라가는 시스템의 상태 변화를 나타낸다.

이러한 방식의 가장 큰 장점은 양자 컴퓨터가 분자 내에서 실제로 일어나는 복잡한 양자역학적 현상을 직접 흉내를 낼 수 있다는 점이다. 기존 컴퓨터는 분자의 움직임을 수학적으로 근사해 계산하려고 하지만, 양자 컴퓨터는 아예 그 분자의 성질을 따라가듯 스스로 그와 유사한 행동을 하면서 시뮬레이션을 수행한다. 마지막 단계에서는 이렇게 계산된 결과를 바탕으로 실제 분자의 물리적 특성이나 반응을 해석하게 된다.

이러한 양자 시뮬레이션 기술이 실제 산업에 미칠 영향은 매우 크다. 그중에서도 가장 주목할 만한 분야가 신약 개발 분야다. 새로운 약을 만들 때 가장 중요한 것은 약물 분자가 인체 내 다른 분자들과 어떻게 반응하고 상호작용을 하는지를 정확히 이해하는 것이다. 지금까지는 이 과정을 시뮬레이션하는 데 수년이 걸리기도 했지만 양자 컴퓨터를 활용하면 며칠 또는 몇 시간 안에 수행할 수 있다. 이는 신약 개발 속도를 획기적으로 높일 수 있다는 뜻이다.

양자 시뮬레이션은 신약 개발뿐만 아니라 새로운 소재를 설계하는 데도 큰 역할을 할 것으로 기대된다. 예를 들어 태양 전지의 효율을 높일 수 있는 신소재를 찾거나, 더 가볍고 튼튼한 구조물을 만들 수 있는 물질, 더 오래 가는 배터리 소재를 개발하는 데 활용될 수 있다. 이러한 혁신은 복잡한 물질의 양자역학적 특성을 정확하게 이해하고 예측할 수 있어야 가능하다.

또한, 화학 공정에서 널리 사용되는 촉매의 효율을 높이는 데도 양자 시뮬레이션이 큰 도움이 될 수 있다. 촉매는 화학 반응을 빠르게 만들어주는 물질인데, 이를 더 효율적으로 만들 수 있다면 공정에 드는 에너지를 줄이고 비용도 절감할 수 있다. 양자 시뮬레이션을 통해 새로운 촉매를 발견하거나 기존 촉매의 성능을 높이는 데 필요한 계산을 훨씬 더 정확하고 빠르게 수행할 수 있을 것이다.

물론 아직 넘어야 할 산이 많다. 현재의 양자 시뮬레이션은 수십 개의 큐비트로 매우 단순한 분자 구조만 다룰 수 있는 수준에 머물러 있다. 실제로 의미 있는 수준의 시뮬레이션을 하기 위해서는 훨씬 더 많은 큐비트가 필요하고, 무엇보다 이 큐비트들이 양자 상태를 더 오래 안정적으로 유지할 수 있어야 한다. 이는 양자 컴퓨터 하드웨어의 발전과 직결된 문제다.

그럼에도 양자 시뮬레이션의 미래는 충분히 밝다. 양자 컴퓨터 기술이 꾸준히 발전하면서 점점 더 복잡한 시스템을 정밀하게 시뮬레이션할 수 있게 될 것이고 결국, 과학과 산업의 여러 분야에 걸쳐 핵심적인 역할을 하게 될 것이다. 신약 개발, 신소재 탐색, 에너지 효율 향상 등 우리가 직면한 중요한 문제들을 해결하는 데 양자 시뮬레이션은 중요한 열쇠가 될 것이다.

## 양자 기계학습: AI의 새로운 지평

AI와 기계학습은 현대 컴퓨팅에서 매우 중요한 분야 중 하나다. 하지만 데이터의 양이 많아지고 모델이 복잡해질수록 학습에 필요한 계산 자원과 시간이 기하급수적으로 늘어난다. 양자 기계학습은 양자 컴퓨팅의 병렬 처리 능력을 활용해 이러한 한계를 극복하려 한다.

양자 기계학습Quantum Machine Learning의 기본 개념은 고전적인 기계학습을 양자 세계로 확장하는 데 있다. 데이터를 양자 상태로 인코딩하고 양자 회로를 통해 학습을 수행한 뒤 측정을 통해 결과를 얻는 방식이다. 이 과정에서 중첩, 얽힘, 간섭 등 양자역학의 고유한 특성이 학습 효율을 비약적으로 끌어올릴 수 있다.

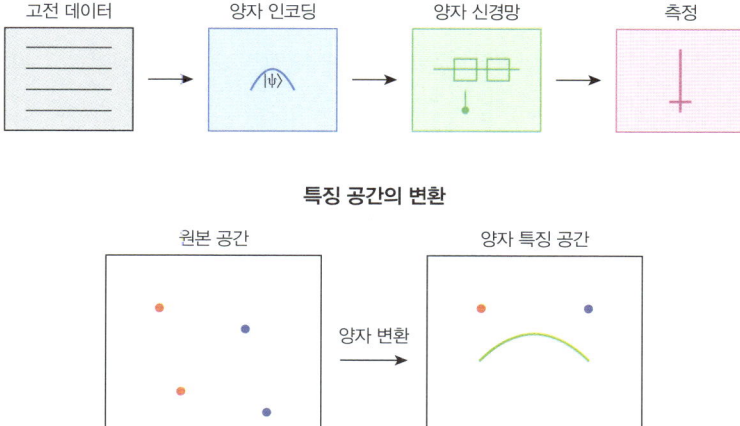

양자 기계학습의 구조

이 알고리즘은 위의 그림과 같은 흐름으로 진행된다. 먼저, 일반적인 고전 데이터는 회색 상자 내의 여러 줄로 표현되어 있다. 그다음 데이터는 '양자 인코딩' 단계를 거친다. 파란색 상자로 표시된 이 단계에서는 고전 데이터를 양자 상태로 변환하며 $|\psi\rangle$로 나타낸 부분이 바로 양자 상태를 의미한다. 이는 마치 일반 사진을 3D 홀로그램으로 변환하는 것과 비슷한 과정이다.

그다음은 '양자 신경망'을 구성하는 단계다. 이 단계에서는 양자 게이트들을 이용해 데이터를 처리한다. 녹색 상자 안의 가로선들과 작은 사각형들은 양자 회로를 나타내고, 세로로 연결된 선들은 큐비트 간의 상호작용을 표현한다.

마지막으로, 분홍색 상자로 표시된 '측정' 단계에서는 양자 상태를 측정해 최종 결과를 얻는다. 아래의 그림은 '특징 공간의 변환' 과정을 보여준다. 왼쪽의 '원본 공간'에서는 데이터 포인트들이 섞여 있는 상태를 나타내고 있으며, 오른쪽의 '양자 특징 공간'에서는 양자 변환을 통해 데이터들이 보다 잘 구분될 수 있는 형태로 바뀐 모습을 보여준다. 이는 마치 복잡하게 얽힌 실타래를 풀어서 정리하는 것과 같다. 이러한 구조 덕분에 양자 기계학습은 기존의 기계학습보다 특정한 문제를 더 효율적으로 해결할 수 있다.

오늘날 AI가 다루는 데이터는 매우 크고 복잡하다. 딥러닝은 이런 데이터를 처리하기 위한 대표적인 기술로 입력된 데이터를 여러 단계로 나누어 분석하고 그 속에서 유의미한 패턴을 추출하는 방식이다.

딥러닝의 핵심 목표는 이러한 복잡한 데이터 속에서 본질적인 특징만 추려내어 더 단순하고 의미 있는 형태로 변환하는 것이다. 양자 기계학습은 이 과정을 양자역학의 특성을 활용해 더 효율적으로 수행하려 한다. 그림 속 '양자 인코딩' 단계에서는 고전 데이터를 양자 상태로 변환하는데, 이는 고차원 데이터를 더 다루기 쉬운 형태로 압축하는 것과 유사하다. 오토인코더autoencoder[2]나 임베딩embedding[3]과 같은 현대 AI 기법과 유사하지만, 양자역학을 이용해 더 복잡한 패턴을 효율적으로 포착할 수 있다.

'특징 공간의 변환'은 비지도 학습[4]의 핵심 개념과 닿아 있다. 왼쪽의 복잡하게 얽힌 데이터 포인트들이 양자 변환을 거쳐 오른쪽처럼 더 명확한 구조로 정리된다. 기존 AI의 차원 축소[5]나 표현 학습[6]과 비슷하지만 양자 중첩과 얽힘 같은 양자역학의 고유한 특성 덕분에 훨씬 더 자연스럽고 효율적인 방식으로 이루어진다.

이러한 양자 기계학습의 잠재력은 실제 응용 분야에서 더욱 두드러질 것이다. 특히 패턴 인식 분야에서 그 가능성이 크다. 현대 사회에서 다루는 데이터는 이미지, 음성, 텍스트 등 매우 다양하고 복잡한 형태를 띠고 있으며, 이 속에서 의미 있는 패턴을 찾아내는 일은 결코 쉽지 않다. 그러나 양자 컴퓨터의 병렬 처리 능력을 활용하면 이러한 패턴 인식 작업을 획기적으로 가속할 수 있다. 예를 들어, 의료 영상에서 질병의 징후를 찾아내거나, 수많은 음성 데이터에서 어떠한 특징을 추출하는 작업을 훨씬 더 빠르고 정확하게 수행할 수 있다.

최적화 문제 해결에서도 양자 기계학습은 큰 강점을 보인다. 금융 분야에서는 다양한 자산과 변수를 고려해 최적의 포트폴리오를 구성해야 하고, 물류 분야에서

---

2  인공지능이 복잡한 데이터를 스스로 압축하고 다시 복원하는 구조.
3  단어나 이미지 같은 정보를 숫자의 집합(벡터)으로 바꾸어 컴퓨터가 쉽게 처리할 수 있도록 해주는 방법.
4  인공지능이 정답이 주어지지 않은 상태에서 데이터 속 숨겨진 구조나 패턴을 스스로 찾아내는 방식.
5  복잡한 데이터를 더 단순하게 만드는 과정.
6  원래 데이터에서 중요한 특징을 스스로 찾아내는 방법.

는 복잡한 네트워크 속에서 가장 효율적인 경로를 찾아야 한다. 이처럼 고려해야 할 요소가 많아질수록 계산 복잡도는 급격히 증가하는데 양자 중첩 상태를 활용하면 이러한 복잡한 최적화 문제도 보다 효율적으로 해결할 수 있다.

더 흥미로운 점은 양자 기계학습이 기존과는 전혀 다른 새로운 학습 패러다임을 제시할 수 있다는 것이다. 지금까지의 기계학습 알고리즘은 고전적인 컴퓨터의 한계 안에서 발전해왔다. 하지만 양자역학의 특성을 활용하면 기존 방식으로는 접근하기 어려운 문제를 완전히 다른 방식으로 해결할 수 있는 가능성이 열린다. 이는 현재 기술로는 풀기 힘든 복잡한 문제에 대한 새로운 돌파구가 될 수 있다.

물론, 이러한 잠재력에도 불구하고 해결해야 할 과제도 여전히 존재한다. 가장 큰 문제 중 하나는 데이터 로딩이다. 고전 데이터를 양자 상태로 변환하는 과정이 예상보다 복잡하고 비효율적일 수 있다. 이는 마치 아날로그 신호를 디지털로 바꾸는 것보다 훨씬 더 까다로운 일이다. 또한, 현재의 양자 컴퓨터는 외부 노이즈에 매우 민감하다. 특히 복잡한 양자 신경망을 구현할 때는 작은 노이즈만으로도 양자 상태가 쉽게 흐트러져 안정적인 학습과 예측이 어려워질 수 있다.

마지막으로, 모델이 어떻게 그런 결과를 도출했는지를 이해하기 어려울 수 있다는 점도 과제로 꼽힌다. 기존의 기계학습 모델도 종종 블랙박스처럼 내부 작동 방식을 설명하기 어렵다는 비판을 받는데 양자 기계학습 모델은 그보다 더 복잡할 수 있다. 양자역학 자체가 직관적으로 이해하기 어려운 영역이기 때문에 모델이 어떤 과정을 거쳐 결과를 도출했는지를 사람의 눈높이에서 설명하는 것이 한층 더 까다로울 수 있다.

## 양자 알고리즘의 비교와 미래 전망

양자 알고리즘은 각기 다른 문제에 특화되어 있으며 고유한 장점을 지니고 있다. 이들을 비교해보면 양자 컴퓨팅이 앞으로 어떤 방향으로 발전해갈지 가늠할 수 있다.

예를 들어 쇼어 알고리즘은 큰 수의 소인수분해처럼 복잡한 수학 문제를 기존보다 훨씬 빠르게 해결할 수 있고, 그로버 알고리즘은 방대한 데이터 속에서 원하는 정보를 빠르게 찾아낸다. 양자 시뮬레이션 알고리즘은 자연의 복잡한 현상을 직접 계산하는 데 뛰어나며, 양자 기계학습 알고리즘은 패턴 인식이나 최적화 문제에서 높은 가능성을 보여준다.

양자 알고리즘의 발전은 이제 새로운 단계로 접어들고 있다. 이 분야는 꾸준히 진보하고 있으며, 최근 몇 가지 주목할 만한 흐름이 나타나고 있다.

그중 가장 두드러진 변화는 하이브리드 접근법의 부상이다. 현재의 기술적 한계를 인정하고 고전 컴퓨터와 양자 컴퓨터의 강점을 결합하려는 실용적인 시도가 이어지고 있다. 마치 전기차가 보편화되기 전 하이브리드 자동차가 과도기적 역할을 했던 것처럼 말이다. 복잡한 양자 계산은 양자 컴퓨터가 맡고 비교적 단순하고 안정적인 연산은 고전 컴퓨터가 처리하는 방식이 대표적인 예다.

현재 우리는 NISQ Noisy Intermediate-Scale Quantum 시대, 즉 잡음이 있는 중간 규모 양자 시대라 불리는 과도기적 단계에 있다. 지금의 양자 컴퓨터는 수십에서 수백 개의 큐비트를 다룰 수 있지만 여전히 외부 노이즈에 매우 민감하다. 마치 초기 라디오가 잡음에 취약했던 것처럼, 현재의 양자 컴퓨터도 주변 환경의 영향을 많이 받아 오류가 쉽게 발생한다. 이를 극복하기 위해 노이즈에 강한 새로운 알고리즘이 개발되고 있으며 오류를 감지하고 보정하는 기술도 점점 정교해지고 있다.

양자 알고리즘의 응용 분야 역시 꾸준히 확장 중이다. 초창기에는 암호 해독이나 데이터 검색 등 일부 문제에 한정되었지만 최근에는 금융, 신약 개발, 기후 예측 등 다양한 영역으로 활용 가능성이 넓어지고 있다. 특히 복잡한 시스템의 시뮬레이션과 최적화 문제를 해결하기 위한 혁신적인 알고리즘이 계속해서 등장하고 있다.

이러한 발전을 바탕으로 양자 알고리즘의 실용화는 단계적으로 이뤄질 것으로 예상된다. 2025년부터 향후 2~3년 동안은 현재 개발된 알고리즘을 안정화하고 실제 문제에 적용하는 데 초점이 맞춰질 것이다. 특히 하이브리드 접근법을 통해 제한된 규모의 실제 문제를 해결하려는 시도가 활발히 이루어질 것으로 보인다. 이후 오류 정정 기술이 발전하면서 더 복잡한 문제를 다룰 수 있게 되고, 새로운 알고리즘도 실험적으로 검증되는 단계로 나아갈 것이다. 장기적으로는 완전한 오류 정정이 구현되고, 범용 양자 컴퓨팅이 가능해지면서 컴퓨팅의 새로운 패러다임이 자리 잡게 될 것이다.

완전한 자율주행 시대는 아직 오지 않았지만, 고속도로 보조, 자동 주차, 일부 도시 주행 등 다양한 기능은 이미 상용차에 적용되어 있다. 드론이나 특수 차량 같은 특정 환경에 맞춘 자율주행 기술도 활발히 활용되고 있다. 양자 컴퓨팅도 이와 유사하다. 완전한 범용 양자 컴퓨터는 아직 멀었지만 특정 문제에 특화된 하이브리드 알고리즘이나 양자 시뮬레이션은 점차 현실에 적용되고 있다.

양자 알고리즘은 분명 새로운 컴퓨팅 시대를 열고 있다. 아직은 초기 단계이지만 하드웨어의 진화와 함께 점차 실용화되고 있으며, 하이브리드 접근법과 오류 완화 기술의 발전은 이러한 전환을 더욱 가속화할 것이다. 해결해야 할 과제가 남아있는 것은 사실이지만 양자 컴퓨팅이 보여준 가능성은 이미 충분히 입증되었다. 이제 우리는 이 혁신적인 기술이 가져올 새로운 시대를 준비해야 한다.

# 양자 프로그래밍
## : 퀀텀 시대를 코딩하다

양자 알고리즘이 양자 컴퓨터의 마법을 설계한 청사진이라면 이를 실제로 실행에 옮기는 과정이 바로 양자 프로그래밍이다. 고전 컴퓨터가 0과 1의 비트를 조작해 계산을 수행하는 반면, 양자 프로그래밍은 중첩, 얽힘, 양자 간섭 등 양자역학의 원리를 기반으로 큐비트를 제어해 연산을 수행한다.

이처럼 새로운 계산 방식에 맞춰 양자 프로그래밍 언어는 기존 프로그래밍의 언어의 구조를 따르면서도 양자 고유의 연산을 표현할 수 있는 기능을 제공한다.

### 양자 연산의 기초: 게이트, 회로, 측정

양자 컴퓨터는 고전 컴퓨터와 정보 처리 방식이 본질적으로 다르다. 고전 컴퓨터는 비트를 통해 두 가지 상태(0 또는 1)만을 다루지만, 양자 컴퓨터의 큐비트는 0과 1의 상태를 동시에 가질 수 있는 중첩 상태를 표현할 수 있다. 이러한 큐비트를 조작하고 계산을 수행하기 위해 양자 프로그래밍에서는 다음 세 가지 핵심 연산 개념이 등장한다.

### 양자 게이트

양자 게이트Quantum Gate는 큐비트의 상태를 바꾸는 도구다. 고전 컴퓨터가 AND, OR, NOT 같은 논리 게이트로 계산하듯 양자 컴퓨터도 다양한 양자 게이트를 사용해 연산을 수행한다. 이때 모든 양자 게이트는 유니터리unitary 연산이라는 특별한 성질을 가진다. 이것은 크게 두 가지 의미가 있다.

- 확률 보존: 계산이 끝나도 전체 확률은 항상 1이 되도록 유지된다.
- 되돌릴 수 있음: 게이트를 거꾸로 적용하면 원래 상태로 되돌릴 수 있다.

단, 측정은 예외다. 측정하는 순간 양자 상태는 고전적인 값으로 확정되며 다시 되돌릴 수 없다. 대표적인 양자 게이트는 다음과 같다.

- 하다마드 게이트(H): 단일 큐비트에 적용되어 고전적 상태를 중첩 상태로 전환한다. 예를 들어, $H|0\rangle = 1/\sqrt{2}(|0\rangle+|1\rangle)$와 같이 $|0\rangle$ 상태가 $|0\rangle$와 $|1\rangle$의 균등한 중첩 상태로 변환된다. 이는 양자 알고리즘에서 병렬 계산의 기초가 된다.
- CNOT 게이트: 2개의 큐비트에 작용하며 제어 큐비트와 타깃 큐비트로 구성된다. 제어 큐비트가 $|1\rangle$ 상태일 때만 타깃 큐비트의 상태가 반전되며, 이는 큐비트 간 얽힘을 생성하는 데 필수적이다.

### 양자 회로

양자 회로Quantum Circuit는 여러 개의 양자 게이트를 순서대로 연결해 알고리즘을 구성한 그림이다. 각 큐비트는 가로선으로, 게이트는 그 위에 블록처럼 배치된다. 이 회로를 보면 큐비트를 어떻게 초기화하고, 어떤 게이트를 언제 적용하며, 마지막에 어떻게 측정하는지를 한눈에 확인할 수 있다.

### 측정

측정Measurement은 양자 상태를 고전적인 정보로 바꾸는 마지막 단계다. 큐비트는 측정되기 전까지 0과 1이 섞인 중첩 상태지만, 측정이 이루어지는 순간 하나의 확정된 값으로 붕괴한다. 이 과정을 통해 우리가 원하는 계산 결과를 읽어낼 수 있으며 이후의 처리나 판단은 이 결과를 기반으로 이루어진다.

## 양자 프로그래밍 도구의 현황

양자 컴퓨팅 기술의 발전과 함께 다양한 양자 프로그래밍 도구가 등장하고 있다. 이들 도구는 각기 다른 목적과 특성을 가지고 있으며 크게 두 가지로 나눌 수 있다. 하나는 범용 게이트 기반 도구로 다양한 양자 알고리즘을 구현하고 실험하는 데 적합하다. 다른 하나는 특수 목적 도구로 특정 하드웨어나 응용 분야에 최적화되어 있다.

아래 표는 현재 널리 사용되는 주요 양자 프로그래밍 도구를 간략히 정리한 것이다.

| 언어/프레임워크 | 개발사 | 기반 언어 | 특징 | 장점 | 단점 | 주요 활용 분야 |
| --- | --- | --- | --- | --- | --- | --- |
| 키스킷 (Qiskit) | IBM | 파이썬 | 가장 널리 사용되는 범용 양자 프로그래밍 프레임워크. 회로 기반 모델, 다양한 알고리즘 라이브러리, 시뮬레이터 및 실제 양자 컴퓨터 접근 제공. | 사용하기 쉽고, 다양한 기능 제공. IBM의 강력한 지원, 활발한 커뮤니티. | 파이썬에 익숙해야 함. IBM 하드웨어에 최적화. | 범용 양자 알고리즘 개발, 양자 시뮬레이션, 양자 기계학습 |
| 써크 (Cirq) | 구글 | 파이썬 | 양자 회로 생성, 조작, 최적화에 중점을 둔 프레임워크. 구글 양자 프로세서에 최적화. NISQ 알고리즘 개발에 유용. | 구글 하드웨어에 최적화, 세밀한 회로 제어, NISQ 알고리즘 개발 용이. | 키스킷보다 커뮤니티 규모가 작음. | NISQ 알고리즘 개발, 양자 시뮬레이션, 양자 회로 최적화 |
| Q# | 마이크로소프트 | .NET | 양자 컴퓨팅에 특화된 도메인 특정 언어(DSL). 강력한 형식 시스템, 비주얼 스튜디오와 통합된 개발 환경. | 형식 안정성, 디버깅 용이, 마이크로소프트 생태계와의 통합. | 학습 곡선이 다소 높음. .NET 환경에 익숙해야 함. | 양자 알고리즘 개발, 양자 시뮬레이션 |
| 페니레인 (Penny Lane) | 자나두 | 파이썬 | 양자 기계학습(QML) 및 양자 화학 시뮬레이션에 특화된 라이브러리. 다양한 양자 하드웨어 및 시뮬레이터와 연동 가능. 자동 미분 기능 제공. | QML에 특화, 다양한 백엔드 지원, 자동 미분. | 범용 양자 컴퓨팅에는 기능이 제한적. | 양자 기계학습, 양자 화학 시뮬레이션 |

| 언어/<br>프레임워크 | 개발사 | 기반<br>언어 | 특징 | 장점 | 단점 | 주요 활용 분야 |
|---|---|---|---|---|---|---|
| 오션<br>(Ocean) | D-웨이브 | 파이썬 | D-웨이브의 양자 어닐러를 사용하기 위한 소프트웨어 도구 모음. 조합 최적화 문제 해결에 특화. 문제를 QUBO 형태로 변환하여 D-웨이브 시스템에 제출. | 조합 최적화 문제 해결에 강력. D-웨이브 하드웨어와의 긴밀한 통합. | 범용 양자 컴퓨팅에는 적합하지 않음. D-웨이브 시스템에 종속적. | 조합 최적화 문제(예: 스케줄링, 라우팅, 포트폴리오 최적화) |
| 프로젝트큐<br>(ProjectQ) | 취리히 연방공과대학교 | 파이썬 | 양자컴파일, 양자 에뮬레이션, 양자 시뮬레이션 기능에 중점을 둠. 회로 최적화 및 다양한 하드웨어 백엔드 지원 (IBM, 리게티 등) | 회로 최적화, 양자 에뮬레이션, 백엔드 중립성 | 상대적으로 적은 사용자층 | 양자컴파일, 양자 시뮬레이션 |
| 포레스트<br>(Forest) | 리게티 | 파이썬 | 리게티의 양자컴퓨터에 접속할 수 있는 환경 제공. 양자 가상 머신(QVM)과 Quil 언어를 포함 | 리게티 양자 컴퓨터 사용에 용이, 양자-고전 혼성 프로그래밍 가능 | 리게티 하드웨어에 의존적 | 리게티 하드웨어 기반의 양자 알고리즘 개발 |

현재 가장 널리 사용되는 도구는 IBM의 키스킷, 구글의 써크, 마이크로소프트의 Q#이다. 이들은 각 기업의 양자 컴퓨팅 비전을 반영하면서도 개발자가 쉽게 접근할 수 있는 환경을 제공한다. 특히 풍부한 문서와 활발한 커뮤니티가 잘 갖춰져 있어 양자 프로그래밍 입문자에게 적합한 선택지로 평가받는다.

한편 페니레인PennyLane과 오션Ocean은 각각 양자 기계학습과 최적화 문제에 특화된 도구로 특정 응용 분야에서 뛰어난 성능을 발휘한다. 프로젝트큐ProjectQ와 포레스트Forest는 취리히 연방공과대학교ETH Zurich와 리게티의 기술 철학을 반영하며 정밀한 하드웨어의 제어가 필요한 연구 환경에 적합하다.

## 벨 상태: 양자 프로그래밍의 "Hello, World!"

많은 양자 프로그래밍 튜토리얼에서 벨 상태Bell State 생성을 기본 예제로 사용한다. 벨 상태는 두 큐비트가 완전히 얽혀 있는 상태로 양자 얽힘의 개념을 가장 직관적으로 보여준다.

- 얽힘의 의미: 벨 상태에서는 두 큐비트가 독립적이지 않고, 한 큐비트를 측정하면 다른 큐비트의 상태가 즉시 결정된다. 이 특성은 양자 통신과 암호화 같은 분야에서 핵심적인 역할을 한다.
- 기본 연산의 이해: 벨 상태 생성에는 하다마드 게이트와 CNOT 게이트 같은 기본 양자 게이트가 사용된다. 이 과정을 통해 중첩, 얽힘, 게이트 조합이 양자 알고리즘의 기초를 어떻게 이루는지 쉽게 이해할 수 있다.

## 주요 양자 프로그래밍 도구 사례

### 키스킷: IBM의 대표적인 양자 프로그래밍 프레임워크

키스킷은 IBM이 개발한 오픈소스 프레임워크로 현재 가장 널리 사용되는 양자 프로그래밍 도구 중 하나다. 2016년 IBM이 클라우드를 통해 실제 양자 컴퓨터에 접근할 수 있는 서비스를 제공하면서, 이를 활용하기 위한 소프트웨어 도구의 필요성이 대두되었고 그 이후 키스킷이 등장했다.

키스킷의 가장 큰 특징은 모듈형 구조라는 것이다. 테라Terra는 양자 회로 생성, 에어Aer는 시뮬레이션, 아쿠아Aqua는 알고리즘 구현, 이그니스Ignis는 오류 보정과 하드웨어 특성화를 담당한다. 이러한 구조 덕분에 사용자는 필요한 기능만 선택해 사용할 수 있다. 또한 실제 양자 하드웨어와의 연동이 가능하다는 점도 큰 장점이다. 다음은 키스킷으로 벨 상태를 생성하는 간단한 예제다.

```python
from qiskit import QuantumCircuit, execute, Aer
from qiskit.visualization import import plot_histogram

# 2 큐비트, 2 고전 비트 회로 생성
qc = QuantumCircuit(2, 2)

# 벨 상태 준비
qc.h(0)              # 큐비트 0에 하다마드 게이트 적용
qc.cx(0, 1)          # CNOT 게이트로 얽힘 생성
qc.measure([0, 1], [0, 1])

# 시뮬레이터로 실행
simulator = Aer.get_backend('qasm_simulator')
job = execute(qc, simulator, shots=1024)
result = job.result()
```

이 코드는 파이썬의 자연스러운 문법을 따르면서도 양자 연산의 특성을 명확히 표현한다. 특히 시각화 도구가 잘 갖추어져 있어 복잡한 양자 상태나 측정 결과를 직관적으로 이해할 수 있다.

## 써크: 구글의 NISQ 시대를 위한 프레임워크

써크는 구글이 개발한 양자 프로그래밍 프레임워크로 현재의 NISQ 시대에 최적화되어 있다. 써크의 설계 철학은 실제 양자 하드웨어의 제약을 명시적으로 반영하고 이를 최대한 활용할 수 있는 프로그래밍 환경을 제공하는 데 있다. 써크의 가장 큰 강점은 하드웨어의 물리적 특성을 정밀하게 표현할 수 있다는 점이다.

아래는 써크를 이용해 벨 상태를 생성하는 코드다.

```python
import cirq

# 2 큐비트 정의
q0, q1 = cirq.LineQubit.range(2)

# 회로 생성
circuit = cirq.Circuit(
    cirq.H(q0),              # 하다마드 게이트 적용
    cirq.CNOT(q0, q1),       # CNOT 게이트로 얽힘 생성
    cirq.measure(q0, q1, key='result')
)

# 시뮬레이션 실행
simulator = cirq.Simulator()
result = simulator.run(circuit, repetitions=1024)
```

이 코드에서 LineQubit 클래스의 사용은 실제 양자 프로세서의 물리적 배치 구조를 반영한다. 이러한 세밀한 제어는 하드웨어의 제약 조건을 고려한 최적화된 회로 설계에 유용하며 NISQ 환경에서 효율적인 연산 성능을 이끌어내는 데 큰 도움이 된다.

### Q#: 마이크로소프트의 양자 프로그래밍 언어

마이크로소프트는 다른 기업과는 달리 기존 언어에 기반하지 않은 전용 양자 프로그래밍 언어인 Q#을 새롭게 개발했다. Q#은 양자 연산의 특성을 언어 수준에서 직접 지원하며, 엄격한 타입 시스템과 비주얼 스튜디오Visual Studio[7] 기반의 고급 개발 환경을 제공한다. 다음은 Q#으로 벨 상태를 생성하는 간단한 예제다.

---

7   마이크로소프트가 제공하는 통합 개발 환경(IDE)으로, Q# 코드 작성과 테스트, 디버깅 등을 효율적으로 지원한다.

```
operation BellState() : (Result, Result) {
    using ((q0, q1) = (Qubit(), Qubit())) {
        H(q0);           // 하다마드 게이트 적용
        CNOT(q0, q1);    // CNOT 게이트로 얽힘 생성

        let r0 = M(q0);
        let r1 = M(q1);
        ResetAll([q0, q1]);
        return (r0, r1);
    }
}
```

Q#의 주요 특징은 큐비트의 할당과 해제를 명시적으로 관리한다는 점이다. using 문을 통해 양자 메모리를 안전하게 사용할 수 있으며 사용이 끝난 큐비트는 자동으로 정리된다. 또한 비주얼 스튜디오와의 통합을 통해 강력한 디버깅 기능을 제공하는데, 이는 복잡한 양자 알고리즘을 개발할 때 큰 장점이 된다.

## 양자 프로그래밍의 현재와 미래

양자 프로그래밍 도구들은 각자의 목적과 특성에 따라 다양한 접근 방식을 취하고 있다. 키스킷은 실제 양자 하드웨어와의 연동이 뛰어나고 기능이 풍부해 폭넓은 사용자층을 확보하고 있으며, 써크는 NISQ 시대의 현실적 제약을 반영해 정밀한 회로 제어 기능을 지원한다. Q#은 독립적인 프로그래밍 언어로 양자 컴퓨팅의 특성을 언어 수준에서 지원하며 엔터프라이즈급 개발 환경을 제공한다.

이러한 도구는 계속 진화하고 있으며 관련 생태계도 빠르게 성장 중이다. 양자 화학, 기계학습, 금융공학 등 다양한 분야에서 실제 연구와 실험이 활발히 이루어지고 있으며 이런 흐름은 앞으로 더 확산될 전망이다.

양자 프로그래밍을 시작하는 개발자와 연구자는 자신의 배경과 목표에 따라 도구를 선택할 수 있다. 파이썬에 익숙하다면 키스킷이나 써크는 진입장벽이 낮을 것이며 .NET 환경에 익숙하다면 Q#이 자연스러운 선택이 될 수 있다. 특정 분야에 관심이 있다면 해당 분야에 특화된 도구를 선택하는 것이 효과적이다.

무엇보다 이런 도구의 발전은 양자 컴퓨팅이 이론에 머무르지 않고 실용적인 응용 단계로 나아가고 있음을 보여준다. 양자 프로그래밍 도구는 앞으로 양자 기술

의 상용화를 이끄는 중요한 역할을 할 것이다. 우리는 이제 이 도구를 통해 양자 컴퓨팅의 새로운 가능성을 실험하고 실질적인 문제 해결에 활용할 수 있는 시대에 접어들고 있다.

양자 프로그래밍을 배운다는 것은 단순히 새로운 코딩 기술을 익히는 것을 넘어 전혀 다른 계산 방식과 사고법을 이해하는 과정이다. 이는 기존에는 풀기 어려웠던 문제를 새로운 시각으로 바라보고 해결할 수 있게 해주는 미래 컴퓨팅을 향한 첫걸음이 될 것이다.

# 양자 개발 환경
## : 클라우드에서 만나는 퀀텀

양자 컴퓨팅은 이제 연구실을 벗어나 누구나 접근할 수 있는 시대에 접어들었다. IBM, 구글, 마이크로소프트, 아마존과 같은 주요 기술 기업이 클라우드 기반 양자 개발 환경을 제공함으로써 전 세계 누구나 인터넷을 통해 양자 컴퓨팅을 직접 경험하고 실험할 수 있게 된 것이다. 이러한 플랫폼은 양자 기술의 대중화를 이끌며 연구자와 개발자에게 새로운 가능성을 열어주고 있다.

### IBM 퀀텀 익스피리언스: 양자 컴퓨팅의 선구자

IBM 퀀텀 익스피리언스는 2016년 처음 공개된 클라우드 기반 양자 컴퓨팅 플랫폼이다. 웹 브라우저만 있으면 누구나 접속할 수 있으며 직관적인 그래픽 인터페이스인 퀀텀 컴포저Quantum Composer와 파이썬 기반의 키스킷을 통해 초보자부터 전문가까지 다양한 사용자를 지원한다.

이 플랫폼의 가장 큰 강점은 학습과 실험을 모두 아우른다는 점이다. 초보자는 드래그 앤 드롭 방식으로 양자 회로를 구성할 수 있고 튜토리얼, 동영상 강의, 예제 코드 등 풍부한 학습 자료도 제공된다. 숙련된 사용자는 키스킷을 이용해 복잡한 알고리즘을 코딩할 수 있으며 실시간 하드웨어 상태 확인, 상세한 시스템 정보, 결과 시각화 도구 등도 제공되어 실험 과정의 이해를 돕는다.

또한, 제한적이지만 실제 양자 컴퓨터에 무료로 접속해 실행할 수 있는 기회도 제공되어 누구나 양자 컴퓨팅을 체험해 볼 수 있는 장점이 있다.

## 구글 퀀텀 AI: NISQ 시대를 위한 플랫폼

구글의 양자 컴퓨팅 플랫폼은 현재의 제한된 양자 컴퓨터 환경, 즉 NISQ 시대에 맞춰 최적화된 접근 방식을 취하고 있다. 써크 프레임워크를 중심으로 설계되어 하드웨어의 특성을 세밀하게 제어할 수 있는 환경을 제공하며 주로 양자 시뮬레이션과 양자 알고리즘 연구에 특화되어 있다.

특히 구글 코랩Google Colab[8]과의 통합은 이 플랫폼의 큰 장점이다. 연구자는 익숙한 주피터 노트북Jupyter Notebook[9] 환경에서 양자 알고리즘을 개발하고 시뮬레이션할 수 있으며 텐서플로 퀀텀TensorFlow Quantum[10]을 활용해 양자-고전 하이브리드 알고리즘도 구현할 수 있다.

구글의 플랫폼은 특히 양자 우위 실험처럼 고난도 연구에 적합한 환경을 제공하며 학계와 산업 연구 모두에서 활용되고 있다.

## 마이크로소프트 애저 퀀텀: 엔터프라이즈급 양자 클라우드

마이크로소프트는 양자 컴퓨팅을 기업 환경에 실용적으로 적용하는 데 초점을 맞추고 있다. 애저 클라우드와의 긴밀한 통합을 통해 기존 IT 인프라와 양자 리소스를 효율적으로 결합할 수 있다.

애저 퀀텀의 가장 큰 강점은 다양한 양자 하드웨어에 대한 접근성이다. 퀀티뉴엄, 아이온큐, 리게티 등 여러 제조사의 양자 컴퓨터를 하나의 플랫폼에서 사용할 수 있으며 Q#을 통해 하드웨어에 독립적인 프로그램 작성이 가능하다. 또한 키스킷이나 써크처럼 익숙한 프레임워크도 함께 지원한다.

강력한 시뮬레이터와 최적화 도구가 내장되어 있어 실제 장비를 사용하기 전에 충분한 테스트가 가능하며 양자와 고전 컴퓨팅을 결합한 하이브리드 컴퓨팅도 지원한다.

---

8  웹 브라우저에서 파이썬 코드를 작성하고 실행할 수 있는 구글의 무료 클라우드 기반 개발 환경.
9  코드, 텍스트, 수식, 그래프 등을 한 화면에서 실행·작성할 수 있는 대화형 개발 환경으로 데이터 분석, 기계학습, 과학 연구 등에서 널리 사용된다.
10  구글과 자나두 등이 공동 개발한 오픈소스 프레임워크로 양자 회로와 고전 신경망을 결합한 모델을 구축할 수 있게 해주는 양자 기계학습용 라이브러리.

## 아마존 브라켓: 유연한 하이브리드 컴퓨팅 환경

아마존 브라켓은 AWS가 제공하는 양자 컴퓨팅 서비스로 클라우드 기반의 유연한 환경을 제공한다. 다양한 양자 하드웨어와 프레임워크를 통합적으로 지원하며 AWS의 안정적인 인프라와 결합된다는 점이 큰 강점이다. 브라켓의 가장 큰 특징은 개방성과 확장성이다. 키스킷, 써크, 페니레인 등 여러 프레임워크를 지원하며 D-웨이브, 아이온큐, 리게티, OQC 등 다양한 양자 하드웨어도 선택할 수 있다. 사용자는 자신이 선호하는 도구를 그대로 활용할 수 있으며 AWS의 고전 컴퓨팅 서비스와도 자연스럽게 연동되어 복잡한 하이브리드 워크로드를 효율적으로 처리할 수 있다.

아래 표는 이들 개발 환경 플랫폼의 특징을 정리한 것이다.

| 개발 환경 | 제공 업체 | 주요 특징 | 장점 | 단점 | 주요 프레임워크 |
|---|---|---|---|---|---|
| IBM 퀀텀 익스피리언스 | IBM | 가장 오래되고 널리 사용되는 클라우드 기반 양자 컴퓨팅 플랫폼. 키스킷을 사용하여 양자 회로를 작성하고 IBM의 실제 양자 컴퓨터와 시뮬레이터에서 실행. 다양한 학습 자료와 튜토리얼 제공. | 사용자 친화적인 인터페이스, 다양한 양자 프로세서 및 시뮬레이터, 강력한 커뮤니티 지원, 풍부한 학습 자료. | IBM 하드웨어 및 키스킷에 종속적. | 키스킷 (파이썬) |
| 구글 퀀텀 AI | 구글 | 써크를 사용하여 양자 회로를 작성하고 구글의 양자 프로세서(시카모어 등)에서 실행. 양자 시뮬레이션, 양자 알고리즘 연구에 중점. | 구글의 고성능 양자 프로세서 사용 가능, 써크를 통한 세밀한 회로 제어. | 제한적인 하드웨어 접근, 상대적으로 적은 사용자 커뮤니티. | 써크(파이썬) |

| 개발 환경 | 제공 업체 | 주요 특징 | 장점 | 단점 | 주요 프레임워크 |
|---|---|---|---|---|---|
| 마이크로 소프트 애저 퀀텀 | 마이크로 소프트 | Q#을 사용하여 양자 알고리즘을 개발하고, 다양한 파트너사(아이온큐, 리게티, 퀀티뉴엄 등)의 양자 하드웨어 및 시뮬레이터에 접근. 양자-고전 하이브리드 컴퓨팅 지원. | 다양한 하드웨어 선택 가능. Q#을 통한 강력한 형식 검사. 애저 클라우드 서비스와의 통합. | Q#의 학습 곡선, 복잡한 플랫폼 구조. | Q#(.NET), 키스킷 써크 |
| 아마존 브라켓 | 아마존 | AWS 클라우드 기반 양자 컴퓨팅 서비스. D-웨이브, 아이온큐, 리게티, OQC 등의 양자 하드웨어에 접근. 키스킷, 써크, 페니레인 등 다양한 양자 프로그래밍 프레임워크 지원. 양자-고전 하이브리드 알고리즘 개발에 유용. | 다양한 하드웨어 및 프로그래밍 프레임워크 지원. AWS 서비스와의 통합. | 특정 하드웨어 또는 프레임워크에 대한 최적화가 부족할 수 있음. | 키스킷, 써크, 페니레인, 오션(파이썬) |

양자 컴퓨팅 플랫폼을 고를 때는 다음 세 가지 요소를 중심으로 판단할 수 있다.

첫째, 사용자 배경과 목표를 고려해야 한다. 입문자라면 교육 자료와 시각화 도구가 잘 갖춰진 IBM 퀀텀 익스피리언스가 적합하다. 연구 중심이라면 회로 제어에 강점을 가진 구글 퀀텀 AI, 기업 환경에서는 애저 퀀텀이나 아마존 브라켓이 더 실용적일 수 있다.

둘째, 하드웨어 접근성을 고려해야 한다. IBM과 구글은 자체 하드웨어에 최적화된 플랫폼을 제공하고, 마이크로소프트와 아마존은 다양한 제조사의 하드웨어에 접근할 수 있다. 예를 들어, 양자 어닐링 기술에 관심이 있다면 아마존 브라켓에서 D-웨이브 시스템을 활용하는 것이 효과적이다.

셋째, 개발 환경과의 통합성을 고려해야 한다. 사용 중인 프로그래밍 언어나 도구와의 호환성도 중요하다. 파이썬에 익숙하다면 키스킷이나 써크가 자연스러운 선택이 될 수 있다.

이처럼 클라우드 기반의 양자 개발 환경은 양자 컴퓨팅의 접근성을 높이며 실험과 혁신을 빠르게 가속하고 있다. 각 플랫폼은 꾸준히 진화하고 있으며 양자 컴퓨팅의 실용화를 앞당기는 핵심 인프라로 자리잡아가고 있다.

# 3.5 양자 소프트웨어 개발 기업
## : 혁신의 물결을 이끌다

양자 컴퓨터 하드웨어가 급속도로 발전하면서 양자 소프트웨어 생태계도 함께 성장하고 있다. 양자 알고리즘은 양자 컴퓨터의 잠재력을 실현하는 핵심이며 이를 구현하는 언어와 도구는 혁신적인 응용 프로그램 개발의 기반이 된다. 앞으로 이 분야의 핵심 주체는 하드웨어보다 양자 소프트웨어 기업이 될 가능성이 높다.

빅테크 기업을 제외하면 대표적인 선두 주자로 자파타 컴퓨팅을 꼽을 수 있다. 2017년 하버드대 양자 컴퓨팅 연구진이 미국 보스턴에 설립한 이 회사는 하드웨어에 구애받지 않는 양자 소프트웨어 플랫폼 개발을 선도하고 있다. 대표 제품인 오케스트라Orquestra는 양자와 고전 컴퓨팅 자원을 통합한 엔터프라이즈 워크플로 시스템으로 키스킷, 써크, 페니레인 등 주요 프레임워크와 연동된다. 이를 통해 다양한 양자 하드웨어에서 최적의 성능을 구현할 수 있다.

최근 자파타는 워크플로 SDK(양자 워크플로 설계 도구), 벤치마킹 스위트Benchmarking Suite(성능 평가 도구) 등 기능을 확장하며 BASF, BP, BMW 등 글로벌 기업과 협력해 실제 산업 문제에 양자 기술을 적용하고 있다.

2012년 캐나다 밴쿠버에서 설립된 원큐빗도 빼놓을 수 없다. 이 기업은 산업계의 복잡한 최적화 문제 해결에 특화된 소프트웨어 개발을 강점으로 하며 금융 포트폴리오 최적화, 공급망 관리, 신소재 탐색 등의 분야에서 두각을 나타내고 있다.

원큐빗 SDK는 양자와 고전 알고리즘을 아우르는 통합 개발 환경을 제공하며, D-웨이브 시스템즈의 양자 어닐링 머신, IBM 및 리게티의 범용 양자 컴퓨터 등 다양한 하드웨어를 지원한다. 최근에는 QAOAQuantum Approximate Optimization Algorithm, VQEVariational Quantum Eigensolver 등 차세대 양자 알고리즘을 도입해 실용적 문제 해결

역량을 더욱 강화하고 있다.

2014년 영국 케임브리지 대학교 연구진이 설립한 케임브리지 퀀텀 컴퓨팅(이하 CQC)은 양자 회로 최적화 컴파일러(t|ket⟩™)를 비롯해 양자 화학, 양자 기계학습, 양자 암호 기술 등 다양한 분야에서 혁신적인 소프트웨어를 개발해왔다. 2021년 말, 허니웰 퀀텀 솔루션즈Honeywell Quantum Solutions와의 합병을 통해 퀀티뉴엄으로 새롭게 출범했으며, 허니웰의 고성능 이온 트랩 양자 컴퓨터와 CQC의 첨단 소프트웨어 기술을 결합한 종합 양자 솔루션을 제공하고 있다. 특히 양자 난수 기반 암호화 서비스 퀀텀 오리진Quantum Origin, 양자 화학 시뮬레이션 플랫폼 인콴토InQuanto, 양자 자연어 처리 프레임워크 램베크Lambeq 등을 통해 사이버 보안, 신약 개발, 인공지능 분야에서 활발한 응용이 이루어지고 있다.

이외에도, 큐씨웨어QC Ware는 기업용 양자 클라우드 컴퓨팅 서비스를, 클래식Classiq은 고수준 양자 회로 설계 플랫폼을 제공하며 각자의 전문 영역에서 혁신을 주도하고 있다.

앞서 소개한 양자 컴퓨터 하드웨어 기업 가운데는 뛰어난 소프트웨어 역량까지 갖춘 곳도 많다. 대표적으로 퀀티뉴엄은 허니웰 퀀텀 솔루션즈가 CQC를 인수해 하드웨어와 소프트웨어를 아우르는 통합 역량을 갖추려 한 사례를 들 수 있다. 이외에도 리게티는 자체 개발한 초전도 양자 프로세서와 포레스트Forest SDK를 바탕으로 실용적인 양자 응용 프로그램 개발을 지원하고 있으며 캐나다의 자나두는 광양자 컴퓨팅에 특화된 페니레인 프레임워크를 통해 양자-고전 하이브리드 알고리즘 개발을 선도하고 있다.

양자 소프트웨어 기업은 단순히 알고리즘을 구현하는 데 그치지 않고 다양한 산업 분야에서 양자 컴퓨팅의 실질적 가치를 창출하고 있다. 이들이 제공하는 하드웨어 중립적 플랫폼, 최적화 도구, 통합 솔루션은 연구 개발에서 상용화에 이르기까지 양자 컴퓨팅 생태계의 핵심 기반이 되고 있다. 특히 최근에는 오픈소스 커뮤니티와의 협업을 통해 기술 혁신을 가속화하고 교육 및 인재 양성 프로그램을 통해 개발자 생태계를 확장하는 데에도 힘쓰고 있다.

향후 양자 컴퓨터의 성능이 향상되고 실용적인 응용 사례가 늘어나면 양자 소프트웨어 시장은 더욱 빠르게 성장할 것으로 예상된다. 특히 금융, 제약, 에너지, 물류 등 데이터 중심 산업에서의 수요가 증가함에 따라 산업 특화 솔루션과 컨설팅 서비스를 제공하는 신규 기업의 등장도 기대된다. 양자 소프트웨어 기업의 혁신과 협력은 양자 컴퓨팅이 이끌 차세대 디지털 혁명의 핵심 동력이 될 것이다.

# 양자 통신
## : 해킹할 수 없는 미래 통신망

세계는 초연결 사회로 빠르게 진입하고 있으며 데이터의 양은 기하급수적으로 증가하고 있다. 이에 따라 통신 보안의 중요성도 갈수록 커지고 있다. 기존 암호화 기술은 수학적 난제에 기반해 데이터를 보호해왔지만, 양자 컴퓨터의 등장은 이 체계를 근본부터 흔들고 있다.

이 장에서는 양자 통신의 기본 원리와 대표적인 응용 기술인 양자 키 분배를 중심으로 양자 통신 시스템의 작동 방식과 구현 원리를 살펴본다. 또한 현재 기술 수준과 한계, 광역 통신망 구축과 신뢰성 확보를 위한 과제도 함께 다룬다. 더불어 양자 메모리, 양자 중계기 등 차세대 기술의 발전 전망과 이 기술이 보안 패러다임의 변화 및 미래 산업 생태계에 미칠 영향도 함께 조망한다.

# 4.1 양자 컴퓨터가 흔드는 보안의 미래

2025년 기준, 전 세계 IoT 기기 수는 300억 개를 넘어설 것으로 예상되며 이로 인한 방대한 양의 데이터가 실시간으로 교환되고 있다. 이런 상황에서 통신 보안의 중요성이 그 어느 때보다 커졌다.

지금까지의 암호화 기술은 RSA, ECC(타원곡선 암호) 등 수학적 난제에 기반하여 데이터를 보호해왔다. 그러나 양자 컴퓨터의 등장은 이 체계에 치명적인 위협이 되고 있다. 충분한 수의 큐비트를 갖춘 양자 컴퓨터는 현재 널리 사용되는 공개키 암호를 손쉽게 풀 수 있는 잠재력을 지니고 있다.

실제로 양자 컴퓨터는 고전 컴퓨터로는 사실상 불가능한 수준의 계산을 극단적으로 빠르게 처리할 수 있다. 예컨대 쇼어 알고리즘은 거대한 숫자를 빠르게 소인수분해할 수 있어 RSA 암호의 기반을 무너뜨릴 수 있다. 또한, 타원곡선 암호에서 사용하는 이산 로그 문제 역시 양자 컴퓨터 앞에서는 취약하다. 이처럼 양자 컴퓨팅의 등장은 단순히 암호 해독 속도의 문제가 아니라 디지털 사회 전반의 신뢰 기반을 근본부터 재설계해야 하는 시대적 전환을 예고하고 있다. 인증, 서명, 금융 거래 시스템 등 대부분의 보안 인프라가 양자 환경을 고려해 다시 설계되어야 할 상황에 직면하고 있다.

이러한 위협에 대한 근본적인 해결책으로 주목받는 것이 바로 양자 통신이다. 양자 통신은 양자역학의 원리를 응용해 물리 법칙 수준에서 도청이나 해킹이 불가능한 통신망을 구축한다. 이는 단순한 정보 보안을 넘어 통신 과정에서의 모든 도청 시도를 실시간으로 감지하고 차단할 수 있는 새로운 통신 패러다임이다.

양자 통신이 혁신적인 이유는 양자 복제 불가능성과 양자 얽힘이라는 양자역학

고유의 성질을 활용하기 때문이다. 양자 복제 불가능성No-Cloning Theorem은 어떤 양자 상태도 완벽하게 복제할 수 없다는 원리로 도청 시도 자체가 양자 상태를 변화시켜 즉시 감지 가능하게 만든다. 양자 얽힘은 공간적으로 멀리 떨어져 있어도 두 입자가 완벽한 상관 관계를 유지하는 현상으로 이를 통해 송신자와 수신자만 공유하는 절대적으로 안전한 암호키를 생성할 수 있다.

최근의 기술적 진보는 양자 통신의 실용화 가능성을 빠르게 입증하고 있다. 중국은 2017년 발사한 모쯔Micius 위성을 통해 7600km 거리의 양자 암호 통신 실험에 성공했고, 유럽연합은 EuroQCI 프로젝트를 통해 2027년까지 유럽 대륙 규모의 양자 통신망 구축을 목표로 하고 있다. 아이디퀀티크ID Quantique, 도시바Toshiba, 큐비텍Qubitekk 등 선도 기업은 이미 상용 수준의 양자 암호 통신 장비를 개발해 금융권과 정부 기관 중심으로 도입을 확대하고 있다.

양자 컴퓨터는 기존 보안 체계에 전례 없는 도전을 제기하고 있지만, 동시에 이를 넘어서는 새로운 보안 기술의 등장을 촉진하고 있다. 그 중심에는 양자 통신이 있으며 이 기술을 보다 구체적으로 구현하는 방식 중 하나가 바로 양자 키 분배다.

# 양자 통신의 기본 원리
## 4.2 : 양자 키 분배

양자 통신은 양자역학의 신비로운 원리를 활용해 정보를 안전하게 주고받는 기술이다. 그중에서도 핵심으로 꼽히는 것이 양자 키 분배로 송신자와 수신자가 외부에 노출되지 않는 완벽히 안전한 비밀 키를 공유할 수 있도록 해준다. 이는 마치 두 사람만 열 수 있는 특별한 자물쇠를 만드는 것과 비슷하다.

### 양자 키 분배란 무엇인가

우리는 인터넷에서 개인 정보를 주고받을 때 암호화를 사용한다. 이때 가장 중요한 것이 바로 비밀 키다. 하지만 이 키를 안전하게 공유하는 일은 늘 어려운 과제였다. 기존의 키 분배 방식은 컴퓨터가 푸는 데 매우 오랜 시간이 걸리는 수학 문제를 기반으로 한다. 예를 들어, '이 큰 수를 소인수분해해보세요' 같은 문제를 활용하는데 현재의 컴퓨터로는 풀기 어렵다는 가정하에 안전성이 확보된다. 하지만 양자 컴퓨터처럼 매우 강력한 계산 능력을 지닌 기기가 등장하면 이러한 암호 방식은 쉽게 뚫릴 수 있다.

반면, 양자 키 분배Quantum Key Distribution, QKD는 양자역학의 원리를 바탕으로 한다. 이 원리들은 자연의 근복적인 속성으로 어떤 기술로도 위반할 수 없다. 특히 두 가지 원리가 핵심이다. 바로 불확정성 원리와 복제 불가능성이다. 불확정성 원리는 양자 상태를 측정하는 순간 그 상태가 바뀌게 된다는 것을 의미한다. 이는 마치 누군가 편지를 훔쳐보려 봉투를 열면 편지 내용이 자동으로 바뀌는 것과 같다. 따라서 누군가 중간에서 정보를 몰래 엿보려 하면 그 흔적이 남아 도청 시도를 즉시 알아차릴 수 있다.

복제 불가능성 원리는 알려지지 않은 양자 상태는 결코 그대로 복제할 수 없다는 것을 의미한다. 이는 마치 진짜 예술 작품을 아무리 정교하게 모방해도 100% 완벽하게 똑같이 재현할 수 없는 것과 비슷하다. 이 원리 덕분에 누군가 원본을 그대로 복사해서 훔쳐보려는 방식이 통하지 않는다.

이처럼 불확정성 원리와 복제 불가능성 원리, 두 가지 양자역학적 특성이 결합되어 양자 키 분배는 이론적으로 완벽한 보안성을 갖춘 통신 방식이 된다. 즉, 양자 키 분배가 오랫동안 꿈꿔온 도청이 불가능한 통신을 현실로 만들 수 있는 것이다.

## 양자 키 분배는 어떻게 작동할까

양자 키 분배 시스템은 몇 가지 핵심 요소로 구성된다. 먼저 비밀 키를 안전하게 공유하려는 두 사람, 송신자와 수신자가 있다. 통신 분야에서는 이들을 관례적으로 앨리스Alice와 밥Bob이라 부른다.

이들 사이에는 두 종류의 통신 채널이 존재한다. 하나는 양자 채널로 큐비트—주로 광자—를 전송하는 경로다. 보통 광섬유나 자유 공간free space을 이용해 구현된다. 다른 하나는 고전 채널로 우리가 일상적으로 사용하는 인터넷 같은 기존 통신망을 의미한다.

고전 채널은 도청에 취약할 수 있지만 양자 키 분배 프로토콜은 채널이 감청되더라도 보안이 유지되도록 설계되어 있다. 시스템의 안전성을 검증하기 위해 종종 가상의 도청자 이브Eve의 존재를 가정하기도 한다. 이브는 양자 채널을 가로채 정보를 빼내려는 공격자를 상징한다.

양자 키 분배 시스템의 기본 구성: 송신자(앨리스)와 수신자(밥)는 양자 채널과 고전 채널을 통해 안전한 키를 공유

양자 키 분배의 작동 원리는 복잡해 보일 수 있지만 단순화하면 다음과 같다.

1. 먼저 앨리스(송신자)는 무작위의 0과 1로 이루어진 비트열을 생성하고 이를 양자 상태—주로 광자의 편광 상태—로 바꿔 인코딩한다. 예를 들어, 수직 편광된 광자는 0, 수평 편광된 광자는 1을 나타낼 수 있다. 이렇게 인코딩된 광자들은 양자 채널을 통해 밥(수신자)에게 전송된다.

2. 밥은 도착한 광자를 측정해 비트값을 얻는다. 그런데 양자역학에서는 측정 방식(기저)에 따라 결과가 달라질 수 있기 때문에 밥은 광자마다 무작위로 측정 기저를 선택한다.

3. 측정이 끝나면 앨리스와 밥은 고전 채널을 이용해 각자가 사용한 측정 방식만 서로 공유한다. 실제 비트값은 공개하지 않는다. 그리고 측정 방식이 일치한 경우에만 서로의 결과가 같다는 점을 이용해 그에 해당하는 비트만 골라낸다. 이 과정을 sifting(체질)이라고 부른다.

4. 다음 단계는 도청 여부 확인이다. 양자역학의 법칙에 따르면 누군가 중간에 정보를 엿보려 할 때 반드시 오류가 발생한다. 따라서 앨리스와 밥은 일부 비트를 비교해 오류율을 확인하고 일정 수준 이상일 경우 도청이 있었던 것으로 판단하여 전체 과정을 처음부터 다시 시작한다.

5. 오류율이 낮다면 남은 비트에 대해 오류 수정error correction과 비밀성 증폭privacy amplification[1]을 거쳐 최종적으로 안전한 비밀 키를 얻는다. 이 키는 이후 일반적인 암호화 기술에 사용되어 안전한 통신을 가능하게 한다.

---

[1] 혹시 누군가 일부 내용을 몰래 알아냈을지도 모를 때 위험한 부분을 잘라내고 안전한 정보만 남겨 짧지만 완전히 안전한 비밀 키로 만드는 과정.

양자 키 분배의 가장 큰 장점은 도청 시도가 있을 경우 이를 즉시 감지할 수 있다는 것이다. 양자 상태는 관측만으로도 변하기 때문에 누군가 엿보려 하면 그 흔적이 반드시 남게 된다. 이런 보안성은 기존 암호 기술로는 구현할 수 없는 양자 키 분배만의 독보적인 강점이다.

## 주요 양자 키 분배 프로토콜

양자 키 분배를 실현하기 위해 다양한 프로토콜이 제안되어 왔다. 그중에서도 가장 널리 알려진 것이 바로 BB84 프로토콜이다.

### BB84: 양자 키 분배의 클래식

BB84 프로토콜은 1984년 찰스 베넷Charles Bennett과 질 브라사드Gilles Brassard가 공동으로 제안한 최초의 양자 키 분배 프로토콜이다. 지금까지도 가장 널리 연구되고 있으며 실제로도 구현되는 방식으로 양자 통신의 대표적인 사례로 꼽힌다.

이 프로토콜은 광자의 편광 상태를 이용해 정보를 전달한다.

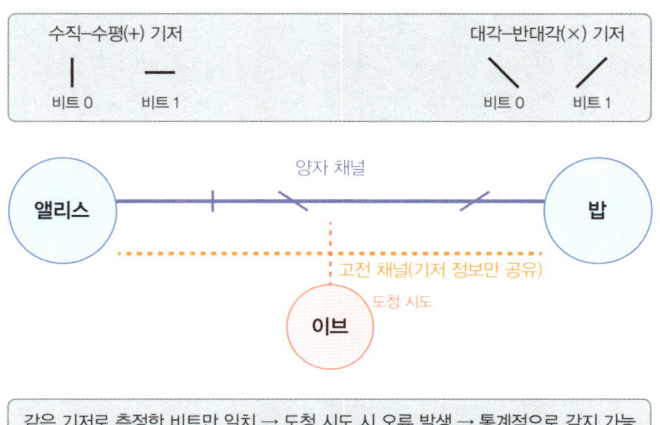

BB84 프로토콜에서는 두 가지 기저(+, ×)와 네 가지 편광 상태를 사용해 정보를 안전하게 전달

BB84에서는 정보를 전달하기 위해 두 가지 기저(측정 방식)를 사용한다. 하나는 수직-수평(+) 기저, 다른 하나는 대각-반대각(×) 기저이다. 이 두 기저는 서로 호환되지 않기 때문에 한 기저로 준비된 광자를 다른 기저로 측정하면 결과가 무작위로 나타난다.

먼저 송신자 앨리스는 무작위로 0과 1의 비트열을 생성한 뒤 각 비트마다 무작위로 기저(+ 또는 ×)를 선택한다. 선택된 비트와 기저에 따라 광자의 편광 상태가 결정되며 이 광자를 양자 채널을 통해 밥에게 전송한다. 예를 들어 비트 0을 + 기저로 인코딩하면 수직 편광, 비트 1을 + 기저로 인코딩하면 수평 편광이 된다.

수신자 밥도 광자를 받을 때마다 무작위로 기저(+ 또는 ×)를 선택해 측정한다. 측정이 끝난 후 앨리스와 밥은 고전 채널을 통해 각자가 사용한 기저 정보를 공유한다. 단, 측정한 비트값 자체는 공개하지 않는다. 그 결과, 같은 기저를 사용한 경우에만 정확한 결과가 얻어지므로 두 사람은 기저가 일치한 경우의 비트만 남기고 나머지는 버린다.

도청자 이브가 중간에서 정보를 훔치려 한다면 그녀 역시 어떤 기저로 측정해야 할지 알 수 없어 무작위로 선택할 수밖에 없다. 이로 인해 절반 정도의 확률로 잘못된 기저를 사용하게 되고 이 경우 측정 결과에 오류가 생긴다. 이러한 오류는 앨리스와 밥이 일정 수의 비트를 비교함으로써 통계적으로 감지할 수 있다. 오류율이 일정 기준 이상이라면 도청 시도가 있었다고 판단하고 키 생성 과정을 중단한다.

복잡한 수학적 계산이나 고도의 기술 없이 양자역학의 기본 원리만으로도 절대적인 보안을 실현할 수 있다는 점에서 BB84는 양자 통신의 가능성을 가장 직관적으로 보여주는 대표적인 예다.

### 다른 주요 양자 키 분배 프로토콜

BB84 외에도 양자 키 분배를 위한 다양한 프로토콜이 개발되어 왔으며 지금도 계속해서 새로운 방식이 제안되고 있다. 각각의 프로토콜은 고유한 특성과 장단점을 갖고 있어 다양한 환경과 목적에 맞게 선택될 수 있다.

E91 프로토콜은 1991년 아서 에커트Artur Ekert가 제안한 것으로 양자 얽힘이라는 보다 신비로운 양자 현상을 이용한다. 앞서 언급했듯이 얽힘 상태에 있는 두 입자는 아무리 멀리 떨어져 있어도 하나를 측정하면 다른 하나의 상태가 즉시 결정된다. E91에서는 이런 얽힘 상태의 광자 쌍을 앨리스와 밥에게 하나씩 전송하고 측정 결과의 상관 관계를 통해 비밀 키를 생성한다. 이 방식의 특징은 벨 부등식Bell inequality 검증을 통해 도청 여부를 더 엄격하게 감지할 수 있다는 점이다.

B92 프로토콜은 1992년 찰스 베넷이 BB84를 간소화하여 제안한 방식이다. BB84가 네 가지 양자 상태를 사용하는 것과 달리 B92는 단 두 가지 상태만 사용한다. 덕분에 구현이 더 간단하고 하드웨어 요구 사항도 낮다는 장점이 있지만 노이즈에 더 취약할 수 있다는 단점도 존재한다.

측정 기기 독립 양자 키 분배MDI-QKD는 최근 주목받는 프로토콜로 기존 시스템의 측정 장치가 해킹당할 수 있다는 문제점을 해결하고자 고안되었다. 이 방식에서는 앨리스와 밥 모두 광자를 만들어 제3자에게 전송하고 제3자가 측정을 수행한다. 흥미로운 점은 이 제3자가 신뢰할 수 없는 존재—심지어 도청자 이브라고 해도—프로토콜의 보안성은 여전히 유지된다는 것이다.

이처럼 여러 프로토콜이 발전해온 것은 양자 키 분배가 다양한 환경과 요구 사항에 따라 유연하게 활용될 수 있음을 보여주는 증거다.

## 양자 키 분배 vs. 기존 키 분배 방식

양자 키 분배와 기존의 키 분배 방식은 여러 측면에서 근본적인 차이를 보인다. 이러한 차이를 이해하면 양자 키 분배가 통신 보안에 가져올 혁신의 의미를 더 잘 파악할 수 있다.

먼저, 보안의 기반 자체가 다르다. 양자 키 분배는 양자역학이라는 자연의 불변 법칙에 안전성을 기반으로 한다. 이러한 법칙은 어떠한 기술적 발전으로도 위반할 수 없는 근본적인 원리다. 반면 기존 방식은 인수분해나 이산 로그 문제처럼 특정 수학 문제를 현재의 계산 능력으로는 풀기 어려운 점에 의존한다. 하지만 컴퓨터 성능이 향상되면 언젠가는 해결될 수 있는 불완전한 방식이다.

또한, 도청 감지 능력에서도 큰 차이가 있다. 양자 키 분배는 양자 상태의 특성상 누군가 도청을 시도하면 그 흔적이 반드시 남게 되어 즉시 감지할 수 있다. 따라서 통신을 시작하기 전에 도청 여부를 먼저 확인하고 안전할 때만 실제 통신을 진행할 수 있다. 반면 기존 방식은 도청이 일어나더라도 이를 알아차릴 수 있는 수단이 없어 감청당한 채로 통신이 계속될 가능성이 존재한다.

미래의 안전성 측면에서도 양자 키 분배는 확실한 강점을 가진다. 양자 키 분배는 양자 컴퓨터가 등장하더라도 안전한 구조를 가지고 있다. 실제로 양자 컴퓨터의 계산 능력은 양자 키 분배의 보안성에 영향을 주지 않는다. 반면 기존의 암호화 방식은 양자 알고리즘, 특히 쇼어 알고리즘에 취약하다. 오늘날 널리 사용되고 있는 많은 암호 기법이 양자 컴퓨터의 등장만으로 무력화될 위험에 처해 있는 것이다.

하지만 이러한 근본적인 장점에도 불구하고 양자 키 분배는 구현의 복잡성과 비용성 측면에서 현실적인 제약을 안고 있다. 양자 키 분배 시스템은 특수한 양자 광학 장비가 필요하며 전체 시스템을 구축하는 데 상당한 비용이 든다. 반면 기존 방식은 표준 컴퓨터 장비만으로도 구현할 수 있고 비용도 훨씬 저렴하다.

또한 현재 양자 키 분배는 전송 거리의 제한이 있다. 일반적으로 수백 km 이내에서만 안정적으로 작동하는데 이는 광섬유 내 광자 손실 때문이며 전송 거리가 길어질수록 신호가 약해지기 때문이다. 반면 기존 암호화 방식은 전 세계적인 인터넷 통신에서도 문제없이 작동한다.

이러한 제약에도 불구하고, 양자 키 분배는 앞으로 더욱 발전할 가능성이 크다. 특히 양자 중계기quantum repeater와 같은 기술이 상용화되면 거리 제한 문제도 점차 극복될 것으로 기대된다. 장기적으로 양자 키 분배는 더 안전한 통신 인프라를 구축하는 핵심 기술로 자리매김할 것으로 전망된다.

## 양자 키 분배의 현재와 미래

현재 양자 키 분배 기술은 실험실 수준을 넘어 실제 필드 테스트와 상용화 단계로 빠르게 발전하고 있다. 전 세계 여러 국가가 양자 키 분배 네트워크 구축에 적극 투자하고 있으며 특히 중국, 유럽, 미국을 중심으로 활발한 움직임이 이어지고 있다.

중국은 양자 키 분배 기술 개발과 구현에 가장 적극적인 국가 중 하나다. 2016년에는 세계 최초의 양자 통신 위성 모쯔를 발사했고 베이징과 상하이를 잇는 2000km 길이의 양자 통신망도 구축했다. 이 네트워크는 정부, 금융, 군사 통신 등 다양한 분야에서 활용되고 있다.

유럽에서는 EU의 지원 아래 여러 국가가 협력하여 범유럽 양자 통신 인프라 EuroQCI를 구축하고 있다. 특히 영국, 독일, 이탈리아 등에서는 도시 간 양자 키 분배 네트워크 시범 사업이 활발히 진행 중이다.

미국에서는 국립표준기술연구소NIST(이하 NIST)와 에너지부DOE가 중심이 되어 양자 인터넷 구축을 위한 로드맵을 발표했고, 시카고 지역에는 양자 통신 테스트베드도 마련되어 기술 검증이 이루어지고 있다. 하지만 양자 키 분배 기술이 보다 널리 상용화되기 위해서는 여전히 몇 가지 중요한 기술적 장벽을 넘어야 한다.

현재 양자 키 분배 기술의 주요 한계로는 다음과 같은 것이 있다.

- 전송 거리의 제한이 있다. 현재 광섬유를 이용한 양자 키 분배는 일반적으로 100~200km 정도의 거리에서만 안정적으로 작동한다. 이보다 먼 거리에서는 광섬유 내에서 광자의 손실이 급격히 증가하여 효율적인 통신이 어려워진다.
- 키 생성 속도가 상대적으로 느리다. 현재 기술로는 초당 수 KB에서 수 MB 수준의 비밀 키만 생성 가능한데, 이는 대용량 데이터를 실시간으로 암호화하기에는 부족할 수 있다.
- 구현의 복잡성과 높은 비용도 큰 제약 요소다. 양자 키 분배 시스템은 단일 광자 생성, 정밀한 양자 상태 제어, 고효율 광자 검출 등 기술적으로 정교한 구성 요소를 요구하기 때문에 시스템을 구축하는 데 많은 비용이 든다.
- 사이드 채널 공격side-channel attack이라는 현실적 보안 위협도 존재한다. 양자 키 분배는 이론적으로 완벽한 보안을 제공할 수 있지만 실제 장비가 완벽하지 않기 때문에 물리적 결함이나 누설 정보를 노린 공격이 발생할 수 있다. 이는 이론과 현실 간의 보안 간극을 잘 보여주는 예다.

이러한 한계를 극복하기 위해 다양한 기술 발전이 이루어지고 있다. 그중에서도 가장 주목할 만한 발전 방향 중 하나는 양자 중계기Quantum Repeater의 개발이다. 양자 중계기는 양자 상태를 직접 증폭하지 않고도 장거리 전송을 가능하게 해주는 장치로 양자 얽힘 교환entanglement swapping이라는 현상을 이용한다. 이 기술이 실용화되면 현재 양자 키 분배가 가진 거리 제한 문제를 크게 개선할 수 있을 것으로 기대된다.

또한, 위성 기반 양자 키 분배도 활발히 연구되고 있다. 위성을 중계 지점으로 활용하면 지구상 멀리 떨어진 두 지점 간에도 양자 키 분배를 수행할 수 있다. 앞서 언급한 중국의 모쯔 위성은 실제로 1200km 이상의 거리에서 위성 기반 양자 키 분배를 성공적으로 시연한 바 있다.

한편, 장치 독립적 양자 키 분배Device-Independent QKD 프로토콜 개발도 중요한 연구 분야다. 이 방식은 사용되는 장비의 신뢰성이나 완전성에 의존하지 않고도 안전한 키 분배가 가능하도록 설계된다. 따라서 사이드 채널 공격에 대한 취약성을 근본적으로 해결할 수 있는 접근법으로 주목받고 있다.

국제 표준화 작업도 양자 키 분배 기술의 상용화를 위한 핵심 과제로 진행 중이다. ISO, ITU-T 등 국제 표준화 기구에서 양자 키 분배 기술의 표준화를 추진하고 있으며 이는 다양한 양자 키 분배 시스템 간의 호환성과 상호운용성을 확보하는 데 중요한 역할을 할 것이다.

양자 키 분배는 양자역학의 기본 원리를 활용하여 도청이 원천적으로 불가능한 통신을 구현하는 혁신적인 기술이다. 불확정성 원리와 복제 불가능성 같은 양자역학의 근본 법칙에 기반하여 이론적으로 완벽한 보안을 제공한다. 특히 양자 컴퓨터의 발전으로 기존 암호화 방식이 위협받는 상황에서 양자 키 분배는 더욱 중요한 차세대 보안 기술로 자리매김하고 있다. 양자 컴퓨터가 기존의 암호 알고리즘을 무력화시킬 수 있는 시대가 오더라도 양자 키 분배는 여전히 안전하게 작동할 것이다.

# 4.3 양자 통신의 장점
## : 깨지지 않는 방패

앞서 살펴본 양자 키 분배는 양자역학의 원리를 활용해 기존 통신 방식으로는 구현할 수 없었던 수준의 보안을 가능하게 한다. 그렇다면 양자 키 분배를 포함한 양자 통신은 강력한 보안성 말고도 또 어떤 장점이 있고 실제로 어떤 분야에 활용될 수 있을까?

### 절대적인 보안: 도청 불가능성

양자 통신의 가장 큰 장점은 바로 이론적으로 완벽한 보안, 즉 도청이 원천적으로 불가능하다는 것이다. 앞서 설명한 불확정성 원리와 복제 불가능성은 단순한 이론에 그치지 않고 실제 통신 보안의 패러다임을 바꾸고 있는 핵심 원리다.

기존의 일반적인 통신에서는 누군가 신호를 몰래 감청하더라도 원래의 신호에는 아무런 변화가 없기 때문에 도청 여부를 알아채기 어렵다. 반면, 양자 통신에서는 도청자가 신호를 엿보는 순간 신호의 상태가 변하게 된다. 마치 열쇠를 몰래 복제하려는 순간 원본 열쇠가 변형되어 자물쇠와 맞지 않게 되는 상황과 비슷하다. 이러한 특성 덕분에 양자 통신은 도청 시도를 실시간으로 감지할 수 있는 유일한 통신 방식이다.

이 원리가 실제 상황에서는 어떻게 작동할까? 예를 들어, 송신자 앨리스와 수신자 밥이 양자 키 분배를 통해 비밀 키를 공유하고 있다고 가정해보자. 이때 도청자 이브가 중간에 개입해 정보를 훔치려 한다면 이브가 양자 상태를 측정하는 순간 그 상태가 변하고, 이 변화는 앨리스와 밥이 예상한 결과와 실제 측정값 사이의 차이(오류율)르 나타난다. 앨리스와 밥은 일부 데이터를 비교해 오류율을 확인함으로써 도청 시도가 있었는지를 알아낼 수 있다. 만약 오류율이 높아 도청이 의심되면 해당 키는 폐기하고 처음부터 다시 안전하게 키를 생성하면 된다.

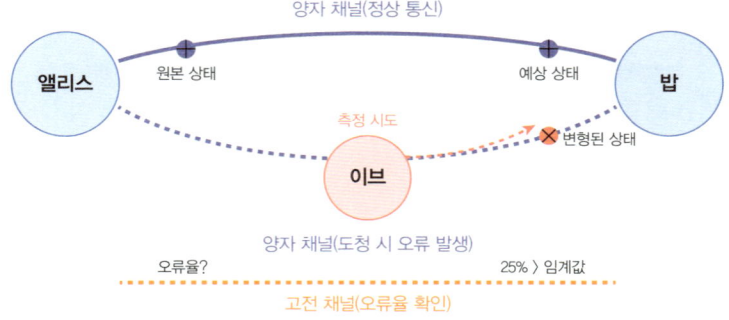

양자 통신에서의 도청 감지 메커니즘: 도청자(이브)의 개입은 필연적으로 오류를 발생시켜 감지

## 정보 이론적 보안: 계산 능력과 무관한 안전성

기존의 암호화 방식은 대부분 계산적 복잡성Computational Complexity에 기반한다. 예를 들어, RSA 암호는 큰 숫자를 소인수분해하는 것이 현실적으로 매우 어렵다는 수학적 가정에 의존한다. 하지만 이 방식은 어디까지나 현재의 계산 능력 기준에서 안전할 뿐이며 양자 컴퓨터처럼 강력한 계산 능력을 가진 기술이 등장하면 언제든 해독될 위험이 있다.

반면에 양자 통신, 특히 양자 키 분배는 정보 이론적 보안Information-Theoretic Security을 제공한다. 이는 도청자가 아무리 뛰어난 계산 능력을 갖고 있더라도—심지어 무한한 연산 능력이나 양자 컴퓨터를 사용하더라도—정보를 해독하는 것이 원리적으로 불가능하다는 수준의 보안이다.

이러한 차이는 보안이 어떤 원리에 기반하고 있는지에 따라 달라지기 때문이다. 기존 암호화는 수학적 문제의 계산적 어려움에 의존하지만 양자 통신은 양자역학이라는 자연 법칙 자체에 기반한다. 자연 법칙은 어떤 기술로도 거스를 수 없기 때문에 양자 통신은 미래의 기술 발전과 무관하게 영구적인 보안성을 제공할 수 있다.

## 양자 통신의 실용적 응용 분야

양자 통신이 지닌 강력한 보안성은 다양한 중요 분야에서 혁신적인 활용 가능성을 제시하고 있다.

금융 분야에서는 은행 간 거래, 주식 거래, 고객 데이터 보호 등에서 양자 통신이 활용될 수 있다. 실제로 스위스의 일부 은행은 중요한 금융 데이터를 보호하기 위해 양자 키 분배 시스템을 시험적으로 도입하고 있다. 금융 거래는 단 한 번의 유출로도 막대한 손실을 초래할 수 있기 때문에 절대적인 보안을 제공하는 양자 통신이 금융권에서 가치 있게 활용될 수 있다.

군사 기밀, 외교 문서, 정보 기관 간 통신 등 국가 안보와 직결된 정보를 보호하는 데도 양자 통신은 중요한 역할을 할 수 있다. 양자 통신은 미래 사이버 전쟁에 대비한 핵심 방어 수단으로 주목받고 있으며 이미 중국, 미국, 유럽 등 여러 국가가 국가 차원의 양자 통신망 구축에 적극적으로 투자하고 있다.

의료 분야에서도 양자 통신은 환자의 의료 정보, 유전체 데이터 등 민감한 건강 정보를 안전하게 전송하고 저장하는 데 활용될 수 있다. 이러한 데이터는 개인의 프라이버시와 직결될 뿐 아니라 미래에는 더욱 방대하고 정밀한 형태로 축적될 것이기 때문에 양자 수준의 보안이 필요할 것이다.

클라우드 컴퓨팅 환경에서는 원격 서버에 저장되는 민감한 데이터를 보호하는 데 양자 통신이 큰 역할을 할 수 있다. 특히 기관과 기업이 점점 더 많은 데이터를 클라우드에 저장하는 추세 속에서 클라우드 서비스 제공자와 사용자 간의 안전한 통신은 필수 요소로 자리 잡고 있다.

## 양자 통신의 기타 장점과 미래 전망

양자 통신은 뛰어난 보안성 외에도 여러 가지 기술적 장점과 미래 가능성을 지니고 있다.

현재의 양자 통신은 전송 거리에 한계가 있지만 양자 중계기 기술이 발전하면 이 문제가 점차 해결될 것이다. 양자 중계기는 양자 얽힘을 이용해 큐비트의 손실 없이 먼 거리까지 정보를 전송할 수 있도록 돕는 장치다. 이 기술이 실용화되면 대륙 간 양자 통신도 가능해질 것으로 기대된다.

위성 기반 양자 키 분배는 이미 중국의 모쯔 위성을 통해 초기 성공을 거두었다. 위성을 중계 지점으로 활용하면 지상 광섬유 네트워크의 거리 제한을 우회할 수 있어 글로벌 양자 통신망 구축에 핵심적인 역할을 할 수 있다. 장기적으로는 양자 통신 기술은 차세대 네트워크인 양자 인터넷Quantum Internet의 기반이 될 것으로 예상된다. 양자 인터넷은 단순히 안전한 통신 수단에 그치지 않고 분산 양자 컴퓨팅, 양자 센서 네트워크 등 다양한 양자 기술을 연결하는 통합 플랫폼으로 확장될 것이다.

또한 양자 통신은 양자 컴퓨터, 양자 센서, 양자 시계 등 다른 양자 기술과의 결합을 통해 강력한 시너지를 창출할 수 있다. 예를 들어 양자 센서로 수집한 고정밀 데이터를 양자 통신으로 안전하게 전송하고, 이를 양자 컴퓨터로 분석하는 통합 시스템도 실현 가능해질 것이다.

# 4.4 양자 통신 네트워크
## : 글로벌 경쟁과 기술적 과제

양자 통신, 특히 양자 키 분배 기술은 이제 실험실을 벗어나 상용화 초기 단계에 접어들었다. 전 세계 각국은 양자 통신의 전략적 중요성을 인식하고 있으며 대규모 네트워크 구축에 적극적으로 투자하고 있다. 또한 다양한 기업이 양자 키 분배 시스템을 상업적으로 개발하여 시장에 출시하는 등 양자 통신은 더 이상 미래 기술이 아닌 현실에서 구현되고 있는 기술로 자리매김하고 있다.

그러나 양자 통신 기술이 널리 보급되고 진정한 양자 인터넷 시대가 열리기 위해서는 아직 해결해야 할 기술적·경제적 과제가 남아 있다.

### 중국: 양자 통신의 선두주자

중국은 현재 양자 통신 분야에서 가장 앞서 있는 국가로 평가받는다. 정부 주도의 대규모 투자와 국가 전략 차원의 추진을 통해 눈에 띄는 성과를 거두고 있다.

2016년 세계 최초의 양자 통신 위성인 모쯔를 발사한 것은 중국의 양자 통신 기술력을 보여주는 상징적인 사건이었다. 이 위성은 지상 1200km 상공에서 지구와의 양자 통신 실험에 성공하면서 광섬유 기반 양자 키 분배의 거리 제한을 뛰어넘을 수 있는 가능성을 보여줬다.

또한 중국은 베이징과 상하이를 잇는 2000km 이상의 국가 양자 백본망을 구축해 실제 운영 중이다. 이 네트워크는 쉐펑, 허페이, 지난, 상하이 등 주요 도시를 연결하며 정부 기관, 금융 기관, 에너지 기업 등 중요 인프라의 안전한 통신을 지원하고 있다.

중국은 이러한 기술적 성과를 바탕으로 국제 표준화 논의에서도 주도권 확보를 노리고 있다. 중국 과학기술대학과 중국과학원을 비롯한 학술 기관은 물론 상업 분야에서도 안후이 퀀텀 통신 테크놀로지Anhui Quantum Communication Technology와 같은 기업이 기술 개발을 선도하고 있다. 더 나아가 2035년까지 전국적인 양자 통신망을 완성하고, 이를 일대일로 정책과 연계하여 글로벌 양자 통신 인프라의 중심국이 되겠다는 야심찬 계획도 추진 중이다.

## 유럽: 협력을 통한 양자 네트워크 구축

유럽연합EU은 공동 연구 프로그램을 중심으로 양자 통신 기술 개발에 적극적으로 나서고 있다. OpenQKD, SECOQCSecure Communication based on Quantum Cryptography 등 다양한 프로젝트를 통해 유럽 전역의 연구 기관과 기업이 협력하는 기술 개발 및 테스트 플랫폼을 마련하고 있다.

특히 유럽은 2018년부터 시작된 양자 기술 플래그십Quantum Technologies Flagship이라는 10년 계획을 통해 약 10억 유로 규모의 예산을 투입하여 양자 기술 전반의 발전을 도모하고 있다. 이 계획의 일환으로 유럽 전체를 연결하는 양자 통신 인프라 구축 프로젝트EuroQCI, European Quantum Communication Infrastructure도 진행 중이다.

개별 국가 차원에서도 활발한 움직임이 이어지고 있다. 영국은 영국 국가 양자 기술 프로그램UK National Quantum Technologies Programme을 통해 양자 통신 개발에 투자하고 있으며 영국 전역을 연결하는 양자 네트워크 구축을 목표로 하고 있다. 독일 역시 양자 컴퓨팅 및 양자 기술 촉진 프로그램을 통해 2억 유로 이상을 투자하여 양자 통신 분야에서 주요한 연구 성과를 내고 있다.

상업 부문에서는 도시바 유럽Toshiba Europe (영국), ADVA 옵티컬 네트워킹ADVA Optical Networking (독일) 등 여러 기업이 양자 키 분배 시스템의 개발과 상용화를 선도하고 있다. 그중에서도 스위스 제네바에 본사를 둔 아이디퀀티크ID Quantique, IDQ는 양자 키 분배 시스템 상용화에 가장 성공한 기업 중 하나로 오랜 기간 금융 및 정부 기관에 솔루션을 공급해온 글로벌 선도 기업이다.

흥미로운 점은 2018년 한국의 SK텔레콤이 아이디퀀티크를 인수한 데 이어 2025년에는 SK텔레콤과 SK스퀘어가 미국의 양자컴퓨터 기업인 아이온큐와 전략적 제휴를 맺고 아이디퀀티크의 지분 50% 이상을 아이온큐에 이전했다는 것이다.

이러한 국제적 인수 합병은 양자 통신 시장이 점차 글로벌화되고 있으며 양자 통신과 양자 컴퓨팅 기술 간의 융합이 가속화되고 있음을 시사하는 단적인 예다. 아이디퀀티크는 유럽에 기반을 둔 기업이지만 이제는 미국의 양자 컴퓨팅 기업의 일부가 되면서 국제 양자 기술 생태계의 지형이 빠르게 재편되고 있음을 상징적으로 보여준다.

### 미국: 국가 양자 전략을 통한 대응

미국은 2018년 '국가 양자 전략National Quantum Initiative'을 발표하며 향후 5년간 약 12억 달러를 양자 정보 과학Quantum Information Science, QIS 연구에 투자하기로 했다. 이 전략의 일환으로 에너지부, 국립과학재단NSF, NIST 등 주요 정부 기관이 양자 통신 기술 개발과 연구를 적극 지원하고 있다.

2020년 7월, 미국 에너지부는 국가 양자 인터넷 청사진을 공개했다. 이 계획은 시카고 외곽의 에르곤 국립연구소에서 시작해 향후 10년 안에 전국의 에너지부 연구소를 양자 네트워크로 연결하겠다는 비전을 담고 있다. 궁극적으로 이 네트워크는 미국 전역을 잇는 양자 인터넷의 기반이 될 것으로 기대된다.

IBM, 구글, 인텔, 마이크로소프트, AT&T 등 미국의 주요 기술 대기업도 양자 컴퓨팅과 더불어 양자 통신 기술 개발에 적극 투자하고 있다. 특히 AT&T는 칼텍Caltech과 협력해 양자 네트워크 테스트베드를 구축하고 있으며 기업용 양자 통신 솔루션 개발에도 힘쓰고 있다.

### 일본: 첨단 양자 기술의 상용화

일본은 양자 기술에 대한 꾸준한 연구를 바탕으로 양자 통신 분야에서도 중요한 입지를 확보하고 있다.

특히 도시바는 양자 키 분배 시스템의 소형화와 고속화에 강점을 지니고 있으며 영국 케임브리지에 위치한 연구소를 중심으로 장거리 양자 통신 기술 개발에 주력하고 있다.

2020년, 도시바는 600km 길이의 광섬유에서도 작동하는 양자 키 분배 시스템을 개발했다고 발표했다. 이는 기존 양자 키 분배 시스템의 거리 제한을 크게 극복한 기술적 성과로 신뢰할 수 있는 노드 없이도 장거리 양자 통신이 가능함을 입증한 사례로 평가된다. 도시바 외에도 NEC, NTT, 미쓰비시 전기 등 일본의 주요 기술 기업이 양자 통신 기술 개발에 적극 참여하고 있다. 일본 정부 역시 혁신적 양자 기술 연구 개발 계획을 통해 2020년부터 10년간 약 2000억 엔을 양자 기술 전반에 투자하기로 했으며, 이 중 상당 부분이 양자 통신 분야에 집중적으로 할당될 예정이다.

## 한국: 통신 강국의 양자 통신 도전

한국은 5G 통신 선도국으로서의 기술력과 인프라를 바탕으로 양자 통신 기술 개발에도 적극적으로 나서고 있다. SK텔레콤, KT, LG유플러스 등 주요 통신사는 양자 키 분배 시스템의 상용화와 양자 통신 네트워크 구축을 추진 중이다.

그중에서도 SK텔레콤은 2018년 스위스의 양자 암호 통신 기업인 아이디퀀티크를 인수하여 양자 암호 기술을 확보했으며 이를 바탕으로 국내 양자 암호 통신망 구축을 선도해왔다. 2020년에는 정부 주도로 대전 – 세종 구간에 국가 시범 양자 암호 통신망이 구축되었으며, 공공·의료·산업 분야의 5G 서비스에 양자 암호 기술이 시범적으로 적용되기도 했다.

2025년, SK텔레콤과 SK스퀘어는 미국의 양자 컴퓨터 기업 아이온큐와 약 3300억 원 규모의 전략적 제휴를 체결하고 지분 맞교환을 진행했다. 이 거래를 통해 SK가 보유하고 있던 아이디퀀티크 지분의 50% 이상이 아이온큐에 넘어갔으며 그 대가로 SK는 아이온큐의 지분을 약 3.14% 정도 확보하게 되었다. 이로써 SK는 양자 컴퓨팅 기술을 AI 분야에 접목할 수 있는 기회를 확보했고 아이온큐는 양자 암호 통신 시장에 진출하면서 사업 영역을 확장하게 되었다.

한국은 양자 통신 기술과 병행하여 양자 내성 암호PQC, Post-Quantum Cryptography 기술 개발에도 속도를 내고 있다. 양자 내성 암호는 양자 컴퓨터의 공격에도 안전한 암호화 알고리즘으로 양자 통신과 상호보완적인 보안 기술로 여겨진다. 한국전자통신연구원ETRI, 국가보안기술연구소, 서울대학교 등 주요 연구 기관이 이 분야의 연구를 주도하고 있다.

## 4.5 양자 통신 기술의 주요 과제

양자 통신 기술이 더욱 발전하고 널리 보급되기 위해서는 다음과 같은 기술적·경제적 과제를 해결해야 한다.

### 장거리 전송: 양자 중계기의 필요성

현재 양자 키 분배 시스템의 전송 거리는 대체로 수백 km 수준에 머물러 있다. 그 이유는 전송 거리가 길어질수록 광섬유를 통해 전달되는 양자 상태(광자)의 손실이 커지기 때문이다. 전통적인 통신에서는 중계기를 통해 신호를 증폭하여 이런 손실을 보완하지만, 양자 통신에서는 양자 상태를 복제할 수 없기 때문에 기존 방식의 중계기를 사용할 수 없다.

따라서 장거리 양자 통신을 실현하기 위해서는 양자 중계기가 필요하다. 양자 중계기는 양자 얽힘 스와핑과 양자 메모리 기술을 활용해 큐비트의 손실 없이 먼 거리까지 양자 정보를 전달할 수 있게 해주는 장치다.

양자 얽힘 스와핑은 두 쌍의 얽힌 큐비트 중 각각 하나씩을 측정해, 남은 두 큐비트 사이에 새로운 얽힘을 만드는 기술이다. 이렇게 하면 서로 직접 연결되지 않은 두 지점 사이에도 얽힘을 형성할 수 있다. 양자 메모리는 양자 상태를 일정 시간 동안 저장하고, 필요할 때 다시 불러오는 장치로 양자 중계기 시스템에서 필수적인 역할을 한다.

그러나 양자 중계기 기술은 아직 개발 초기 단계에 있으며 이를 실용화하기 위해서는 얽힘 생성, 양자 메모리 구현, 정밀한 양자 상태 제어 등 여러 기술적 난제를 해결해야 한다. 현재 전 세계 여러 연구 기관이 이 분야에 집중적으로 투자하고 있다.

## 신뢰할 수 있는 노드: 보안의 약점

현재 상용화된 대부분의 양자 키 분배 시스템은 신뢰할 수 있는 노드Trusted Node 방식을 사용한다. 이 방식에서는 양자 키가 중간 노드에서 일시적으로 고전 정보로 변환되었다가 다시 양자 상태로 전송된다. 따라서 중간 노드가 안전하게 보호되지 않으면 키가 노출될 위험이 있다. 중간 노드는 신뢰할 수 있는 기관이 운영하고 물리적 보안이 철저히 보장되어야 한다. 이는 네트워크 구축과 운영 비용을 증가시키는 요인이며 글로벌 양자 통신망 구축에 중요한 제약으로 작용한다.

이러한 문제를 해결하기 위해 측정 기기 독립 양자 키 분배MDI-QKD나 장치 독립 양자 키 분배DI-QKD 같은 새로운 프로토콜이 개발되고 있다. 이들 방식은 중간 노드를 신뢰하지 않아도 안전한 키 분배가 가능하다는 장점이 있지만 아직 기술적 성숙도가 낮고 구현이 복잡하다는 한계가 있다.

## 표준화와 비용 문제

양자 통신 기술의 상용화와 확산을 위해서는 기술 표준화가 필수적이다. 다양한 제조사의 장비가 서로 호환되어 원활하게 작동하려면 국제적으로 통일된 표준이 마련되어야 하기 때문이다. 그러나 아직까지 국가나 기업별로 기술 방식이 다르며 이에 따라 호환성 문제가 발생할 수 있다.

국제전기통신연합ITU, 국제표준화기구ISO, 국제전기기술위원회IEC 등 주요 국제 표준화 기구가 양자 통신 표준 개발에 착수했지만 표준화 과정은 복잡하고 장시간이 소요되는 것이 현실이다. 특히 각국이 자국 기술을 국제 표준으로 채택받기 위해 경쟁하는 가운데 중국은 자국 기술의 국제 표준화를 위해 가장 적극적으로 움직이고 있다.

이처럼 국제 표준화 경쟁이 치열해지고 있지만 표준화가 지연될 경우 글로벌 양자 통신망의 확산이 늦어지고 기술 도입을 주저하게 만드는 요인이 될 수 있다. 따라서 국제 협력을 통한 신속한 표준화 추진이 양자 통신 기술의 안정적 확산을 위한 핵심 과제다.

또한 현재 상용 양자 키 분배 시스템은 고가의 장비로 구성되어 있어 대중화에 큰 장벽이 되고 있다. 단일 광자 검출기, 양자 광원, 정밀 광학 장치 등 고성능 부품이 필요하며 시스템 구축과 유지 보수 비용도 상당히 높다. 기술 발전으로 인해 최근 몇 년간 비용이 점차 낮아지고 있지만 여전히 일반 기업이나 소규모 기관이 도입하기에는 부담스러운 수준이다. 양자 통신 기술이 널리 보급되기 위해서는 시스템 비용을 낮추는 노력이 필요하다. 이를 위해 집적 광학 기술integrated photonics, 전용 반도체 개발, 생산 공정의 최적화 등이 활발히 진행되고 있으며 기존 통신 인프라와의 통합을 통해 설치 비용을 줄이려는 시도도 이어지고 있다.

게다가 양자 키 분배 시스템은 부피가 크고 구조가 복잡해 설치와 운용이 까다로운 경우가 많다. 현재는 대형 광학 테이블 위에 여러 정밀 광학 부품을 배치하는 실험실 수준의 장비가 주를 이루고 있다. 양자 통신의 상용화를 위해서는 이러한 시스템의 소형화 및 집적화가 필수적이다. 최근에는 실리콘 포토닉스Silicon Photonics[2] 기술을 활용해 양자 키 분배의 핵심 부품을 단일 칩에 집적하는 연구가 활발히 이루어지고 있다. 이 기술이 성숙되면 시스템의 크기와 전력 소모가 줄고 비용 절감과 안정성 향상도 기대할 수 있다. 도시바, IBM, 인텔 등 주요 기업이 이 분야에 적극 투자하고 있으며 소형화된 양자 암호 장치가 스마트폰이나 노트북 등 개인 기기에도 탑재되는 날이 머지않아 올 수도 있다.

---

2  실리콘 칩 위에 광학 부품을 집적하는 기술로 양자 통신 장비를 작고 저렴하게 만드는 데 활용된다.

# 4.6 주요 양자 통신 기업
## : 양자 보안 시대를 열어갈 주역들

양자 통신 시장은 아직 초기 단계이지만 높은 성장 잠재력을 바탕으로 다양한 기업이 기술 개발과 상용화에 나서고 있다.

**아이디퀀티크: 소유권 변화와 기술 혁신**

2001년 스위스 제네바에서 설립된 아이디퀀티크는 양자 통신 분야의 선구자로 불린다. 세계 최초로 상용 양자 키 분배 시스템을 출시한 기업 중 하나로 오랜 경험과 기술력을 바탕으로 높은 신뢰성을 갖춘 제품을 공급하고 있다.

아이디퀀티크의 주력 제품은 광섬유 기반 양자 키 분배 시스템인 클라비스Clavis와 케르베리스Cerberis 시리즈로 금융, 통신, 정부 기관 등의 기밀 정보 보호에 사용된다. 이외에도 양자역학적 원리를 활용해 예측 불가능한 난수를 생성하는 양자 난수 생성기QRNG도 개발하여 판매하고 있다. 양자 난수 생성기는 암호화, 시뮬레이션, 게임 등 다양한 분야에 활용될 수 있다.

2018년 아이디퀀티크는 SK텔레콤에 인수되어 차세대 양자 암호칩인 Q-HSM 개발과 케르베리스 XG 시스템 성능 향상 등 기술 혁신을 이어왔다. 2025년에는 SK텔레콤과 SK스퀘어가 미국의 양자 컴퓨팅 기업인 아이온큐와 3300억 원 규모의 전략적 제휴를 맺고, 아이디퀀티크 지분의 50% 이상을 아이온큐에 이전했다. 이러한 소유권의 변화는 향후 양자 컴퓨팅에 양자 보안 솔루션을 결합한 통합 양자 플랫폼이 등장할 가능성을 시사한다.

## 도시바: 장거리 양자 통신의 강자

일본의 대표 전자 기업인 도시바는 2000년대 초부터 양자 통신 기술 연구 개발에 꾸준히 투자해왔다. 도시바는 양자 키 분배 시스템의 고속화와 소형화 기술에 강점을 가지고 있으며, 특히 장거리 양자 통신 기술 개발에서 두드러진 성과를 내고 있다.

도시바는 영국 케임브리지에 연구소를 설립해 장거리 양자 통신 기술에 집중해왔으며 2020년에는 영국의 통신사 BT와 함께 런던 지역에 6km 규모의 산업용 양자 보안 네트워크를 구축했다. 2022년에는 600km 이상 떨어진 거리에서 양자 키 분배 통신에 성공했다고 발표했다. 이는 기존 양자 키 분배 시스템의 일반적인 전송 거리(100~200km)를 크게 넘어선 것으로 중간에 신뢰할 수 있는 노드 없이도 장거리 양자 통신이 가능함을 보여주는 중요한 진전이다.

또한 도시바는 미국의 버라이즌Verizon, 영국의 BT 등과 협력해 양자 보안 통신 네트워크의 상호 운용성 테스트를 성공적으로 수행했다. 서로 다른 기업의 양자 키 분배 시스템이 하나의 네트워크 내에서 문제없이 작동할 수 있음을 입증한 이 성과는 향후 글로벌 양자 통신망 구축에 있어 핵심적인 기반이 될 수 있다.

도시바는 산업 현장에서의 양자 통신 기술 응용에도 적극 나서고 있다. 2024년 초에 금융, 의료, 정부 등 주요 산업 분야를 위한 엔터프라이즈급 양자 키 분배 솔루션을 출시했으며 이는 양자 키 분배 기술의 상용화와 대중화를 앞당기는 중요한 전환점으로 평가받고 있다.

## 아이온큐: 적극적 M&A로 양자 기술 통합을 노린다

미국 캘리포니아에 본사를 둔 큐비텍Qubitekk은 2012년에 설립된 양자 통신 분야의 신생 기업으로 특히 양자 얽힘 현상을 활용한 양자 키 분배 시스템 개발에 주력해왔다. 얽힘 기반 양자 키 분배는 도청에 대한 보안성이 더 높다고 알려져 있어 차세대 양자 키 분배 기술로 주목받아 왔다.

큐비텍은 2024년 11월, 양자 컴퓨팅 기업 아이온큐에 인수되었다. 앞서 언급했듯이 2025년 2월에는 아이온큐가 스위스의 아이디퀀티크 지분 50% 이상을 확보한 바 있다. 이러한 움직임은 아이온큐가 양자 컴퓨팅뿐 아니라 양자 통신과 네트워크 기술까지 사업 영역을 확장하며 통합적인 양자 기술 리더십을 구축하려는 전략으로 풀이된다.

아이온큐의 이 같은 움직임은 양자 보안 시장 선점을 위한 전략적 행보이기도 하다. 양자 컴퓨팅과 양자 보안 기술을 결합함으로써 금융, 국방, 의료 등 고도의 보안이 요구되는 산업 분야에 종합적인 양자 솔루션을 제공할 수 있는 기반을 마련한 것이다.

큐비텍은 미국 에너지부의 지원을 받아 양자 인터넷 개발 프로젝트에 참여하고 있으며 2023년에는 미국 최초로 얽힘 기반 양자 키 분배 네트워크 시연에 성공했다. 이 시연은 샌디에이고 지역의 전력 그리드 인프라 위에서 이루어졌기 때문에 양자 통신 기술의 실질적인 산업 적용 가능성을 보여준 사례로 평가받고 있다.

## SK텔레콤: 글로벌 양자 생태계 진입을 노린다

SK텔레콤은 비교적 이른 시기에 양자 통신 기술의 중요성을 인식하고 2018년 세계적인 양자 보안 기업인 아이디퀀티크를 인수하며 글로벌 경쟁력 확보에 나섰다. 이후 아이디퀀티크의 앞선 양자 키 분배 기술력을 바탕으로 자체 양자 키 분배 칩 개발에도 성공했고 국내외 양자 암호 통신망 구축 사업에 참여하며 기술력을 꾸준히 축적해왔다. 다만 상용화를 통한 즉각적인 수익 창출이 어렵다는 점에서 먼 미래에나 활용될 기술에 과도한 비용을 투입했다는 비판도 있었다.

2025년에는 아이온큐와 약 3300억 원 규모의 전략적 제휴를 맺고 아이디퀀티크의 지분 50% 이상을 아이온큐에 넘기는 대신 아이온큐 지분을 약 3.14% 확보했다. 이를 통해 SK텔레콤은 자사의 AI 기술과 아이온큐의 양자 컴퓨팅 기술을 결합할 수 있는 발판을 마련했다는 평가를 받고 있다.

아이디퀀티크의 경영권은 아이온큐로 넘어갔지만 SK텔레콤은 여전히 아이온큐의 주요 주주로서 양자 암호 통신 분야에서 아이디퀀티크와의 협력 관계를 유지할 수 있다고 보고 있다. 이번 전략적 제휴는 SK텔레콤이 기존 통신 사업을 넘어 AI와 양자 기술을 융합한 미래형 기술 기업으로 나아가려는 비전의 일환이다. 현재 SK텔레콤은 국내 양자 암호 통신망 구축을 주도하고 있으며, 특히 금융과 국방 분야에서 양자 보안 솔루션의 상용화를 적극 추진하고 있다.

### KT와 LG유플러스: 다각적인 양자 보안 전략

KT는 양자 암호 통신망 구축과 양자 키 분배 시스템 개발에 적극 나서고 있다. 2022년에는 정부의 양자 국가망 구축 사업에 참여해 대전-세종 구간에 양자 암호 통신망을 구축했으며, 이를 공공·의료·산업 등 다양한 분야에 시범 적용하고 있다. 또한 2023년부터는 기업 고객을 대상으로 한 자체 양자 암호 통신 서비스인 기가스텔스GiGAStealth를 출시했다.

LG유플러스는 양자 내성 암호 기술에 주목하고 있다. 양자 컴퓨터의 공격에도 안전한 암호 기술인 양자 내성 암호의 개발과 상용화에 집중하며, 2024년에는 자체 개발한 양자 내성 암호 알고리즘을 통신 장비와 USIM 카드 등에 적용하는 데 성공했다. 이를 통해 5G 및 6G 네트워크 보안을 한층 강화하고 있다.

양자 내성 암호는 양자 키 분배와 달리 별도의 양자 하드웨어 없이도 구현할 수 있어 기존 통신 인프라와의 호환성이 뛰어나다는 강점을 가진다. LG유플러스의 이러한 접근은 양자 키 분배와 양자 내성 암호가 상호 보완적인 관계에 있음을 보여주며, 양자 보안 생태계에서 두 기술이 함께 발전할 가능성을 시사한다.

### 국내의 다크호스들: 우리로, 코위버, 쏠리드

통신 장비 및 부품 전문 중소기업도 양자 통신 시장의 성장에 발맞춰 핵심 기술 개발에 나서고 있다.

우리로는 양자 암호 통신의 핵심 부품인 단일 광자 검출기Single Photon Avalanche Diode, SPAD 개발에 성공하며 기술력을 인정받았다. 이 부품은 양자 통신 시스템의 성능과 신뢰성에 직결되는 핵심 요소로, 국내 양자 통신 산업의 자립도 향상에 기여하고 있다.

코위버는 양자 키 분배 시스템과 기존 통신망을 연동하는 전송 장비를 개발해 양자 통신 네트워크 구축에 기여하고 있다. 특히 양자 암호화 광전송 장비를 통해 기존 광통신망과 양자 통신 시스템을 효율적으로 통합할 수 있어 기술의 상용화와 확산을 앞당기는 데 도움을 주고 있다.

쏠리드는 장거리 양자 통신의 핵심 과제인 거리 제한 문제를 해결하기 위해 양자 키 분배 중계 장치 개발에 주력하고 있다. 이러한 기술 개발은 국내 양자 통신 기술의 확장성과 실용성을 높이는 데 중요한 역할을 하고 있다.

## 미국과 중국의 신흥 기업들: 퀀텀씨텍, 매직큐 테크놀로지, 누크립트

중국의 퀀텀씨텍QuantumCTek(국영과학기술)은 중국을 대표하는 양자 통신 기업으로 중국 과학기술대학의 협력을 기반으로 설립되었다. 중국 정부의 전폭적인 지원 아래 2000km 이상의 국가 양자 통신망 구축에 핵심적인 역할을 수행했으며 양자 키 분배 시스템, 양자 난수 생성기, 양자 보안 전화 등 다양한 양자 보안 제품을 개발하고 있다. 2020년에는 상하이 증권거래소의 과학기술혁신보드STAR Market에 성공적으로 상장되며 주목을 받았다. 이 기업은 양자 굴기라는 국가 전략의 중심에 서 있으며 양자 기술의 국산화를 이끄는 선도 기업으로 빠르게 성장 중이다.

미국의 매직큐 테크놀로지MagiQ Technologies는 초기 양자 컴퓨터 개발에 참여했던 경험을 바탕으로 현재는 양자 키 분배 시스템 개발에 집중하고 있다. 특히 금융 및 국방 분야를 위한 고성능 양자 보안 솔루션을 제공하고 있으며, 2023년에는 미 국방부와의 계약을 통해 군사용 양자 통신 시스템 개발에 참여했다.

또 다른 미국 기업인 누크립트Nucrypt는 양자 키 분배뿐 아니라 연속 변수Continuous Variable, CV 양자 키 분배 기술 개발에도 주력하고 있다. 연속 변수 양자 키 분배CV-QKD는 기존의 이산 변수Discrete Variable, DV 방식과 달리 광자의 위상과 진폭 정보를 활용하여 더 높은 키 생성률과 더 긴 통신 거리를 제공할 수 있는 기술이다. 누크립트는 시카고 대학교와 협력하여 양자 네트워크 연구에도 참여하고 있으며, 2024부터는 시카고 인근에 테스트베드 네트워크를 구축하는 프로젝트를 진행하고 있다.

## 유럽의 혁신 기업들: 시큐어넷과 케츠 퀀텀 시큐리티

프랑스의 시큐어넷SeQureNet은 위성 및 지상 양자 키 분배 기술 개발에 주력하며 유럽의 양자 통신 네트워크 구축에 기여하고 있다. 특히 연속 변수 양자 키 분배 기술의 선두 주자로 2023년에는 파리-스트라스부르 구간에 연속 변수 양자 키 분배 기반 네트워크를 시범 구축하는 프로젝트에 참여했다. 이 기업은 또한 유럽 우주국ESA과 협력하여 위성 기반 양자 통신 연구에도 참여하고 있다.

영국의 케츠 퀀텀 시큐리티KETS Quantum Security는 집적 광학integrated photonics 기술을 활용한 소형 양자 키 분배 장치 개발에 특화된 기업이다. 2024년 초, 케츠는 신용카드 크기의 소형 양자 난수 생성기를 출시하여 모바일 기기나 IoT 장치에 양자 보안 기능을 통합할 수 있는 가능성을 보여주었다. 또한 케츠는 영국 정부의 지원을 받아 산업용 소형 양자 키 분배 시스템 개발도 하고 있으며, 이를 통해 양자 보안 기술의 대중화에 기여하고 있다.

이러한 유럽의 혁신 기업은 유럽연합의 양자 기술 플래그십 프로그램의 지원을 받으며, 유럽의 양자 기술 주권 확보에 중요한 역할을 하고 있다.

## 양자 통신 시장의 미래 전망

양자 통신 시장은 아직 초기 단계에 머물러 있지만 매우 높은 성장 잠재력을 지니고 있다. 시장 조사 기관의 예측에 따르면 글로벌 양자 암호 시장은 2025년부터 2030년까지 연평균 30% 이상의 성장률을 기록할 것으로 전망된다. 이 같은 성장은 다음과 같은 주요 요인에 힘입은 것이다.

- 사이버 보안 위협의 증가: 사이버 공격이 점차 정교해지고 있는 가운데 특히 양자 컴퓨터의 발전으로 기존 암호 체계의 취약성이 부각되면서 양자 보안 솔루션에 대한 수요가 빠르게 늘고 있다.
- 데이터 보호 규제 강화: 전 세계적으로 데이터 보호 및 프라이버시 관련 법규가 강화되면

서 기업과 기관은 더 높은 수준의 보안 체계를 필요로 하고 있다.

- 보안이 중요한 산업 분야의 수요 증가: 금융, 국방, 의료, 공공 인프라 등 고도의 보안이 요구되는 분야에서 양자 보안 기술에 대한 관심이 높아지고 있다.
- 기술 발전과 비용 절감: 기술 발전으로 성능은 향상되고 장비 가격은 점차 낮아지고 있어 더 많은 기업과 기관이 양자 통신 기술을 도입할 수 있는 환경이 조성되고 있다.

앞으로 양자 통신 기술은 다음과 같은 방향으로 진화할 것으로 예상된다.

- 소형화 및 집적화: 장비의 소형화와 칩 기반 집적화가 진전되면서 모바일 기기나 IoT 장치에도 양자 보안 기능이 탑재될 가능성이 높아지고 있다.
- 양자-고전 하이브리드 네트워크의 확산: 완전한 양자 네트워크보다는 기존 통신 인프라와 양자 보안 기술이 결합된 하이브리드 형태의 네트워크가 먼저 상용화될 것으로 보인다.
- 양자 컴퓨팅과의 융합 가속화: 양자 통신과 양자 컴퓨팅이 결합된 통합 솔루션의 수요가 늘어나면서, 이 분야에서 경쟁력을 갖춘 기업이 시장을 선도할 것으로 예상된다.
- 위성 기반 양자 통신의 발전: 위성을 활용한 장거리 통신 기술이 고도화됨에 따라 글로벌 양자 통신망 구축도 더욱 빨라질 전망이다.

양자 통신 시장은 기술 발전과 산업적 수요가 맞물리며 빠르게 성장하고 있다. 아이디퀀티크, 도시바, 큐비텍 등 주요 기업은 이미 양자 키 분배 시스템을 상용화했으며, 아이온큐 같은 양자 컴퓨팅 기업도 양자 통신 분야로 사업을 확장하고 있다. 국내에서는 SK텔레콤, KT, LG유플러스 등 주요 통신사가 양자 통신 기술 개발과 상용화에 적극적으로 나서고 있다.

앞으로 양자 통신 기술은 장거리 통신, 높은 보안성, 장비 소형화 등의 기술적 과제를 점차 극복해나가며 금융, 국방, 공공 인프라 등 다양한 분야에서 핵심적인 역할을 수행할 것으로 기대된다. 시장의 성장과 함께 기업 간 경쟁과 협력도 더욱 활발해질 것이며 이는 기술 혁신과 생태계 확장으로 이어질 것이다.

양자 통신은 단순한 차세대 통신 기술을 넘어 디지털 세계의 보안과 신뢰를 근본적으로 재정의할 수 있는 잠재력을 지니고 있다. 이 기술을 선도하는 기업은 단순한 기술 공급자를 넘어 미래 디지털 인프라의 안전성과 신뢰성을 책임지는 중요한 주체로 자리매김할 것이다.

## 4.7 양자 인터넷
: 꿈의 통신망이 열어갈 미래

앞서 살펴본 양자 키 분배, 양자 통신 기술 그리고 이를 이끄는 기업과 국가 프로젝트의 궁극적인 목표는 바로 양자 인터넷이라는 혁신적인 통신망을 구축하는 데 있다. 양자 인터넷은 기존 네트워크 기술의 단순한 연장이 아니라 정보의 교환과 처리 방식 자체를 근본적으로 바꾸는 기술적 도약이다.

### 양자 인터넷의 본질

양자 인터넷의 핵심은 단순히 암호화된 양자 통신 채널을 제공하는 것을 넘어서 양자 얽힘을 네트워크 전반에 걸쳐 분배하고 활용하는 데 있다. 얽힘 상태의 입자들은 물리적으로 멀리 떨어져 있어도 하나의 시스템처럼 작동하며, 이 특성은 기존 통신 방식과는 전혀 다른 새로운 정보 처리 구조를 가능하게 만든다.

양자 인터넷은 양자 컴퓨터, 양자 센서, 양자 시계 등 다양한 양자 장치를 연결하는 통합 플랫폼이 될 전망이다. 이는 기존 인터넷이 디지털 생태계를 형성했던 것처럼 양자 인터넷이 새로운 양자 생태계의 중심축 역할을 하게 될 것임을 의미한다. 다만, 그 영향력은 기존 인터넷보다 훨씬 더 크고 깊을 것으로 기대된다.

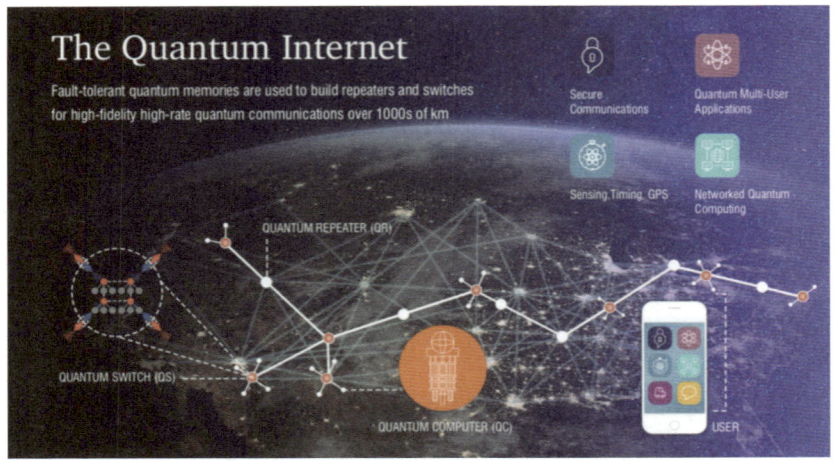

미국 애리조나 주립대학교에서 제시한 양자 인터넷 개념도

## 양자 인터넷의 혁신적 응용과 양자 과학의 발전

양자 인터넷이 현실화되면 기존의 양자 키 분배 기반 보안 통신을 넘어 다음과 같은 혁신적인 활용이 가능해질 것으로 기대된다. 그중 대표적인 시나리오를 몇 가지 살펴보자.

### 분산 양자 컴퓨팅: 초연결된 양자 지능

양자 인터넷은 전 세계에 흩어져 있는 여러 양자 컴퓨터를 연결해 분산 양자 컴퓨팅distributed quantum computing을 구현할 수 있게 한다. 이는 하나의 양자 컴퓨터로는 풀기 어려운 대규모 계산 문제를 여러 장비가 협력해 해결하게 해준다. 또한 분산 양자 컴퓨팅은 신약 개발, 신소재 탐색, 기후 시뮬레이션 등 막대한 계산이 필요한 분야에서 획기적인 진전을 이끌어낼 것이다. 얽힘을 기반으로 전 세계의 양자 컴퓨터를 하나의 거대한 컴퓨팅 시스템처럼 작동하게 되면 오늘날의 슈퍼컴퓨터로 수십 년이 걸릴 계산도 빠른 시간에 처리할 수 있게 된다.

## 양자 센서 네트워크: 초정밀 측정의 시대

양자 센서는 양자역학의 원리를 활용해 기존 센서보다 훨씬 더 정밀하게 물리량을 측정할 수 있는 장치다. 양자 인터넷이 구축되면 이러한 양자 센서를 서로 연결해 양자 센서 네트워크quantum sensor network를 구성할 수 있게 된다. 양자 센서 네트워크는 지진 예측, 자원 탐사, 의료 진단, 우주 관측 등 다양한 분야에서 측정 정확도를 획기적으로 높일 수 있다.

예를 들어, 지구 곳곳에 설치된 양자 중력계들이 네트워크로 연결되면 지하 구조의 미세한 변화를 정밀하게 감지할 수 있어 지진 예측이나 지하 자원 탐사에 활용될 수 있다. 의료 분야에서는 인체에서 발생하는 매우 약한 자기장을 측정할 수 있는 양자 자기공명영상장치quantum MRI가 개발되어 질병을 조기에 발견하고 정밀하게 진단하는 데 도움을 줄 수 있다.

양자 인터넷은 단순한 통신망을 넘어 양자역학 연구를 위한 강력한 실험 도구로도 기대되고 있다. 물리학자들은 양자 인터넷을 통해 양자 얽힘, 중첩, 텔레포테이션 등 양자역학의 핵심 원리를 대규모로 실험하고 검증할 수 있게 될 것이다. 이는 양자역학에 대한 이해를 한층 깊게 만들고, 아인슈타인이 '유령 같은 원격 작용spooky action at a distance'이라 표현했던 양자 얽힘의 본질에 대한 새로운 통찰을 제공할 수 있을 것이다.

또한, 양자 인터넷은 양자 중력처럼 아직 풀리지 않은 물리학의 근본 문제를 연구하는 데에도 기여할 가능성이 있다. 이처럼 과학적 진전은 우리가 아직 상상하지 못한 새로운 양자 기술의 발견으로 이어질 수 있으며, 역사적으로도 물리학의 발전이 기술 혁명을 이끌어온 전례를 볼 때 양자 인터넷 역시 예외는 아닐 것이다.

## 양자 인터넷 구현의 핵심 기술적 과제

이와 같은 시나리오는 우리를 흥분시키지 완전한 양자 인터넷을 구현하기 위해서는 아직 해결해야 할 기술적 난제가 많다. 그렇다면 어떤 것이 양자 인터넷 구현의 걸림돌이 되고 있을까? 대표적인 기술 과제를 살펴보자.

## 양자 중계기: 장거리 양자 네트워크의 핵심

양자 중계기는 장거리 양자 통신의 한계를 극복하기 위해 꼭 필요한 기술이다. 양자 얽힘 스와핑과 양자 메모리를 이용해 물리적으로 직접 연결되지 않은 지점 간에도 양자 얽힘을 생성할 수 있게 해준다. 이를 통해 수백 킬로미터 이상 떨어진 양자 노드 간에도 안정적인 통신이 가능해진다.

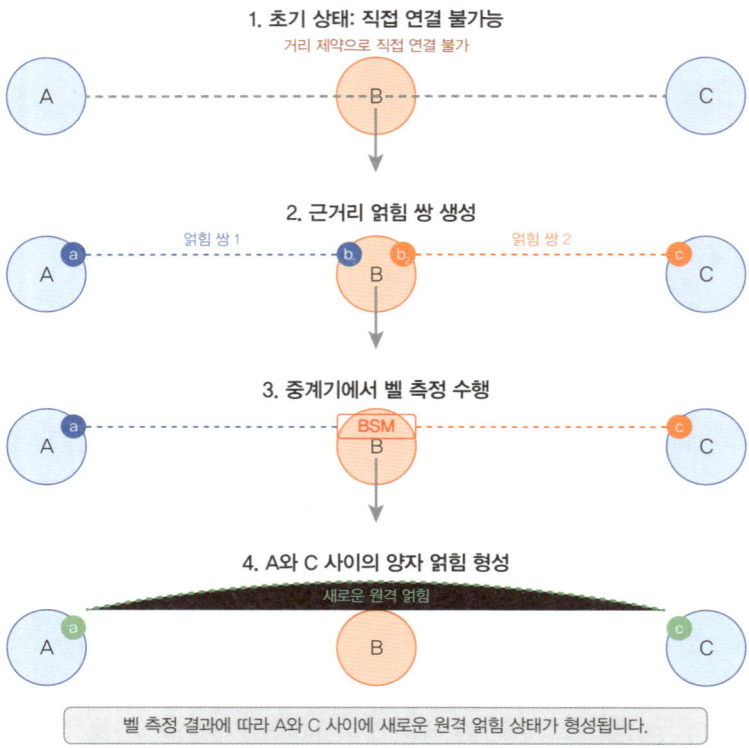

양자 중계기의 작동 원리: 양자 얽힘 스와핑을 통해 장거리 양자 얽힘을 형성하는 과정

현재 양자 중계기 연구는 다양한 물리적 구현 방식으로 진행되고 있다. 원자 앙상블atomic ensemble, 이온 트랩, 양자 도트, 다이아몬드 내 질소 결합 중심 등 여러 시스템이 유력한 후보로 꼽힌다. 이 기술이 충분히 성숙해지면 대륙 간 양자 얽힘 분배도 현실화될 수 있다.

## 양자 메모리: 양자 인터넷의 필수 구성 요소

양자 메모리는 큐비트의 양자 상태를 일정 시간 저장하고 필요할 때 정확히 복원할 수 있는 장치다. 이는 양자 중계기의 핵심 부품일뿐 아니라 양자 인터넷의 각 노드에서 양자 정보를 처리하는 데 반드시 필요한 요소다. 이상적인 양자 메모리는 다음과 같은 조건을 갖추어야 한다.

- 긴 저장 시간(coherence time)
- 높은 충실도(fidelity)
- 효율적인 읽기·쓰기 작업
- 다중 큐비트 저장 능력

현재까지는 원자 앙상블, 고체 상태 결함, 초전도 회로 등 다양한 물리 시스템을 기반으로 연구가 진행되고 있지만 이 모든 조건을 동시에 만족하는 완전한 양자 메모리는 아직 개발되지 않았다.

## 양자 인터페이스: 서로 다른 양자 시스템을 이어주는 다리

양자 인터넷은 양자 컴퓨터, 양자 센서, 양자 통신 채널 등 다양한 종류의 양자 시스템을 하나의 네트워크로 연결하는 기술이다. 문제는 이들 시스템이 각기 다른 물리적 방식으로 구현된다는 점이다. 따라서 이질적인 시스템 간에도 양자 정보를 효율적으로 주고받을 수 있도록 해주는 양자 인터페이스quantum interface가 필요하다.

특히 중요한 과제는 고정된 큐비트(예: 이온 트랩, 초전도 회로 등)와 이동하는 큐비트(주로 광자) 사이의 정보를 변환하는 것이다. 양자 인터페이스는 이처럼 서로 다른 양자 시스템 간의 주파수와 형식을 변환하면서도 양자 상태의 충실도를 유지하고 손실 없이 전송할 수 있도록 설계되어야 한다.

## 양자 인터넷의 발전 로드맵

양자 인터넷은 단기간에 완성되는 기술이 아니다. 여러 기술적 단계를 거쳐 점진적으로 발전하게 될 것이다. 미국 에너지부가 제시한 로드맵에 따르면 양자 인터넷은 다음과 같은 단계를 통해 구축될 것으로 예상된다.

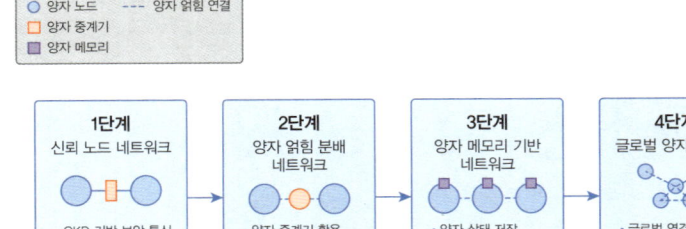

양자 인터넷 발전 로드맵(출처: 미국 에너지부)

### 1단계: 신뢰 노드 네트워크(현재 단계)

현재 운영 중인 대부분의 양자 통신망은 신뢰 노드trusted node 방식을 채택하고 있다. 이 방식에서는 중간 노드에서 양자 상태를 측정한 뒤, 고전 정보로 변환하여 다시 양자 상태로 재생성한다. 이 단계의 네트워크는 주로 양자 키 분배를 활용한 보안 키 분배에 초점을 맞춘다.

### 2단계: 양자 얽힘 분배 네트워크

다음 단계는 제한된 거리 내에서 양자 얽힘을 분배할 수 있는 네트워크다. 양자 텔레포테이션 등의 기술을 활용하여 노드 간 양자 상태를 직접 전송할 수 있으며, 현재 여러 연구 기관에서 소규모 얽힘 분배 네트워크 프로토타입을 개발 중이다.

### 3단계: 양자 메모리 기반 네트워크

양자 메모리 기술이 성숙함에 따라 실용적인 양자 중계기 구현이 가능해지고 더 넓은 지역에 양자 얽힘을 안정적으로 분배할 수 있게 된다. 이 단계에서는 도시 규모의 양자 네트워크가 실현되며 분산 양자 컴퓨팅 등 고급 응용이 제한적으로 가능해진다.

### 4단계: 글로벌 양자 인터넷

최종 단계는 전 세계를 연결하는 양자 인터넷이다. 이 단계에서는 양자 중계기, 양자 메모리, 양자 인터페이스 등의 핵심 기술이 완전히 성숙하여 지구 반대편까지 얽힘 상태를 안정적으로 분배할 수 있다. 글로벌 양자 인터넷은 지구 전역의 양자 장치를 하나의 거대한 양자 정보 처리 네트워크를 형성하게 할 것이다.

양자 인터넷 실현을 위한 노력은 미국뿐 아니라 여러 국가에서 동시에 진행되고 있다. 네덜란드 델프트 공과대학교TU Delft 산하의 큐텍QuTech 연구소는 '양자 인터넷 동맹Quantum Internet Alliance'을 주도하며 유럽의 양자 인터넷 개발을 이끌고 있다. 이들은 2022년, 네덜란드 내 주요 도시를 연결하는 양자 네트워크 구축 계획을 발표했으며 이는 장기적으로 유럽 전역을 잇는 양자 인터넷의 출발점이 될 전망이다.

미국에서는 국가 양자 전략의 일환으로 시카고 대학교와 에르곤 국립연구소가 2020년부터 '시카고 양자 교환Chicago Quantum Exchange'이라는 테스트베드를 운영 중이다. 이 네트워크는 실제 도시 환경에서 양자 통신과 얽힘 분배 기술을 시험하고 상용화 가능성을 검증하는 실험 플랫폼으로 활용되고 있다.

중국은 베이징 – 상하이 – 허페이 간 2000km 이상의 광역 양자 통신망을 구축했으며, 위성 모쯔를 활용한 대륙 간 양자 통신 실험도 성공적으로 수행했다. 중국은 2030년까지 전국을 연결하는 양자 인터넷 인프라 완성을 목표로 하고 있다.

이처럼 국가 간 프로젝트는 경쟁과 협력을 병행하며 양자 인터넷 기술의 발전을 촉진하고 있다. 특히 글로벌 양자 네트워크의 원활한 구축을 위해서는 기술 표준화가 필수적이며, 이를 위한 국제 협력이 중요한 과제로 떠오르고 있다. 현재 여러 국제 표준화 기구가 양자 인터넷의 표준 마련에 적극 참여하고 있다.

## 양자 인터넷이 가져올 새로운 세상

양자 인터넷은 아직 완전히 구현된 기술은 아니지만 그 핵심 요소들은 이미 실험실 수준에서 입증되고 있으며 일부는 실제 환경에서 시험 운용되고 있다. 양자 중계기, 양자 메모리, 양자 인터페이스 등 필수 기술이 점차 발전함에 따라 향후 10~20년 안에 양자 인터넷이 현실화될 것으로 전망된다.

양자 인터넷이 실현되면 우리는 지금과는 전혀 다른 방식의 정보 처리와 통신이 가능한 세상을 맞이하게 될 것이다. 완벽에 가까운 보안 통신, 전 세계 양자 컴퓨터의 협업 계산, 초정밀 과학 측정 그리고 지금은 상상조차 어려운 새로운 응용이 가능해질 것이다.

이러한 양자 인터넷의 등장은 단순한 기술적 진보를 넘어 인류의 통신 방식과 정보 활용 패러다임에 근본적인 변화를 가져올 것으로 기대된다. 양자역학이라는 난해하고 추상적인 과학 이론이 실제 일상 속 정보 기술로 구현되는 이 전환은 20세기 초 양자역학의 탄생이 불러온 과학 혁명에 비견될 만한 또 하나의 기술 혁명이 될 것이다.

# 양자 컴퓨팅,
# 현대 암호를 해체하다
## : 블록체인과 디지털 경제의 미래

오늘날 디지털 세계의 안전과 신뢰는 공개키 암호화 기술에 기반하고 있다. 인터넷 통신, 전자상거래, 은행 거래 그리고 블록체인 기반의 암호화폐까지 우리가 사용하는 거의 모든 디지털 시스템이 이 기술에 의존하고 있다. 이러한 암호 기술은 특정 수학 문제는 푸는 것이 매우 어렵다는 점을 이용해 보안성을 유지해왔다. 하지만 양자 컴퓨터의 등장은 이러한 현대 암호 체계의 근간을 흔들고 있다.

이 장에서는 양자 컴퓨팅이 현대 암호 기술과 디지털 경제에 어떤 영향을 미치는지 폭넓게 살펴본다. 먼저 양자 컴퓨터가 현재의 암호 체계를 어떻게 위협하는지 알아보고, 이어서 양자 내성 암호 기술의 발전 상황을 살펴본다. 다음으로 블록체인과 암호화폐가 어떤 위협에 직면해있는지 그리고 이를 어떻게 극복할 수 있을지 알아본다. 마지막으로 양자 컴퓨팅 시대에 디지털 경제가 어떻게 달라질 수 있을지를 전망해본다.

## 5.1 암호 기술을 흔드는 양자의 위협

양자 컴퓨터는 기존 컴퓨터로는 사실상 불가능한 계산을 훨씬 빠르게 처리할 수 있다. 특히 현재 암호화 기술이 의존하는 수학 문제들을 효율적으로 해결할 가능성이 있다. 이로 인해 우리가 익숙하게 사용하는 디지털 보안 시스템 전반이 큰 도전에 직면하고 있다.

대표적으로 쇼어 알고리즘은 큰 숫자를 빠르게 소인수분해할 수 있게 해준다. 이는 RSA 암호화의 기반을 무너뜨릴 수 있다는 의미다. 또한, 타원곡선 암호에서 사용하는 이산 로그 문제도 양자 컴퓨터에 취약하다. 이런 기술 발전은 결국 디지털 보안 방식 전체를 새롭게 설계해야 함을 뜻한다.

이러한 변화는 블록체인과 암호화폐에도 영향을 준다. 비트코인이나 이더리움 같은 암호화폐는 공개키 암호화를 사용해 자산의 소유권을 증명하고 안전한 거래를 보장한다. 그러나 양자 컴퓨터가 이런 암호 체계를 깨뜨릴 수 있게 되면 블록체인 기반의 탈중앙 금융 시스템도 위협받을 수 있다.

하지만 양자 컴퓨팅이 가져올 변화는 위협만 있는 것이 아니다. 새로운 기회도 함께 열리고 있다. 예를 들어, 양자 내성 암호 같은 새로운 방식이 등장하고 있으며, 이는 양자 컴퓨터 시대에도 안전한 통신과 거래를 가능하게 해줄 것으로 기대된다. 나아가 양자 기술 그 자체가 기존보다 더 안전한 암호화 방법을 만들어낼 수 있는 가능성도 있다.

양자 컴퓨팅이 몰고 올 변화는 단순히 기존 보안 체계를 무력화하는 데 그치지 않는다. 동시에 새로운 암호 기술의 필요성과 가능성을 부각시키며 디지털 세계의 근본적인 재설계를 요구하고 있다. 이제 우리는 양자 컴퓨터가 기존 암호 시스템에 가하는 위협은 물론, 그에 대응하기 위한 기술적 해법으로서 양자 내성 암호가 어떻게 부상하고 있는지 살펴볼 것이다. 더불어 블록체인과 암호화폐 같은 분산 기술이 이 변화 속에서 어떤 과제에 직면하는지 그리고 이 위협을 어떻게 극복할 수 있을지 고찰해본다. 마지막으로, 이러한 기술 전환이 디지털 경제 전반에 어떤 구조적 변화를 일으킬 수 있을지 조망하며 변화에 선제적으로 대응하기 위한 전략적 시사점을 도출해본다.

이러한 내용을 통해 기업, 정부 그리고 투자자가 다가올 기술 변화에 어떻게 대비해야 할지에 대한 통찰을 얻을 수 있을 것이다.

# 양자 컴퓨터, 암호화폐의 창이 되다
## 5.2 : 기존 암호 체계의 위협

우리는 인터넷 뱅킹, 온라인 쇼핑, 이메일, 소셜 미디어 등 수많은 디지털 서비스를 매일 이용하며 살아간다. 그런데 이런 서비스들이 안전하게 작동하려면 정보가 외부에 노출되지 않도록 지켜주는 보안 기술이 꼭 필요하다. 그 핵심 기술이 바로 공개키 암호화Public-Key Cryptography라는 시스템이다. RSA나 ECC(타원곡선 암호) 같은 기술들이 대표적이다. 그런데 양자 컴퓨터의 등장으로 인해 이러한 암호 시스템의 근간이 흔들리고 있다.

### 공개키 암호 시스템, 어떻게 작동하나

공개키 암호 시스템은 두 개의 키를 사용한다. 하나는 공개키public key, 또 하나는 개인키private key다. 공개키는 누구나 볼 수 있도록 공개되어 있으며 정보를 암호화할 때 사용된다. 반면, 개인키는 오직 본인만 알고 있는 비밀 키로 암호화된 정보를 해독(복호화)하는 데 사용된다.

예를 들어, 앨리스가 밥에게 비밀 메시지를 안전하게 보내고 싶다고 해보자. 이때 밥은 자신의 공개키를 앨리스에게 전달하고, 앨리스는 이 공개키를 사용해 메시지를 암호화한다. 이후 암호화된 메시지를 밥에게 보내면 밥은 자신의 개인키를 이용해 그 메시지를 복호화하여 원래 내용을 확인할 수 있다. 이 과정에서는 메시지를 주고받는 앨리스와 밥 외에 누구든 중간에서 메시지를 가로챌 수는 있지만 밥의 개인키 없이는 암호를 풀 수 없다.

*공개키 암호화 과정*

이러한 공개키 암호화 방식은 암호화폐에서도 핵심적인 역할을 한다. 블록체인에서 거래를 만들고 검증하는 과정 그리고 디지털 자산의 소유권을 증명하는 과정 모두 공개키 암호 기술에 의존하고 있다. 즉, 공개키 암호가 무너지면 블록체인 기반 시스템 전체의 보안도 함께 위협받게 되는 것이다.

공개키 암호 시스템이 안전하다고 여겨졌던 이유는 이것이 매우 풀기 어려운 수학 문제에 기반하고 있기 때문이다. 예를 들어, RSA 암호는 매우 큰 숫자를 소인수분해하는 것이 어렵다는 것에 기반하며, ECC(타원곡선 암호)는 타원곡선 위에서 이산 로그 문제를 푸는 것이 어렵다는 사실에 의존한다.

현재 사용하는 기존의 컴퓨터로는 이런 문제들을 푸는 데 천문학적인 시간이 걸리기 때문에 현실적으로 해독이 불가능한 수준으로 여겨져 왔다. 실제로 2048비트 RSA 키를 현재 기술로 해독하려면 10억 년 이상 걸린다는 연구 결과도 있다. 이처럼 수학적 난해함이 제공하는 시간적 안전성을 바탕으로 인터넷 뱅킹부터 전자정부, 암호화폐, 국가 안보 시스템까지 다양한 디지털 인프라가 구축되었다.

## 양자 컴퓨팅이 가져오는 위협

1994년 피터 쇼어는 양자 컴퓨터를 사용하면 큰 숫자를 빠르게 소인수분해하고 이산 로그 문제도 효율적으로 해결할 수 있는 알고리즘, 즉 쇼어 알고리즘을 발표했다. 이는 양자 컴퓨터가 기존 암호 시스템에 심각한 위협이 될 수 있다는 사실을 보여주었다.

3장에서 이미 다뤘지만 쇼어 알고리즘은 간단히 말해 양자 푸리에 변환Quantum Fourier Transform 같은 양자역학의 원리를 활용해 고전 컴퓨터로는 엄청난 시간이 걸리는 문제를 상대적으로 짧은 다항 시간[1] 안에 풀 수 있도록 설계되어 있다. 즉, 강력한 양자 컴퓨터가 등장하면 현재 널리 사용되는 RSA, ECC와 같은 공개키 암호는 더 이상 안전하다고 볼 수 없다.

쇼어 알고리즘은 소인수분해 문제를 숫자의 주기를 찾는 문제로 바꾸고 양자의 중첩과 간섭 효과를 이용해 주기를 빠르게 찾아낸다. 양자 컴퓨터는 수많은 계산을 동시에 수행할 수 있기 때문에 기존 컴퓨터로는 수백만 년 걸릴 문제도 단시간에 해결할 수 있다.

## 디지털 세상이 붕괴될까

양자 컴퓨터가 공개키 암호를 실제로 해독할 수 있게 된다면 어떤 일이 벌어질까? 당연하게도 현대 디지털 인프라의 근간을 뒤흔드는 심각한 영향을 초래할 수 있다. 특히 금융 시스템이 큰 위기에 처할 수 있다. 인터넷 뱅킹, 온라인 결제, 주식 거래 등 거의 모든 금융 거래가 위험에 노출되어 금융 시스템 전체가 마비될 가능성도 있다. 또한 통신 보안이 무너질 수 있다. 이메일, 메신저, VPN 등으로 주고받는 통신 내용이 도청되거나 위변조되는 일이 벌어질 수 있다.

국가 안보 측면에서도 그 위협은 매우 크다. 국가 기밀이 유출되거나 군사 통신 시스템이 마비되고 핵심 인프라에 대한 사이버 공격이 훨씬 쉬워질 수 있다. 전자상거래 역시 큰 타격을 입을 수 있다. 온라인 쇼핑, 전자 계약 등 전자 거래의 안전성이 흔들리면 디지털 경제 활동 전반이 위축될 수밖에 없다.

데이터의 무결성도 크게 훼손될 수 있다. 전자 서명이나 인증 시스템이 무력화되면 데이터 위변조나 디지털 신원 도용이 급증할 수 있다. 이는 현대 디지털 사회

[1] 문제 크기에 따라 계산 시간이 $n^2$, $n^3$처럼 비교적 천천히 늘어나는 경우를 의미함. 일반적으로 현실적인 해결 가능성을 가리킴.

의 근간을 뒤흔드는 심각한 위협이다. 양자 컴퓨터는 마치 모든 자물쇠를 열 수 있는 만능 열쇠와 같아서 기존 암호 기술로 보호되던 정보와 시스템이 무방비 상태가 될 수 있다.

블록체인과 암호화폐 생태계도 예외는 아니다. 비트코인, 이더리움 등 대부분의 블록체인은 ECDSA(타원곡선 디지털 서명 알고리즘) 같은 공개키 암호 기술에 기반하고 있으며, 이는 쇼어 알고리즘에 취약하다. 양자 컴퓨터가 개인키를 역산할 수 있게 되면 지갑 탈취, 거래 위조, 이중 지불 같은 일이 가능해지고 블록체인의 핵심인 신뢰가 무너질 위험이 있다.

그러나 우리에게는 아직 시간이 있다. 쇼어 알고리즘을 실제로 실행할 수 있을 만큼 강력한 양자 컴퓨터는 아직 존재하지 않는다. 현재 가장 발전된 양자 컴퓨터조차 오류율이 높고, 사용할 수 있는 큐비트 수도 제한적이다. 예를 들어 2048비트 RSA 암호를 해독하려면 적어도 약 4000개의 안정적인 큐비트가 필요하다고 알려져 있다. 그러나 2025년 초 기준으로 가장 앞선 양자 컴퓨터조차 물리적 큐비트는 1000~2000개 수준이며 실제로 안정적으로 작동하는 논리적 큐비트는 약 100개 정도에 그치고 있다.

그렇다고 안심할 수 있는 상황은 아니다. 양자 컴퓨터 기술은 빠르게 발전하고 있으며 IBM, 구글, 마이크로소프트, 아마존 같은 주요 기술 기업과 세계 각국 정부들이 막대한 자원을 투자하고 있다. 양자 오류 보정 기술도 점차 향상되고 있다. 일부 전문가들은 앞으로 5~15년 안에 현재의 암호 체계를 위협할 수 있는 수준의 양자 컴퓨터가 등장할 가능성이 있다고 예측한다.

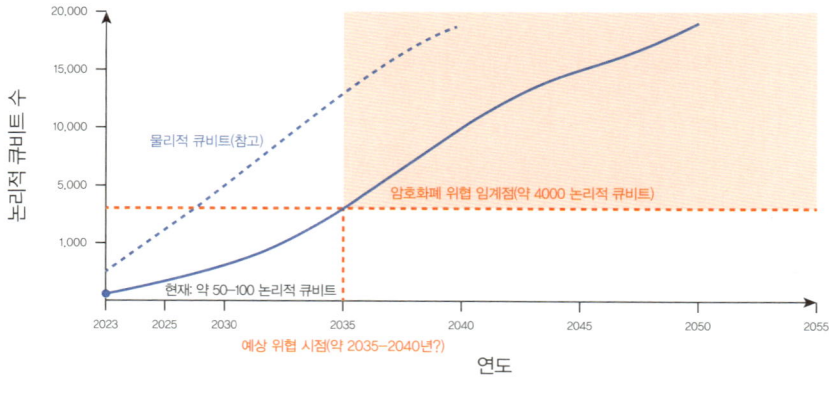

⚛ 양자 컴퓨팅의 현대 암호화 기술 위협 타임라인

더 우려되는 점은 '지금 수확하여 나중에 해독하기 harvest now, decrypt later' 방식의 공격이다. 즉 현재 암호화된 데이터를 미리 수집해 두었다가 미래에 양자 컴퓨터 기술이 충분히 발전하면 그때 가서 해독하는 방식이 벌어질 수 있다는 것이다. 이런 공격이 가능해지면 국가 기밀, 개인 의료 정보, 금융 데이터 같은 민감한 정보가 훗날 위험에 노출될 수 있다.

이러한 위협에 대응하기 위해 전 세계적으로 양자 컴퓨터의 공격에도 안전한 새로운 암호 기술, 즉 양자 내성 암호 연구가 활발히 진행되고 있다. NIST는 양자 내성 암호에 대한 국제 표준을 개발 중이며 이미 일부 알고리즘을 새로운 암호 표준으로 선정한 상태다.

# 5.3 양자 내성 암호
## : 새로운 방패의 등장

현대 암호 체계가 양자 컴퓨터의 위협에 직면하면서 이를 막기 위한 새로운 보안 패러다임이 등장하고 있다. 양자 내성 암호는 양자 컴퓨터의 강력한 연산 능력에도 버틸 수 있도록 설계된 차세대 암호 기술이다. 이 기술은 양자 컴퓨터로도 풀기 어려운 수학적 문제를 기반으로 하여 디지털 세계의 보안을 지켜줄 새로운 방패로 주목받고 있다.

### 양자 내성 암호의 기본 원리

양자 내성 암호는 기존의 RSA(소인수분해에 기반한 암호)나 ECC(타원곡선 암호)와는 다른 수학적 기반 위에 만들어진다. 기존 암호는 소인수분해나 이산 로그 문제처럼 양자 컴퓨터의 쇼어 알고리즘으로 쉽게 해결 가능한 수학적 문제에 의존하고 있다. 반면, 양자 내성 암호는 지금까지 알려진 양자 알고리즘으로도 쉽게 풀 수 없는 문제를 바탕으로 만들어진다.

예를 들어, 격자 기반 암호는 고차원의 격자 구조에서 가장 짧은 벡터를 찾는 문제를 활용한다. 이 문제는 현재 양자 컴퓨터로도 효율적으로 해결할 수 있는 방법이 없다. 이처럼 양자 내성 암호는 양자 컴퓨터도 쉽게 풀 수 없는 문제를 암호화의 핵심 원리로 삼고 있다는 점에서 기존 암호 방식과 구별된다.

### 주요 양자 내성 암호 기술

현재 개발되고 있는 양자 내성 암호는 크게 다섯 가지 유형으로 분류할 수 있으며, 각각은 서로 다른 수학적 문제를 기반으로 한다.

## 격자 기반 암호

격자 기반 암호Lattice-based Cryptography는 현재 가장 활발하게 연구되는 양자 내성 암호 분야 중 하나다. 이 방식은 고차원 공간에서 정의된 격자 구조에서 가장 짧은 벡터를 찾는 문제(SVP)나 가장 가까운 격자점을 찾는 문제(CVP)의 계산적 어려움을 이용한다.

이러한 문제는 차원이 높아질수록 기하급수적으로 어려워지며 현재까지 양자 컴퓨터로도 효율적인 해결책이 발견되지 않았다. 대표적인 알고리즘으로는 NTRU, LWELearning With Errors, CRYSTALS-KYBER, CRYSTALS-Dilithium 등이 있으며 이 중 일부는 NIST에서 양자 내성 암호 표준으로 선정되었다. 격자 기반 암호는 암호화, 전자 서명, 키 교환 등 다양한 보안 기능을 하나의 프레임워크 안에서 구현할 수 있다는 장점이 있지만 비교적 많은 저장 공간을 요구하는 키의 크기와 일부 특허 문제로 인해 활용하는 데 제약이 따를 수 있다.

## 코드 기반 암호

코드 기반 암호Code-based Cryptography는 오류 정정 부호error-correcting code의 디코딩이 매우 어렵다는 점에서 착안한 방식이다. 1978년 로버트 맥엘리스Robert McEliece가 처음 제안한 이 방식은 양자 내성 암호 중 가장 오래된 역사와 안정성을 가진 기술로 평가받는다. 대표적인 알고리즘으로는 McEliece, Niederreiter, Classic McEliece 등이 있으며, 빠른 암호화 속도와 높은 보안성이 장점이다. 반면 공개 키의 크기가 매우 크고 복호화 과정이 상대적으로 복잡하다는 단점이 있다. 그럼에도 불구하고 양자 공격에 매우 강하다는 평가를 받아 NIST의 양자 내성 암호 표준화 과정에서도 후보로 포함되었다.

## 해시 기반 암호

해시 기반 암호Hash-based Cryptography는 암호학적 해시 함수의 일방향성 즉, 출력값으로부터 입력값을 유추하기 어렵다는 특성을 이용한 방식이다. 이러한 해시 함수는 양자 컴퓨터로도 역산이 어렵기 때문에 비교적 안전한 것으로 평가된다. SPHINCS+, XMSS 등이 대표적인 해시 기반 전자 서명 알고리즘이며 주로 전자 서명에 활용된다. 이 중 SPHINCS+는 NIST의 양자 내성 암호 표준으로 채택되어 디지털 서명 분야에서 활용될 예정이다. 이 방식은 이론적으로 매우 안전하다는 장점이 있지만 서명의 크기가 크고 서명의 생성 및 검증 속도가 느리다는 점이 실용성 측면에서 한계로 지적된다.

## 다변수 다항식 기반 암호

다변수 다항식 기반 암호Multivariate Polynomial Cryptography는 여러 변수로 이루어진 고차 다항식 방정식의 해를 구하는 것이 매우 어렵다는 수학적 성질을 활용한다. 특히 다항식의 차수가 2 이상인 경우, 이를 MQMultivariate Quadratic[2] 문제라고 부르며 이는 NP-hard[3], 즉 매우 풀기 어려운 문제로 잘 알려져 있다. 현재까지 이 문제를 빠르게 해결할 수 있는 양자 알고리즘은 발견되지 않았다. Rainbow, UOVUnbalanced Oil and Vinegar 등이 대표적인 알고리즘으로 빠른 연산 속도와 작은 서명 크기가 장점이다. 그러나 공개키가 크고 일부 알고리즘이 공격에 취약한 것으로 밝혀져 보안성 면에서 추가 검증이 필요한 상황이다.

## 동종사상 기반 암호

동종사상 기반 암호Isogeny-based Cryptography는 타원곡선 간의 동종사상isogeny[4]을 계산하는 문제의 어려움을 기반으로 한다. SIDHSupersingular Isogeny Diffie-Hellman, SIKESupersingular Isogeny Key Encapsulation 등이 대표적인 알고리즘으로 키의 크기를 매우 작게 유지할 수 있어 리소스 제약이 큰 환경에서 유리하다. 그러나 연산 속도가 느리고 최근 일부 알고리즘에서 예상보다 낮은 내구성이 드러나 안정성에 대한 추가 연구가 필요한 상황이다. 특히 SIKE는 2022년 예상치 못한 공격에 취약한 것으로 밝혀지면서 NIST의 표준화 후보에서 제외되었다.

---

[2] 여러 변수로 이루어진 이차 다항식을 기반으로 한 암호 기법.
[3] 정답을 빠르게 찾기 어려운 문제 중에서 가장 어려운 축에 속하는 문제를 가리키는 컴퓨터 과학 용어.
[4] 두 타원곡선 사이의 구조를 보존하면서 점들을 연결해주는 함수로, 양자 내성 암호에 활용된다.

## NIST의 양자 내성 암호 표준화

양자 내성 암호 알고리즘과 관련해 주의 깊게 살펴봐야할 것은 NIST가 어떤 알고리즘을 표준으로 선정하는가이다. NIST는 2016년부터 양자 내성 암호 알고리즘의 표준화를 위한 공모전을 진행해왔다. 이 과정은 전 세계 암호학자들이 제안한 알고리즘들의 안전성, 성능, 구현 용이성 등을 종합적으로 평가해 미래 표준으로 사용할 알고리즘을 선정하는 것을 목표로 한다.

초기에는 수십 개의 알고리즘이 제출되었으며 여러 라운드의 평가를 거쳐 후보군이 점차 좁혀졌다. 2022년 7월, NIST는 첫 번째 표준 알고리즘 후보로 키 설정 메커니즘$_{KEM}$에 CRYSTALS-Kyber를, 디지털 서명 알고리즘으로는 CRYSTALS-Dilithium, FALCON, SPHINCS+를 각각 선정했다. 이 알고리즘들은 대부분 격자 기반 또는 해시 기반 기술을 활용하고 있으며 양자 컴퓨터의 공격에도 안전하면서 실용적인 성능을 제공한다고 평가받았다.

NIST는 2023년 8월, 연방 정보 처리 표준$_{\text{Federal Information Processing Standards, FIPS}}$ 초안 3종을 공개했는데 여기에 CRYSTALS-Kyber, CRYSTALS-Dilithium, SPHINCS+가 포함되었다. 이후 2024년 8월 13일, NIST의 첫 번째 양자 내성 암호 표준이 공식적으로 발표되었고 최종적으로 채택된 표준은 세 가지다. 먼저, 키를 안전하게 교환하기 위한 키 캡슐화 메커니즘으로는 격자 기반의 CRYSTALS-Kyber$_{\text{ML-KEM}}$이 선정되었고, 데이터 무결성과 사용자 신원을 보장하는 디지털 서명 방식으로는 격자 기반의 CRYSTALS-Dilithium$_{\text{ML-DSA}}$와 해시 기반의 SPHINCS+$_{\text{SLH-DSA}}$가 함께 채택되었다. NIST는 지속적으로 양자 내성 암호 표준화를 계속 이어나갈 예정이며 향후 더 많은 알고리즘이 표준으로 추가될 것으로 보인다.

## 공개키 인프라의 양자 내성 전환

공개키 인프라$_{\text{Public Key Infrastructure, PKI}}$는 디지털 인증서를 통해 신원 확인, 데이터 무결성, 기밀성을 보장하는 핵심 보안 체계다. 그러나 현재 대부분의 공개키 인프라 시스템은 RSA나 ECC처럼 양자 컴퓨팅에 취약한 암호 알고리즘에 의존하고 있어 양자 내성 공개키 인프라로의 전환이 시급한 과제로 부상하고 있다.

공개키 인프라 시스템의 양자 내성 전환은 여러 복잡한 도전 과제를 수반한다. 가장 큰 어려움은 전 세계에 배포된 수십억 개의 디지털 인증서와 관련 시스템을 모두 업데이트해야 한다는 점이다. 또한 인증서 크기와 처리 시간 증가로 인한 성능 저하 문제도 해결해야 한다. 예를 들어, 현재 널리 사용되는 RSA-2048 인증서의 크기는 약 2KB 수준이지만, 양자 내성 암호 기반 인증서는 수십 KB에 이를 수 있다. 이는 네트워크 대역폭, 저장 공간, 처리 성능에 큰 부담을 줄 수 있다. 아울러 수많은 레거시 시스템과의 호환성을 유지하는 것도 중요한 과제다. 따라서 양자 내성 공개키 인프라로의 전환을 위해 다양한 접근 방식이 제안되고 있다.

### 하이브리드 인증서

단기적으로는 기존 암호 알고리즘과 양자 내성 알고리즘을 함께 사용하는 하이브리드 인증서 방식이 유력한 대안으로 떠오르고 있다. 이 방식은 기존 시스템과의 호환성을 유지하면서도 양자 컴퓨터의 위협에 대비할 수 있다는 장점이 있다. 하나의 인증서에 RSA나 ECC와 같은 기존 서명 방식과 더불어 양자 내성 서명을 함께 포함해 두 방식 모두의 검증을 지원하는 구조다.

### 복합 암호화

IETF<sub>Internet Engineering Task Force</sub>(국제 인터넷 표준화 기구)는 복합 암호화<sub>Composite Cryptography</sub> 기술의 표준화를 추진 중이다. 복합 암호화는 서로 다른 암호 알고리즘을 조합해 사용하는 방식으로, 하나의 알고리즘에 취약점이 생기더라도 전체 보안이 무너지지 않도록 위험을 분산하는 것을 목표로 한다.

### 단계적 마이그레이션

모든 시스템을 한 번에 전환하는 것은 현실적으로 어려우므로 시스템의 중요도에 따라 우선순위를 정해 순차적으로 양자 내성 암호로 전환하는 전략이 제안되고 있다. 금융, 국방, 의료 등 보안이 특히 중요한 분야부터 먼저 도입하고, 이후 일반 시스템으로 점진적으로 확대해 나가는 방식이다.

## 인증 기관의 준비

주요 인증 기관Certificate Authority, CA도 양자 내성 암호화를 대비한 인프라 구축과 운영 정책 수립을 진행 중이다. 일부 인증 기관은 이미 양자 내성 디지털 서명에 대한 테스트를 시작했으며, 하이브리드 인증서 발급을 위한 기술적 준비도 병행하고 있다.

## 전자상거래 시스템의 양자 내성 대응

전자상거래는 안전한 온라인 거래를 위해 암호화 기술에 크게 의존하고 있기 때문에 다양한 구성 요소가 양자 컴퓨팅의 위협에 노출되어 있다. 대표적인 요소는 다음과 같다.

- 보안 통신 프로토콜: 현재 전자상거래에서 널리 사용되는 TLS/SSL 프로토콜은 RSA, ECDHE 등의 키 교환 메커니즘에 기반하고 있다. 이러한 방식은 양자 컴퓨터의 공격에 취약하여 온라인 쇼핑 중 개인 정보와 결제 정보를 주고받는 과정에서 통신 보안이 위협받을 수 있다.

- 사용자 인증 시스템: 전자상거래 플랫폼의 로그인 및 사용자 인증 시스템도 공개키 암호 기반으로 구현된 경우가 많다. 이로 인해 양자 컴퓨터가 실현될 경우 계정 탈취나 신원 도용의 위험이 커질 수 있다.

- 디지털 서명과 계약: 전자 계약, 디지털 영수증, 온라인 합의 등에 사용되는 디지털 서명 기술 역시 양자 컴퓨터에 취약하다. 이는 거래의 법적 유효성이나 부인 방지non-repudiation 기능에 직접적인 위협이 될 수 있다.

- 결제 시스템: 신용카드 결제, 디지털 지갑, 온라인 뱅킹 등 다양한 결제 시스템도 양자 컴퓨팅의 영향을 받을 수 있다. 특히 서버나 단말기에 저장된 카드 정보와 금융 데이터가 향후 해독 위험에 노출될 수 있다.

전자상거래 생태계가 양자 시대에 대비하기 위해 고려할 수 있는 전략은 여러 가지다. 우선 통신 보안 측면에서는 TLS 프로토콜의 양자 내성 버전 개발이 활발히 진행되고 있다. 이는 양자 내성 키 교환 알고리즘을 기존 TLS 1.3에 통합하여 온라인 통신의 안전성을 유지하려는 시도다. 현재 주요 브라우저와 서버 소프트웨어에서도 이를 점진적으로 도입하기 위한 테스트가 이루어지고 있다.

또한 결제 카드 산업 보안 표준PCI DSS 역시 양자 시대를 고려한 업데이트가 요구된다. 결제 정보의 암호화, 저장, 전송 전반에 걸쳐 양자 내성 암호를 적용하고, 금융기관 간의 통신에서도 양자 내성 프로토콜을 활용하는 방향으로의 전환이 필요하다.

인증 시스템의 경우 기존의 방식에 다중 인증Multi-Factor Authentication, MFA과 양자 내성 암호를 결합하여 보안을 강화할 수 있다. 이는 단일 암호 알고리즘에 의존하지 않고 보다 견고한 보안 계층을 구성하는 방식이다.

전자상거래에서 사용되는 하드웨어 보안 모듈 또한 양자 내성 알고리즘을 지원하도록 업그레이드되어야 한다. 주요 하드웨어 제조업체는 이미 이를 위한 기술 개발에 착수한 상태다.

마지막으로, 양자 컴퓨터가 현실화되면 과거에 저장된 암호화 데이터조차 해독될 수 있는 위험이 존재한다. 이에 따라 전자상거래 기업은 고객 데이터 및 거래 정보의 암호화 방식과 보존 기간을 재검토하고, 장기적으로는 양자 안전성을 고려한 데이터 관리 정책을 수립해야 한다.

## 블록체인과 암호화폐의 양자 내성 전환

블록체인과 암호화폐 생태계는 양자 컴퓨팅의 위협에 특히 민감하다. 대부분의 블록체인이 ECDSA(타원곡선 디지털 서명 알고리즘)이나 이와 유사한 공개키 암호 방식을 사용하고 있기 때문이다. 이러한 시스템이 양자 공격에 노출되면 개인 키 유출, 거래 위조, 이중 지불과 같은 보안 문제가 발생할 수 있다.

비트코인은 가장 대표적인 암호화폐이자 최초의 블록체인 기반 시스템이다. 비트코인의 보안 구조는 타원곡선 암호 기반의 전자 서명 알고리즘인 ECDSAElliptic Curve Digital Signature Algorithm와 SHA-256 해시 함수에 기반하고 있다. 그러나 ECDSA는 양자 컴퓨터가 사용하는 쇼어 알고리즘에 취약하다. 충분히 강력한 양자 컴퓨터가 등장하면 공개키로부터 개인키를 역으로 추정하는 것이 가능해질 수 있다. 이는 곧 비트코인 주소에 보관된 자산이 직접적인 위험에 노출될 수 있음을 의미한다. 특히, 공개키가 이미 블록체인에 기록된 주소나 재사용된 주소는 더욱 큰 위협에 직면하게 된다.

SHA-256 해시 함수의 경우, 양자 컴퓨터의 그로버 알고리즘에 의해 연산 속도가 제곱근 수준으로 향상될 수는 있지만 이를 통해 SHA-256이 완전히 무력화된다고 보기는 어렵다. 다만 SHA-256이 장기적으로 양자 내성을 가진다고 단정할 수는 없으며 향후 더 강력한 양자 알고리즘이 등장할 가능성도 배제할 수 없다. 따라서 비트코인은 양자 컴퓨터의 위협에 대비해 최소한 ECDSA를 양자 내성 암호 알고리즘으로 대체해야 한다는 과제를 안고 있다.

비트코인뿐만 아니라 다양한 블록체인 기반 암호화폐도 이와 같은 위협에 대비할 필요가 있다. 이더리움 재단은 양자 내성 암호의 연구와 구현을 적극적으로 지원하고 있으며 향후 이더리움 업그레이드에 양자 내성 암호를 통합할 계획도 갖고 있다. 이미 램포트Lamport 서명과 같은 해시 기반 서명 알고리즘의 적용이 제안되었고, 격자 기반 암호 기술에 대한 연구도 함께 진행 중이다. 특히 이더리움이 작업 증명PoW에서 지분 증명PoS으로 전환한 것은 양자 컴퓨팅 시대에 더 적합한 합의 메커니즘을 채택했다는 점에서 주목할 만하다.

비트코인의 경우 하드포크를 통한 대규모 프로토콜 변경은 참여자의 합의를 얻기 어렵기 때문에 양자 내성 주소 체계를 병행하는 방식이 논의되고 있다. 즉, 사용자가 기존 주소에서 양자 내성 주소로 자금을 점진적으로 이전하는 접근법이 보다 현실적인 대안으로 제시되고 있다.

일부 차세대 블록체인 프로젝트는 애초부터 양자 내성을 고려한 설계를 채택하고 있다. 예를 들어, QRL Quantum Resistant Ledger은 XMSS와 같은 해시 기반 서명 방식을 사용하여 양자 공격에 대한 내성을 갖추고 있으며, 아이오타IOTA는 윈터니츠 일회용 서명Winternitz One-Time Signature 방식을 통해 양자 내성을 확보하고 있다.

이처럼 양자 컴퓨터의 위협에 대응하기 위해 암호화폐 커뮤니티에서는 다양한 노력이 진행되고 있으며, 그 방향성은 다음의 네 가지 전략으로 요약할 수 있다.

첫째, 양자 내성 암호로의 전환이 진행되고 있다. 비트코인을 비롯한 많은 암호화폐 프로젝트이 기존의 타원곡선 기반 알고리즘을 양자 내성 암호 알고리즘으로 교체하는 작업을 추진 중이다. 특히 NIST의 양자 내성 암호 표준화 과정에서 선정된 알고리즘은 블록체인 커뮤니티에서 큰 주목을 받고 있으며, 이들 알고리즘을 블록체인 환경에 적용하려는 연구가 활발히 이루어지고 있다.

둘째, 새로운 합의 알고리즘에 대한 연구가 진행되고 있다. 일부 암호화폐 프로젝트는 작업 증명 방식 대신 양자 컴퓨터에 상대적으로 강한 내성을 지닌 지분 증명 등 다른 합의 알고리즘을 채택하거나 연구 중이다. 이는 블록체인의 보안 모델을 계산 능력 기반에서 경제적 인센티브 기반으로 전환함으로써 양자 컴퓨팅의 계산 우위가 가져올 수 있는 위협을 일부 완화하려는 접근이다.

셋째, 양자 내성 암호 알고리즘으로의 전환을 위한 하드포크 전략이 논의되고 있다. 하드포크는 블록체인의 규칙 자체를 변경하는 것으로 채굴자, 사용자, 거래소 등 모든 참여자의 합의가 필요하다. 특히 비트코인처럼 분산된 거버넌스를 가진 블록체인에서는 이러한 합의 형성이 쉽지 않다. 따라서 하드포크의 시기, 방법, 채택할 알고리즘 등에 대해 충분한 논의와 사전 준비가 요구된다.

넷째, 일부 프로젝트는 양자 보안 기술 자체를 블록체인에 적극적으로 도입하려는 시도를 하고 있다. 예를 들어, 양자 키 분배와 같은 양자 통신 기술을 블록체인 네트워크에 통합하거나, 양자 난수 생성기를 이용한 보다 안전한 키 생성 방식 도입이 검토되고 있다.

양자 컴퓨팅의 위협에 대비하기 위해 암호화폐 지갑 제공 업체도 다양한 방안을 모색하고 있다. 하드웨어 지갑 제조 업체들은 양자 내성 암호 알고리즘을 지원하는 새로운 제품을 개발 중이며, 소프트웨어 지갑 역시 기존 키를 양자 내성 키로 마이그레이션하는 방법을 연구하고 있다.

특히 일부 지갑 제공 업체는 다중 서명 기능과 같은 추가적인 보안 계층을 통해 단일 키가 노출될 위험을 줄이려는 전략을 채택하고 있다. 또한, 공개키가 블록체인에 장기간 노출되지 않도록 '한 번만 사용하는 주소 one-time address' 방식을 권장하고 있다.

이와 함께, 양자 내성 지갑의 사용자 경험을 개선하려는 노력도 이어지고 있다. 양자 내성 암호는 일반적으로 더 큰 키 크기와 복잡한 연산을 요구하기 때문에 이를 사용자 친화적으로 구현하는 것이 중요한 과제다. 일부 개발자는 양자 내성 암호의 복잡성을 추상화하여 사용자가 기존 지갑과 큰 차이를 느끼지 않도록 인터페이스를 설계하고 있다.

암호화폐 커뮤니티는 양자 컴퓨터의 위협에 적극 대응하면서 양자 기술을 활용해 더 안전하고 효율적인 시스템을 구축해야 한다. 또한 양자 내성 암호, 새로운 합의 알고리즘, 양자 통신 등 관련 기술에 대한 지속적인 연구와 투자가 필요하다. 이는 학계, 산업계, 오픈 소스 커뮤니티 간의 긴밀한 협력을 통해 이루어져야 하는 만큼 암호화폐 프로젝트는 이러한 연구를 적극적으로 지원하고 결과를 채택해 나가야 한다.

무엇보다도 암호화폐의 핵심 가치인 분산화와 신뢰 최소화 원칙을 양자 시대에도 유지하는 것이 중요하다. 양자 내성 암호의 도입이 중앙 집중적 통제나 새로운 신뢰 기반을 요구하지 않도록 주의해야 하며 탈중앙화된 거버넌스 모델을 통해 양자 내성 전환을 추진해야 할 것이다.

## 산업별 양자 내성 전환 전략

양자 컴퓨팅이 가져올 위협과 기회는 금융, 의료, 통신, 공공/국방, IoT, 데이터 보안 등 다양한 산업 분야에 걸쳐 있다. 이러한 분야별 영향과 대응 방안을 종합적으로 이해하는 것은 양자 시대를 준비하는 데 필수적이다.

### 금융 산업

금융 산업은 가장 높은 수준의 데이터 보안이 요구되는 분야로 양자 컴퓨팅의 위협에 특히 취약하다. 현재 인터넷 뱅킹과 결제 시스템은 RSA, ECC 등의 공개키 암호화 방식에 의존하고 있으며, 양자 컴퓨터가 이러한 암호를 해독할 수 있게 되면 자금 이체 위조, 지불 시스템 침해, 계좌 접근 권한 탈취 등의 위험이 발생할 수 있다. 특히 SWIFT와 같은 국제 금융 메시징 시스템이 공격받을 경우 글로벌 금융 시스템 전체가 혼란에 빠질 수 있다.

금융 분야의 장기 계약 역시 큰 위험에 노출되어 있다. 모기지, 연금, 장기 채권 등 수십 년에 걸친 금융 계약의 디지털 서명과 암호화된 데이터는 '지금 수확하여 나중에 해독하기' 공격에 취약하다. 즉, 현재 도청된 암호화 데이터가 미래의 양자 컴퓨터로 해독될 경우, 장기적인 금융 안정성에 심각한 영향을 줄 수 있다.

또한 금융 기관의 고객 식별 및 인증 시스템도 위협받을 수 있다. 디지털 신원 인증, 생체 인증 데이터 보호, 다중 인증 프로토콜 등이 양자 컴퓨팅의 공격에 노출되면 신원 도용과 금융 사기의 위험이 크게 증가할 수 있다.

이러한 위협이 실제로 현실화될 수 있기 때문에 주요 금융 기관은 이미 양자 내성 암호로의 전환을 준비하고 있다. HSBC, JP모건, 골드만삭스 등 글로벌 금융 기업은 양자 컴퓨팅의 보안 위협을 평가하기 위한 전담 팀을 구성하고 자체적인 양자 내성 로드맵을 수립하고 있다.

특히 각국 중앙은행은 금융 시스템의 안정성을 지키기 위해 보다 적극적으로 움직이고 있다. 양자 내성 암호의 도입을 선제적으로 검토하고 있으며 이에 따라 금융 거래 프로토콜의 보안 강화도 함께 이루어지고 있다. 예를 들어 SWIFT는 양자 내성 메시징 표준 개발을 진행 중이며, 국제결제은행BIS도 중앙은행 간 결제 시스템의 양자 보안을 강화하기 위한 가이드라인을 마련하고 있다.

금융 기관은 보유한 데이터를 중요도에 따라 분류하고 우선순위가 높은 정보부터 양자 내성 암호를 적용하는 단계적 전환 전략을 추진하고 있다. 민감한 고객 정보, 거래 기록, 인증 정보 등은 가장 먼저 보호 대상이 되며, 이러한 정보는 향후 수십 년간 안전하게 보관될 수 있도록 대비해야 한다. 아울러 카드 결제 관련 보안 표준인 PCI DSS도 양자 내성 환경을 반영한 업데이트가 필요하다는 목소리가 높아지고 있다.

### 의료 산업

의료 산업에서는 환자 데이터의 장기적 기밀성이 중요한 이슈다. 의료 기록은 법적으로 수십 년 동안 보존되어야 하며 이 기간 동안 지속적인 보호가 필요하다.

전자 의료 기록 시스템, 원격 의료 플랫폼, 의료 영상 시스템 등의 보안을 강화하기 위해 양자 내성 암호의 도입이 필요하다. 특히 의료 기기와 IoT 장치의 보안은 더욱 중요한데, 이들 장치는 제한된 컴퓨팅 자원으로 인해 양자 내성 암호 구현에 어려움을 겪을 수 있다. 의료 분야에서는 HIPAA(개인정보보호법)와 같은 규제 준수도 중요한 고려사항이다. 양자 보안 위협에 대응하면서도 관련 규제를 만족할 수 있는 솔루션 개발이 필요하다.

## 공공과 국방 부문

공공과 국방 분야에서도 많은 변화가 요구된다. 군사 통신은 특히 높은 수준의 보안이 필요하며, 현재 대부분 공개키 암호와 대칭키 암호의 조합에 의존하고 있어 전술 통신, 지휘 통제 시스템, 정보 수집 네트워크 등의 보안이 양자 컴퓨팅에 의해 위협받을 수 있다. 군사 시스템의 디지털 서명 기반 인증도 위험에 처할 수 있다. 무기 시스템, 지휘 통제 시스템, 군수 체계 등의 소프트웨어 인증이 손상될 경우 무결성 침해와 악성 코드 삽입의 위험이 커진다. 위성 통신과 항법 시스템의 보안 역시 중요한 이슈다. GPS 신호나 군사 위성 통신이 양자 컴퓨팅의 위협에 노출될 경우 정밀 타격 능력, 정찰 자산 운용, 병력 이동 등 다양한 군사 작전에 심각한 차질이 생길 수 있다.

정부와 공공 기관은 국가 안보, 시민 정보, 중요 인프라 등과 관련된 방대한 데이터를 관리하고 있다. 이러한 데이터 역시 양자 컴퓨팅 시대에도 안전하게 보호되어야 한다. 이런 위협에 대응하기 위해 여러 국가에서는 양자 보안에 관한 국가 전략을 수립하고 있다. 미국은 국가 양자 전략을 통해 양자 기술 연구와 양자 내성 암호 개발을 지원하고 있으며, EU는 '양자 플래그십' 프로그램을 통해 유사한 노력을 기울이고 있다.

우리나라 역시 국정원과 과학기술정보통신부를 중심으로 국가 전반의 암호 체계를 보안성이 강화된 양자 내성 암호로 전환하기 위한 마스터 플랜 수립을 준비해왔다. 주요 발표 내용을 보면 한국형 양자 내성 암호 확보를 위해 2021년부터 산·학·연·관의 암호 전문가로 구성된 '양자내성암호연구단'을 발족하고, '양자 내성암호 국가공모전'을 추진하고 있다.

이 마스터 플랜에 따르면 2030년까지 양자 내성 암호 체계로의 전환을 위한 기반을 마련하고, 2035년까지는 기술 및 정책 지원 체계를 구축하여 안전한 암호 체계를 구현하는 것을 목표로 하고 있다. 공공 부문에서는 특히 정부 간 통신, 국방 시스템, 선거 시스템 등 핵심 인프라의 양자 내성 전환이 중요하며, 장기 보존이 필요한 역사적·법적 문서의 보호 또한 함께 고려해야 한다.

군사 통신 프로토콜의 양자 내성 업그레이드도 활발히 진행되고 있다. NATO는 회원국 간의 안전한 통신을 위해 양자 내성 프로토콜을 개발 중이며, 이는 향후 군사 작전 수행과 정보 공유에 핵심적인 역할을 하게 될 것이다. 또한 국가 기밀 분류 체계에 따라 양자 내성 도입의 우선순위도 설정되고 있으며, 최고 기밀Top Secret 정보부터 순차적으로 양자 내성 암호를 적용하는 단계적 접근이 추진되고 있다.

## 통신 및 인터넷 서비스

통신 사업자와 인터넷 서비스 제공 업체는 디지털 경제의 기반 인프라를 제공하고 있으며, 이들의 양자 내성 전환은 다른 모든 산업의 보안에도 직결되는 만큼 준비 태세가 매우 중요하다. 현재 인터넷 통신의 기반인 TLS/SSL 프로토콜은 대부분 RSA, Diffie-Hellman, ECDHE 등 양자 컴퓨터에 취약한 키 교환 메커니즘에 의존하고 있다. 따라서 양자 컴퓨터가 이들 암호를 해독할 수 있게 되면 웹 통신, 이메일, 메시징 서비스 등 모든 형태의 온라인 통신이 도청 위험에 노출될 수 있다.

통신 장비 자체의 보안도 위협을 받을 수 있다. 라우터, 스위치, 기지국 등 주요 통신 인프라 장비의 펌웨어와 소프트웨어는 디지털 서명을 통해 무결성을 보장받는데, 양자 컴퓨터가 이 서명을 위조할 수 있게 된다면 악성 펌웨어의 배포와 같은 공격이 가능해져 통신망 전체가 위험에 처할 수 있다. VPN, IPsec 등 기업용 보안 통신 솔루션도 현재 공개키 암호에 기반하고 있어 양자 컴퓨팅의 발전에 대응하기 위해 재설계가 필요한 상황이다.

이에 대비하기 위해 양자 내성 TLS 표준 개발이 활발히 진행되고 있다. 국제 인터넷 표준화 기구는 TLS 1.3을 기반으로 양자 내성 키 교환 메커니즘을 통합하는 작업을 진행 중이다. 구글, 클라우드플레어Cloudflare 등은 이미 실험적으로 양자 내성 TLS 연결을 테스트하고 있으며, 주요 브라우저와 서버 소프트웨어도 이를 점진적으로 도입할 예정이다.

DNS 보안, 이메일 암호화, VPN 서비스 등 다양한 인터넷 서비스 역시 양자 내성 암호로 업그레이드될 필요가 있다. 특히 DNSSEC[5]와 같은 인터넷 인프라 보안 프로토콜의 양자 내성 버전 개발은 시급한 과제로 떠오르고 있다.

통신 인프라 장비의 양자 내성 펌웨어 업데이트도 중요한 과제이다. 주요 네트워크 장비 제조업체는 양자 내성 디지털 서명 알고리즘을 지원하는 펌웨어를 준비 중이며, 이는 통신망의 무결성과 신뢰성 유지를 위한 핵심 요소이다.

차세대 통신 표준에도 양자 내성 요소가 통합되고 있다. 5G 이후의 통신 규격에는 처음부터 양자 내성 암호가 고려되고 있으며, 이는 미래 통신망의 장기적 보안을 위한 중요한 조치이다. 통신 사업자도 네트워크 보안 인프라의 업그레이드 계획을 수립하고 있다. 기존 암호화 장비의 점진적 교체, 하이브리드 암호화 솔루션 도입, 키 관리 시스템 개선 등이 포함되며 무엇보다 중요한 것은 이러한 전환이 서비스 중단 없이 이루어져야 한다는 점이다.

### 사물인터넷 환경

사물인터넷IoT 기기의 폭발적인 증가는 새로운 보안 과제를 제시하고 있으며 양자 컴퓨팅의 발전은 이러한 과제를 더욱 복잡하게 만들고 있다. 사물인터넷 기기는 제한된 컴퓨팅 자원과 전력 소비 제약으로 인해 경량 암호화를 사용하는 경우가 많다. 이러한 기기들은 양자 컴퓨팅 공격에 특히 취약하며 보안이 손상될 경우 광범위한 영향을 초래할 수 있다.

산업용 사물인터넷IIoT 시스템은 중요 인프라와 제조 시설을 운영하는 데 핵심적

---

5 Domain Name System Security Extensions의 약자로 DNS 응답에 전자 서명을 추가해 위·변조 여부를 검증하는 보안 확장 규격.

인 역할을 한다. 이러한 시스템의 보안이 양자 공격에 의해 훼손된다면 생산 중단, 안전 사고, 품질 문제 등이 발생할 수 있다. 스마트시티 인프라 또한 마찬가지로 위험에 노출될 수 있다. 교통 신호 제어, 공공 안전 시스템, 에너지 그리드 관리 등 도시 기능의 핵심 요소가 양자 컴퓨팅 공격에 취약해질 수 있기 때문이다.

의료 사물인터넷 기기는 특히 중요한 보안 문제를 제기한다. 심장 박동기, 인슐린 펌프, 환자 모니터링 시스템 등이 양자 공격에 노출될 경우, 환자의 안전과 생명이 위협받을 수 있다.

사물인터넷 생태계에서는 경량 양자 내성 암호 개발이 핵심 과제로 떠오르고 있다. 즉, 제한된 컴퓨팅 능력과 전력을 가진 사물인터넷 기기에서도 실행 가능한 경량화된 양자 내성 알고리즘이 필요하다. 이를 위해 최소한의 자원으로도 충분한 보안을 제공할 수 있는 최적화된 알고리즘 구현에 대한 연구가 활발히 진행되고 있다.

사물인터넷 게이트웨이 중심의 보안 아키텍처도 주목받고 있다. 개별 사물인터넷 기기보다 더 강력한 컴퓨팅 능력을 가진 게이트웨이에 양자 내성 암호를 구현하고, 이를 통해 다수의 기기를 보호하는 방식이다. 이는 리소스 제약이 있는 환경에서 현실적인 접근법이 될 수 있다.

또한 보안 전문가들은 양자 내성과 함께 제로 트러스트 접근법의 중요성을 강조하고 있다. 모든 접근과 통신을 기본적으로 신뢰하지 않고 지속적으로 검증하는 이 모델은 암호화에만 의존하지 않는 다층적 보안 체계를 구축하는 데 도움이 된다.

사물인터넷 표준화 기구들도 양자 내성을 고려한 새로운 보안 표준을 개발하고 있다. 이는 향후 출시되는 사물인터넷 기기와 시스템이 양자 시대에 대비할 수 있도록 하는 중요한 노력이다.

### 데이터 보안과 개인정보 보호

클라우드와 데이터 센터는 현재 암호화 기술에 의존해 데이터를 보호하고 있다. 그러나 양자 컴퓨터가 이러한 암호화를 해독할 수 있게 되면 클라우드에 저장된 기업의 기밀, 개인정보, 금융 데이터 등이 심각한 위험에 노출될 수 있다.

개인정보 보호 측면에서도 중대한 도전이 발생할 수 있다. 현재 사용 중인 데이터 익명화 기술과 암호화 방식이 양자 컴퓨터에 의해 무력화된다면, 개인 데이터의 프라이버시가 침해될 가능성이 커진다. 이는 GDPR, CCPA 등 글로벌 데이터 보호 규정의 준수에도 영향을 줄 수 있다.

또한 과거에 유출된 암호화 데이터가 향후 양자 컴퓨터에 의해 해독될 수 있다는 점은 특히 우려되는 부분이다. 데이터 무결성 검증 역시 위협받을 수 있다. 디지털 서명과 해시 기반의 무결성 확인 기법이 양자 컴퓨팅에 의해 손상될 경우 데이터 변조를 탐지하기 어려워질 수 있다.

데이터 보안 분야에서는 저장 데이터Data at Rest와 전송 중인 데이터Data in Transit 모두에 대한 양자 내성 암호화 구현이 필요하다. 클라우드 서비스 제공업체, 데이터 센터 운영자, 스토리지 솔루션 제공 업체 등은 양자 내성 암호 도입을 준비하고 있다.

데이터 분류 체계에 기반한 단계적 보안 강화 접근법도 중요하다. 즉, 가장 민감하고 장기간 보호가 필요한 데이터부터 양자 내성 암호를 적용하는 것이 효율적이다. 또한 개인정보 보호를 위해 양자 내성 암호화뿐만 아니라 차등 프라이버시differential privacy, 동형 암호화homomorphic encryption 등 추가적인 프라이버시 보호 기술의 병행 사용도 고려되고 있다. 이러한 다층적 접근법은 양자 컴퓨팅 시대에도 데이터 활용과 프라이버시 보호를 모두 달성하는 데 도움이 될 수 있다.

데이터 보안 관련 규제와 표준 역시 양자 컴퓨팅을 고려해 업데이트되고 있다. 규제 기관들은 양자 컴퓨팅 위협에 대응하기 위한 새로운 보안 요구 사항을 검토 중이며, 이는 향후 기업의 데이터 보호 전략에도 중요한 영향을 미칠 것이다.

## 양자 내성 암호의 도입 과제

양자 내성 암호로의 전환은 필수적이지만 이외에도 몇 가지 중요한 과제가 존재한다. 이러한 부수적인 문제에 대해 좀 더 살펴보자.

### 성능과 자원 요구 사항

대부분의 양자 내성 암호 알고리즘은 기존 암호 방식보다 더 많은 계산 자원을 필요로 한다. 키 크기가 크고 암호화 및 복호화 과정이 복잡해 처리 속도가 느릴 수 있다. 이는 특히 컴퓨팅 자원이 제한된 사물인터넷 기기나 모바일 장치에서 중요한 문제가 된다. 공개키의 크기가 커지면 네트워크 대역폭, 저장 공간, 처리 능력 등에 상당한 부담을 줄 수 있다. 따라서 양자 내성 암호 알고리즘의 효율성을 높이고 이를 구현하는 하드웨어의 성능 및 자원의 요구 사항을 최적화하는 것은 중요한 연구 과제로 꼽힌다.

### 호환성과 전환 과정

기존 시스템에서 양자 내성 암호로의 전환은 복잡한 과정이다. 이미 광범위하게 구축된 인프라, 프로토콜, 표준과의 호환성 문제를 해결해야 한다. 특히 인증서, 키 관리 시스템, 네트워크 프로토콜 등 다양한 요소가 영향을 받을 수 있다. 따라서 앞서 언급한 다양한 하이브리드 접근법을 통해 단계적으로 진행될 것으로 예상된다.

### 표준화와 검증

양자 내성 암호 알고리즘의 표준화는 상호 운용성과 안전성 확보를 위해 필수적이다. NIST의 표준화 과정은 중요한 진전이지만 이러한 표준이 전 세계적으로 널리 채택되기까지는 시간이 더 필요하다. 또한 국가별, 산업별로 서로 다른 표준이 등장할 가능성도 있어 혼란과 분열을 방지하기 위한 국제적 협력이 중요하다.

아울러 양자 내성 암호 알고리즘의 안전성 검증도 중요한 과제다. 새로운 알고리즘은 충분한 검증과 분석을 거쳐야 하며, 취약점이 발견될 경우 빠르게 대응할 수 있는 체계가 필요하다. 예를 들어, 2022년 SIKE 알고리즘에서 보안 약점이 발견된 사례는 지속적인 검증의 필요성을 잘 보여준다.

## 양자 내성 암호 시대를 위한 다양한 주체들의 대비

양자 컴퓨팅이 가져올 변화에 대비하기 위해 기업, 정부, 개인 모두가 준비해야 할 사항이 있다. 기업의 경우 암호 민첩성crypto agility을 갖추는 것이 중요하다. 이는 암호화 알고리즘의 변경이 필요할 때 빠르게 적응할 수 있는 시스템 아키텍처를 의미한다. 이를 위해 기업은 암호화 자산 목록cryptographic inventory을 구축해 현재 사용 중인 암호화 기술과 그 용도를 파악해야 한다. 이를 통해 양자 컴퓨팅에 취약한 부분을 식별하고 대응의 우선순위를 정할 수 있다.

또한 양자 위험 평가quantum risk assessment를 수행하여 양자 컴퓨팅이 비즈니스에 미칠 수 있는 영향을 분석해야 한다. 특히 장기적으로 민감한 데이터를 보호해야 하는 시스템은 우선적인 전환 대상이 되어야 한다. 무엇보다도 조직 내 양자 보안에 대한 인식을 높이고 관련 전문성을 개발하는 것이 중요하다. IT 및 보안팀이 양자 컴퓨팅의 위협과 대응 방안에 대해 교육을 받고, 필요한 경우 외부 전문가를 영입하는 것도 고려해야 한다. 필자가 이 책을 쓰는 이유 역시 이러한 인식 제고에 기여하고자 함이다.

정부와 규제 기관은 양자 내성 암호로의 전환을 위한 정책적 프레임워크를 제공해야 한다. 먼저, 양자 내성 암호의 연구 및 개발에 대한 충분한 투자가 필요하다. 기초 연구에서부터 응용 연구 그리고 상용화까지 이어지는 생태계를 체계적으로 지원해야 한다. 또한, 관련 규제와 규정의 업데이트를 통해 금융, 의료, 에너지, 통신 등 핵심 산업 및 인프라의 양자 보안 준비를 촉진할 수 있어야 한다. 특히 이들 분야에 대해 양자 보안 요구 사항을 명확히 규정하는 것이 중요하다.

국제 협력 역시 필수적이다. 양자 내성 암호의 글로벌 표준 개발에 적극 참여하고 국가 간 상호 운용성을 확보해야 한다. 이는 디지털 무역과 국제 통신의 안전성을 유지하는 데 중요한 역할을 한다.

일반 사용자와 소비자도 양자 컴퓨팅의 위험성과 이에 대한 대비책에 대해 인식을 높일 필요가 있다. 개인 데이터 보호의 중요성을 자각하고 디지털 서비스를 선택할 때 보안 기능을 고려하는 습관이 필요하다. 특히 민감한 정보를 장기적으로 다루는 서비스의 경우 양자 내성 보안 대책이 마련되어 있는지 확인하는 것이 바람직하다. 앞으로는 양자 내성 보안 기능을 지원하는 소프트웨어와 서비스를 우선적으로 선택하는 것이 권장된다. 암호화 통신 앱, 암호 관리자, 금융 애플리케이션 등에서는 이러한 기능의 중요성이 더욱 커질 것이다. 또한, 암호화폐와 디지털 자산을 보유한 사용자라면 양자 내성 지갑과 관련 보안 솔루션에 주의를 기울여야 한다. 디지털 자산을 보호하기 위해서는 최신 보안 기술과 대응 전략을 따르는 것이 중요하다.

## 5.4 양자 컴퓨팅 시대의 사이버 보안 투자 전략

양자 컴퓨팅이 가져올 변화는 기술적 측면뿐 아니라 경제적 측면에서도 중요한 의미를 갖는다. 이러한 기술 변화는 투자 환경에도 상당한 영향을 미칠 것이며, 특히 사이버 보안 분야에서는 새로운 투자 기회와 리스크를 동시에 수반한다.

양자 컴퓨팅 관련 투자에는 몇 가지 주요 리스크가 존재하며 투자자는 이를 인지하고 신중하게 접근해야 한다. 특히 암호화폐 투자에 대한 주의가 필요하다. 양자 컴퓨터가 실용화되면 기존 암호화폐의 보안 체계가 위협받을 수 있기 때문이다. 양자 내성 암호 기술을 도입하지 않거나 양자 내성 암호로의 전환 계획이 불투명한 암호화폐 프로젝트는 장기적으로 높은 위험을 안고 있다. 따라서 투자자는 각 암호화폐 프로젝트의 기술 로드맵과 양자 보안에 대한 대응 전략을 면밀히 검토할 필요가 있다.

다만, 과장된 기술 홍보Hype는 주의해야 한다. 양자 컴퓨팅은 아직 초기 단계의 기술이며 실용적인 수준의 상용화까지는 상당한 시간과 투자가 필요하다. 일부 기업은 자사의 양자 기술력을 과장하거나 실현 가능성이 낮은 약속을 하며 투자를 유도할 수 있다. 투자자는 이러한 기업의 기술적 주장에 대해 실질적인 성과와 외부 전문가의 평가를 통해 검증하는 노력이 필요하다.

또한 기술 변화의 불확실성 역시 중요한 리스크다. 양자 컴퓨팅 기술은 초전도 큐비트, 이온 트랩, 광학 큐비트, 위상학적 큐비트 등 다양한 방식으로 발전하고 있으며 어떤 기술이 최종적으로 우위를 점할지는 예측하기 어렵다. 특정 기술에만 집중 투자할 경우 변화에 취약해질 수 있으므로 분산된 전략이 요구된다.

## 양자 보안과 관련한 투자 기회: 어디에 주목해야 하는가?

양자 컴퓨팅의 발전은 다양한 분야에 새로운 투자 기회를 제공한다. 특히 양자 보안 분야에서도 유망한 투자처를 찾아볼 수 있다.

양자 내성 암호 관련 기업이 그중에서도 먼저 주목할 만하다. NIST의 양자 내성 암호 표준화 과정에 참여하거나 이를 빠르게 구현하는 기업은 향후 시장에서 유리한 위치를 차지할 가능성이 높다. 알고리즘 개발 및 구현, 컨설팅, 통합 서비스 등 양자 내성 암호와 관련된 다양한 영역에서 투자 기회가 존재한다.

이사라SARA Corporation, PQ실드PQShield, 크립토넥스트시큐리티CryptoNext Security 등은 현재 양자 내성 암호 분야에서 선도적인 입지를 확보하고 있으며 이들 기업은 미래 보안 표준의 중심이 될 것으로 전망된다. 특히 이사라는 양자 내성 인증서 인프라 솔루션을 제공하는 대표 기업으로 대규모 기업 및 정부 시스템의 양자 내성 암호 전환을 지원하고 있다.

양자 보안 기술 기업도 유망한 투자처로 주목받고 있다. 양자 키 분배 시스템을 개발하는 기업 중에서는 아이디퀀티크, 도시바, 큐비텍 등이 양자 보안 통신 시장에서 선도적인 위치를 차지하고 있다. 특히 아이디퀀티크는 이미 상용화된 양자 키 분배 솔루션을 제공하고 있으며 금융, 정부, 방위 산업 등 다양한 분야에 서비스를 제공 중이다.

양자 난수 생성기 분야에서도 아이디퀀티크와 퀸테센스랩스QuintessenceLabs가 주목받고 있다. 이들의 기술은 높은 수준의 무작위성을 요구하는 암호화 및 보안 응용 분야에서 핵심적인 역할을 할 것으로 기대된다.

양자 통신망을 구축하는 기업 역시 장기적인 관점에서 유망한 투자 대상이다. 중국의 차이나텔레콤, 일본의 NTT, 유럽의 BT그룹 등 주요 통신 사업자는 양자 통신망 구축에 적극적으로 투자하고 있으며, 기존 통신 인프라와의 통합 측면에서 경쟁 우위를 지니고 있다. 또한 스펙트랄SpeQtral, 큐이넷QEYnet 등의 스타트업은 위성 기반 양자 통신 기술 개발에 집중하고 있으며, 향후 글로벌 양자 통신망 구축에 있어 중요한 역할을 할 것으로 보인다.

양자 컴퓨팅 하드웨어 개발 기업은 장기적인 투자 관점에서 검토할 수 있다. IBM, 구글, 마이크로소프트, 인텔과 같은 대형 기술 기업은 양자 컴퓨팅 연구에 상당한 자원을 투자하고 있으며, 이미 초기 양자 프로세서를 개발하고 있다. 리게티, 아이온큐, D-웨이브 같은 전문 양자 컴퓨팅 기업도 주목할 만하다. 특히 아이온큐는 양자 컴퓨터 구현뿐 아니라 SK텔레콤으로부터 아이디퀀티크를 인수하며 양자 통신 및 보안 분야에서도 탄탄한 포트폴리오를 갖추게 되어 주목받고 있다.

블록체인 및 암호화폐 관련 기업 중에서는 양자 내성을 고려한 프로젝트가 주목받을 수 있다. 양자 내성 암호 알고리즘을 선제적으로 도입하거나, 명확한 전환 계획을 가진 암호화폐 프로젝트는 장기적인 생존 가능성이 높을 수 있다. QRL처럼 처음부터 양자 내성을 고려해 설계된 블록체인 프로젝트나 이더리움처럼 양자 내성 전환을 적극적으로 연구하는 주요 프로젝트가 이에 해당한다. 또한, 양자 보안 기술을 블록체인에 접목하는 기업도 주목할 만하다.

다만, 양자 컴퓨팅 기술은 아직 초기 단계에 있으며 실용적인 양자 컴퓨터의 등장과 그에 따른 사이버 보안 패러다임의 변화까지는 상당한 시간이 소요될 수 있다. 투자자는 단기적인 수익보다는 5~10년 이상의 장기적 관점에서 투자 결정을 내려야 한다. 그리고 양자 기술의 불확실성을 고려할 때 특정 기술이나 기업에 집중 투자하는 것은 위험을 높일 수 있다. 양자 내성 암호, 양자 통신, 양자 컴퓨팅 하드웨어 및 소프트웨어 등 다양한 분야에 걸쳐 투자를 분산하고, 미래 리스크를 관리하는 것이 더 나은 선택이 될 수 있다. 대기업과 스타트업, 하드웨어와 소프트웨어 기업 간의 균형도 함께 고려해야 한다.

무엇보다도 기술 동향을 꾸준히 주시하는 것이 중요하다. 양자 컴퓨팅 기술은 빠르게 발전하고 있으며 언제든 새로운 돌파구나 기술적 장벽이 나타날 수 있다. 따라서 NIST의 양자 내성 암호 표준화 과정, 주요 연구 기관의 발표, 양자 볼륨 Quantum Volume과 같은 성능 지표의 향상 등을 지속적으로 모니터링해야 한다.

양자 보안 분야에서 주목할 만한 기업으로는 이사라, PQ실드, 퀀텀 익스체인지 Quantum Xchange 등이 있으며 국내 기업 중에서는 ICTK가 눈에 띈다. 아이디퀀티크도 중요한 플레이어이지만 이미 여러 차례 언급한 바 있어 여기서는 별도로 설명하지 않겠다.

이사라는 양자 내성 암호화 솔루션을 제공하는 캐나다 기업으로, 특히 공개키 인프라의 양자 내성 전환에 특화된 서비스를 제공한다. 이 회사의 Catalyst 솔루션은 기존 인증서와 양자 내성 인증서를 함께 사용하는 하이브리드 방식을 지원해, 기업이 서비스 중단 없이 양자 내성으로 전환할 수 있도록 돕는다. 무엇보다 자동차, 의료기기, 금융 시스템 등 장기적인 보안이 중요한 분야에서 이사라의 솔루션이 주목받고 있다.

PQ실드는 영국 옥스퍼드 대학교에서 분사한 스타트업으로 NIST의 양자 내성 암호 표준화 과정에 적극적으로 참여하고 있다. 이 기업은 하드웨어와 소프트웨어 모두에 적용 가능한 양자 내성 암호 솔루션을 개발하고 있으며, 특히 자원이 제한된 사물인터넷 기기 환경에서의 구현에 강점을 가지고 있다.

퀀텀 익스체인지는 미국의 양자 보안 기업으로 '파이오 트러스트 익스체인지Phio Trusted Xchange'라는 플랫폼을 통해 양자 키 분배와 양자 내성 암호를 결합한 하이브리드 보안 솔루션을 제공한다. 이 기업은 미국 동부의 보스턴-워싱턴 D.C. 구간에 양자 통신망을 구축하는 프로젝트를 진행 중이며, 금융 기관과 정부 기관을 주요 고객으로 삼고 있다. 퀀텀 익스체인지의 접근 방식은 거리 제약, 구축 비용 등 현재 양자 키 분배 기술의 한계를 양자 내성 암호와의 결합을 통해 극복하려는 실용적인 시도로 평가받고 있다.

국내에서는 SK텔레콤과 SK스퀘어가 아이디퀀티크에 투자한 후 현재는 아이온큐의 주주로 전환하여 양자 통신 및 양자 보안 분야에서 전략적 제휴를 맺고 있다. 또한 KT, LG유플러스 등의 주요 통신 기업도 이 분야에 적극적으로 참여하고 있어 주목할 필요가 있다.

한편, ICTK는 국내 보안 반도체 전문 기업으로 양자 난수 생성기 기술을 기반으로 한 양자 보안 솔루션을 개발하고 있다. 이 기업은 2024년, 코스닥에 상장했으며 특히 PUF(물리적 복제 불가능 함수) 기반 보안 반도체와 양자 난수 생성기를 결합한 독자적인 기술력을 갖추고 있다. ICTK의 큐키QKey 제품은 양자 난수 생성 기술을 활용한 하드웨어 보안 토큰으로 암호화폐 지갑, 인증 시스템, 사물인터넷 보안 등 다양한 분야에 적용되고 있다. 또한 양자 내성 암호 기술을 자사 보안 솔루션에 통합하는 연구도 활발히 진행 중이며 양자 컴퓨팅 시대에 대응하는 종합 보안 솔루션 제공을 목표로 하고 있다. 한국 정부의 양자 기술 육성 정책에 힘입어 국내 시장에서 경쟁력을 갖추고 있으며, 글로벌 시장 진출도 적극적으로 추진하고 있어 아시아 지역의 주요 양자 보안 기업으로 주목받고 있다.

이러한 기업의 사례는 양자 보안 시장이 이미 상업적 현실이 되고 있음을 보여준다. 물론 이 분야는 아직 초기 단계이며 여러 불확실성이 존재하지만 선도 기업은 실제 제품과 서비스를 통해 시장을 형성해 나가고 있다. 투자자는 이러한 선도 기업의 기술력, 시장 전략, 파트너십, 자금 조달 현황 등을 종합적으로 평가하여 투자 판단에 참고할 수 있다.

양자 컴퓨팅의 발전으로 인한 사이버 보안 패러다임의 변화는 위협과 기회를 동시에 제공한다. 이러한 변화에 선제적으로 대응하고 적응하는 기업과 투자자는 양자 시대의 디지털 경제에서 주도적인 위치를 차지할 수 있을 것이다. 투자자는 장기적인 안목을 바탕으로 기술 동향을 면밀히 주시하면서 신중하고 전략적인 투자 결정을 내려야 한다.

## 양자 시대, 위기와 기회

양자 컴퓨팅의 발전은 현대 암호 체계에 위협이지만 새로운 기술 발전의 기회이기도 하다. 양자 내성 암호의 개발과 도입은 단순히 양자 컴퓨팅의 위협에 대응하는 것을 넘어 더 안전하고 효율적인 암호화 기술의 발전을 촉진할 수 있다.

양자 내성 암호로의 전환 과정은 암호학 분야의 혁신을 가속화하고 있다. 새로운 수학적 접근, 알고리즘, 구현 기술이 개발되면서 전체적인 사이버 보안 생태계가 강화되고 있다. 이러한 혁신 과정은 암호학과 양자물리학의 교차점에서 새로운 연구 분야를 창출하고 있으며 이는 학문적 발전뿐 아니라 새로운 비즈니스 기회와 일자리 창출로 이어질 수 있다.

양자 컴퓨팅 자체가 제공하는 새로운 가능성도 고려해야 한다. 양자 암호학과 양자 키 분배는 양자역학의 원리를 활용해 이론적으로 해독이 불가능한 암호 방식을 제공할 수 있다. 특히 양자 키 분배는 관측이 간섭을 일으킨다는 양자역학적 특성을 이용해 도청이 불가능한 통신을 가능하게 한다. 이미 일부 국가와 기업은 양자 키 분배 네트워크를 시험적으로 구축하고 있으며, 향후 고도의 보안이 요구되는 통신에 활용될 것으로 예상된다.

이처럼 양자 기술은 새로운 위협이 되기도 하지만 더 강력한 보안 솔루션의 기반이 되기도 한다. 이는 양자 컴퓨팅이 기존 암호 체계에 대한 위협이자 새로운 보안 패러다임의 출발점이 될 수 있음을 의미한다.

양자 컴퓨팅의 발전으로 인해 현대 암호 체계와 디지털 경제가 직면한 도전은 분명하다. 그러나 양자 내성 암호와 같은 혁신적 기술의 발전은 이러한 도전을 극복할 수 있는 기반이 된다. 전자상거래, 공개키 인프라, 블록체인과 암호화폐 등 디지털 경제의 핵심 요소도 이러한 변화에 적응하며 진화해 나갈 것이다. 중요한 것은 이런 기술적 변화에 선제적으로 대응하는 것이다. 기업, 정부, 개인 모두가 양자 시대의 보안 요구를 이해하고 대비해야 한다. 양자 내성 암호로의 전환은 복잡하고 도전적인 과정이지만, 디지털 세계의 안전과 신뢰를 유지하기 위해 필수적인 여정이다.

디지털 경제의 미래는 이와 같은 기술적 도전과 혁신이 균형을 이루는 가운데 형성될 것이다. 양자 시대가 가져올 변화에 대응하고 적응하는 이들이 미래 디지털 경제의 주역이 될 것이다. 양자 컴퓨팅은 현대 암호를 무력화할 잠재력을 지니고 있지만 그와 더불어 더 안전한 디지털 미래를 구축할 기회를 함께 제공하고 있다.

# Chapter 6

# 양자 컴퓨팅이 바꾸는 산업의 미래
## : 신약 개발부터 AI까지

---

양자 컴퓨팅은 이제 단순한 이론적 가능성을 넘어 현실 산업의 판도를 바꾸는 기술로 빠르게 진화하고 있다. 전 세계 연구소와 기업이 실용화를 향해 치열하게 경쟁하는 가운데 그 첫 번째 성과가 이미 의료, 금융, AI, 에너지 등 다양한 산업 분야에서 모습을 드러내고 있다.

이 장에서는 양자 컴퓨팅이 실제 산업 현장에서 어떻게 활용되고 있으며, 각 분야에 어떤 변화를 일으키고 있는지를 구체적인 사례를 통해 살펴본다. 특히 기존 컴퓨터로는 풀기 어려웠던 복잡한 문제에 대해 양자 컴퓨터가 어떤 새로운 해법을 제시할 수 있는지에 초점을 맞춘다.

# 6.1 산업을 재편하는 양자 컴퓨팅

현대 디지털 세계에서 가장 매혹적인 기술 중 하나인 양자 컴퓨팅은 이제 단순한 이론적 호기심을 넘어 실용적 응용의 단계로 빠르게 진화하고 있다. 지금까지 우리는 양자 컴퓨팅의 기본 원리, 하드웨어 구현 방식, 소프트웨어 기술 그리고 현대 암호 체계에 미치는 영향까지 살펴보았다. 이제는 양자 컴퓨팅이 각 산업 분야에서 어떤 혁신을 이끌어낼 수 있는지 그 구체적인 청사진을 그려볼 차례다.

양자 컴퓨터의 진정한 가치는 기존의 고전 컴퓨터로는 풀기 어려운 복잡한 문제들을 해결할 수 있는 특별한 능력에 있다. 양자 중첩과 얽힘이라는 독특한 물리 현상을 활용함으로써 양자 컴퓨터는 특정 분야에서 기하급수적인 계산의 효율성을 제공한다. 이는 단순한 속도 향상의 차원을 넘어 완전히 새로운 문제 해결 방식을 가능하게 한다.

양자 컴퓨팅은 마치 현대 디지털 문명의 새로운 도약을 위한 마법의 열쇠와도 같다. 그러나 이 기술은 단지 환상이나 이론이 아니라 현실 세계에서 점차 구체화되고 있는 혁신이다. 전 세계의 연구소, 대학, 기업이 이를 실현하기 위해 치열하게 경쟁하고 있으며 그 첫 번째 성과들은 이미 산업 현장에 적용되기 시작했다.

양자 컴퓨팅이 가져올 변화는 단순한 기술적 진보를 넘어 인류가 직면한 가장 시급한 문제에 대한 해법을 제시할 잠재력을 지니고 있다. 난치병 치료제 개발, 기후 변화 대응, 에너지 위기 해결, AI의 혁신적 발전 등 양자 컴퓨팅은 이러한 복잡한 과제에 새로운 돌파구를 열어줄 기술로 기대를 모으고 있다.

예를 들어 신약 개발 분야에서는 기존에 수년에서 수십 년이 걸리던 연구 개발 과정을 양자 컴퓨터의 분자 시뮬레이션 기술을 통해 획기적으로 단축시킬 수 있다.

수많은 임상 실험과 시행착오를 거쳐야 했던 단계를 양자 컴퓨터가 정밀한 분자 수준의 계산과 예측을 가능하게 함으로써 신약 개발의 패러다임 자체가 바뀔 가능성이 있다.

금융 분야에서도 양자 알고리즘은 포트폴리오 최적화, 위험 관리, 사기 탐지 등 다양한 영역에 적용될 수 있다. 특히 금융 시장의 수많은 복잡한 변수를 정밀하게 분석하고 예측함으로써 보다 안정적이고 효율적인 금융 시스템을 구축하는 데 기여할 수 있다. 이는 의사결정의 정확도를 높이고 시장의 안정성을 강화하는 데 큰 도움이 될 것이다.

AI 분야에서는 양자 기계학습Quantum Machine Learning 알고리즘을 통해 기존 AI 시스템의 학습 속도와 성능을 비약적으로 향상시킬 수 있다. 그 결과 더 정확한 예측 모델, 자연스러운 언어 처리, 정교한 패턴 인식 등이 가능해지며 AI 기술의 새로운 지평을 열어줄 것이다.

물류와 교통 분야에서는 복잡한 경로 최적화 문제를 양자 컴퓨팅으로 효율적으로 해결함으로써 에너지 소비와 시간 낭비를 크게 줄일 수 있다. 이는 탄소 배출 감소, 운송 비용 절감, 교통 체증 완화 등 다양한 사회 경제적 효과로 이어질 것이다. 기상 예측 분야에서도 양자 컴퓨팅은 복잡한 기상 모델을 보다 정밀하게 시뮬레이션하여 예브 정확도를 높이고, 자연 재해에 대한 대비 능력을 강화할 수 있다. 이는 농업, 운송, 에너지 등 다양한 산업 분야에 걸쳐 중요한 영향을 미칠 것이다.

# 6.2 신약 및 신소재 개발
: 양자 시뮬레이션, 혁신의 열쇠

신약 및 신소재 개발은 현대 과학 기술의 가장 도전적인 영역 중 하나로 막대한 시간과 비용이 소요되는 복잡한 과정을 수반한다. 전통적인 방식은 수많은 후보 물질을 합성하고 실험을 반복하는 절차를 통해 진행되기 때문에 성공 확률이 낮고 효율성에도 한계가 있다.

양자 컴퓨팅, 특히 양자 시뮬레이션 기술은 이런 문제를 해결하고 신약 및 신소재 개발에 혁신적인 변화를 가져올 잠재력을 지니고 있다. 필자가 개인적으로 양자 컴퓨팅에 관심을 갖고 본격적으로 공부하며 책을 집필하기로 결심한 이유도 이 기술이 향후 신약 개발과 바이오 산업에 획기적인 전환점을 가져올 수 있을 것이라는 믿음 때문이었다.

## 기존 신약 및 신소재 개발의 어려움

신약 개발은 매우 복잡하고 시간이 많이 소요되는 과정이다. 일반적인 신약 개발 절차를 살펴보면 다음과 같다. 먼저, 질병의 원인이 되는 단백질이나 유전자와 상호작용할 수 있는 수많은 화합물을 광범위하게 탐색한다. 이후 유망한 후보 물질을 실제로 합성한 뒤, 세포나 동물 모델을 통해 효능과 독성을 평가한다. 마지막으로 사람을 대상으로 한 여러 단계의 임상 시험을 거쳐 안전성과 유효성을 검증해야 한다.

이러한 전 과정에는 평균 10년 이상의 시간과 수조 원대의 막대한 비용이 투입되지만 성공 확률은 매우 낮다. 실제로 초기 후보 물질의 99% 이상이 개발 과정에서 탈락한다. 신소재 개발도 마찬가지로 유사한 어려움을 겪는다. 새로운 소재의 물성을 예측하고 이를 실제로 합성하여 테스트하는 과정은 수많은 시행착오와 반복 실험을 필요로 한다.

## 양자 시뮬레이션, 왜 필요한가

기존의 고전 컴퓨터로는 분자나 물질의 특성을 정밀하게 계산하는 데 본질적인 한계가 있다. 분자 내 전자들은 양자역학의 법칙에 따라 움직이는데, 이 양자역학적 작동 방식을 고전 컴퓨터로 시뮬레이션하려면 분자의 크기가 커질수록 계산량이 기하급수적으로 증가한다.

반면, 양자 컴퓨터는 자연 자체가 따르는 양자역학의 원리를 기반으로 작동하기 때문에 이러한 양자역학적 현상을 훨씬 더 효율적으로 시뮬레이션할 수 있다. 이를 양자 시뮬레이션Quantum Simulation이라 부른다.

양자 시뮬레이션을 통해 분자의 에너지 준위, 화학 반응 메커니즘, 물질의 물리적 특성 등을 정확히 계산할 수 있다. 이는 곧 분자가 어떤 에너지 상태에 있는지, 다른 분자와 어떻게 반응하는지를 예측하고 화학 반응의 경로와 속도, 중간 생성물 등을 정밀하게 파악할 수 있음을 의미한다. 또한 새로운 소재의 강도, 탄성, 전기 전도도, 광학적 특성 등도 원자 수준에서 계산할 수 있다. 양자 시뮬레이션 알고리즘에 대해서는 앞서 3장에서 소개한 바 있으므로 보다 자세한 내용은 3장을 참고하길 바란다.

## 양자 시뮬레이션과 신약 및 신소재 개발 혁신

양자 시뮬레이션은 신약 개발 전 과정에 걸쳐 혁신적인 변화를 가져올 수 있다. 우선 후보 물질 탐색 단계에서는 양자 컴퓨터를 활용해 수백만, 수천만 개의 화합물 라이브러리를 가상으로 탐색하고, 질병 표적과 강하게 결합할 가능성이 높은 후보 물질을 빠르게 찾아낼 수 있다. 또한 후보 물질과 질병 표적(단백질 등)의 결합 구조와 결합 에너지를 정밀하게 예측함으로써 약효가 있을 것으로 기대되는 후보를 선별할 수 있고, 기존 약물 라이브러리에 없는 전혀 새로운 구조의 분자를 설계할 수도 있어 혁신적인 치료제 개발 가능성이 열린다.

약물 최적화 단계에서는 양자 시뮬레이션을 통해 약물과 표적 단백질 간의 상호 작용을 원자 수준에서 분석함으로써 약물의 효능을 높이거나 부작용을 줄일 수 있는 새로운 분자 구조를 정교하게 설계할 수 있다.

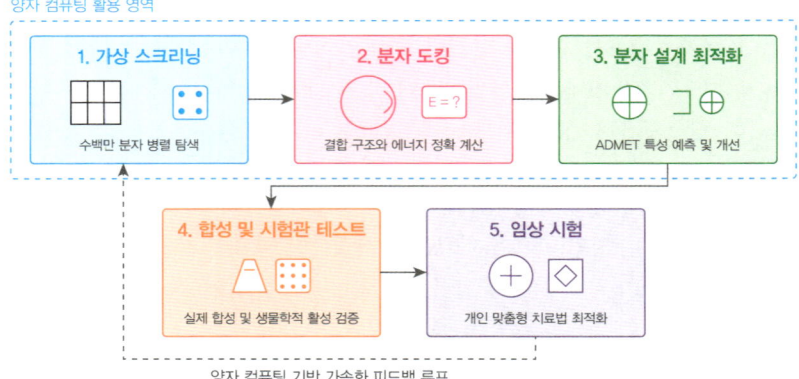

양자 시뮬레이션을 통해 신약 개발 과정을 가속화하는 과정

여기에 더해 약물의 흡수Absorption, 분포Distribution, 대사Metabolism, 배설Excretion, 독성Toxicity 등을 정확히 예측함으로써 임상 시험의 성공 가능성을 높일 수 있다. 또한 약물 내성이 발생하는 분자 수준의 메커니즘을 이해하고, 이를 극복할 수 있는 새로운 약물을 설계하는 데도 도움이 된다. 임상 시험 및 치료 단계에서는 환자의 유전체 정보와 양자 시뮬레이션을 결합하여 개인에게 가장 효과적인 약물과 치료법을 선택할 수 있으며, 여러 약물 간 상호작용을 정확히 예측함으로써 부작용을 줄이고 치료 효과를 최적화할 수 있을 것으로 기대된다.

양자 시뮬레이션은 신소재 개발 분야에서도 혁신적인 기여를 할 수 있다. 양자 컴퓨터를 활용해 기존에는 상상하기 어려웠던 새로운 구조와 특성을 지닌 소재를 설계하는 연구가 진행되고 있다. 예를 들어, 더 가볍고 튼튼한 항공기 소재, 더 효율적인 배터리, 더 빠른 반도체 등의 개발이 가능해질 것으로 보인다. 새로운 소재를 합성하기 전에 양자 시뮬레이션을 통해 물리적·화학적 특성을 정확히 예측할 수 있으며, 이는 불필요한 실험을 줄이고 개발 기간과 비용을 크게 단축하는 데 기여할 수 있다.

또한 보다 정밀하고 선택적인 촉매를 설계함으로써 에너지 효율을 높인 화학 공정 개발에도 기여할 수 있을 것이다. 특히 태양전지, 연료전지, 배터리 등 에너지 저장 및 변환 소재의 효율을 높이는 데 있어 양자 시뮬레이션이 중요한 역할을 할 수 있는 것으로 알려져 있다.

### 최신 연구 사례: 양자 컴퓨팅으로 항암제 후보 물질 발견

양자 시뮬레이션의 실제 적용 사례 중 가장 주목할 만한 것은 2025년 1월, 네이처 바이오테크놀로지Nature Biotechnology에 발표된 논문 「양자 컴퓨팅 알고리즘이 잠재적 KRAS 저해제를 발견하다」[1]이다.

KRAS는 췌장암, 대장암, 폐암 등 여러 암 유형에서 높은 빈도로 돌연변이가 발생하는 단백질로, 오랫동안 약물로 공략할 수 없는undruggable 표적으로 여겨져 왔다. 그만큼 이를 저해하는 약물을 찾는 것은 암 치료 분야에서 성배Holy Grail를 찾는 것과 같은 과제로 꼽혀왔다.

이 연구에서는 토론토대, 스탠퍼드대, 하버드대 등 다수의 기관이 협력하여 양자-고전 하이브리드 생성 모델을 개발했다. 이 모델은 양자 회로 보른 머신QCBM, Quantum Circuit Born Machine과 고전적 LSTMLong Short-Term Memory 네트워크를 결합한 형태로, IBM의 16큐비트 양자 프로세서를 활용해 진행되었다.

연구팀은 이 하이브리드 모델을 통해 100만 개 이상의 후보 화합물을 생성하고, 이 중 KRAS와의 상호작용 가능성이 높은 15개를 선별해 실제로 합성까지 진행했다. 그 결과 두 개의 분자가 실험실 테스트에서 KRAS 단백질과 유의미하게 결합하는 것으로 확인되었으며, 특히 'ISM061-018-2'라는 화합물은 KRAS-G12D 변이에 대해 1.4μM 수준의 강한 결합 친화도를 보여주었다.

이 연구의 가장 혁신적인 점은 양자 컴퓨팅이 이미 실질적인 약물 탐색 응용에 기여할 수 있음을 보여주었다는 데 있다. 양자 회로 보른 머신은 양자 중첩과 얽힘

---

[1] Mohammad Ghazi Vakili, et al. (2025). Quantum-computing-enhanced algorithm unveils potential KRAS inhibitors. Nature Biotechnology.

등 고유한 양자 효과를 활용하여 기존의 고전적 모델보다 복잡한 화학 공간을 훨씬 효율적으로 탐색할 수 있었다. 연구팀은 이러한 양자 기반 접근 방식이 기존 방법 대비 약 21.5% 더 높은 성공률을 보였다고 밝혔다.

이는 완전한 오류 보정 양자 컴퓨터가 아직 실현되지 않은 현재, NISQ—잡음이 있는 중간 규모의— 수준의 양자 컴퓨터도 실제 과학적 문제 해결에 의미 있는 기여를 할 수 있음을 입증하는 중요한 사례다.

연구는 다음과 같은 세 단계로 진행되었다.

첫째, 학술 문헌에서 수집한 650개의 알려진 KRAS 저해제를 포함하여 총 100만 개 이상의 분자를 학습용 데이터셋으로 구축했다. 둘째, 이 데이터셋을 바탕으로 양자-고전 하이브리드 생성 모델을 훈련시켰다. 셋째, 훈련된 모델을 활용해 새로운 분자들을 생성한 뒤 케미스트리42Chemistry42 플랫폼을 통해 이들을 필터링하고, 최종 후보들을 실험실에서 합성 및 테스트하여 유망한 후보 물질을 선별했다.

다음 그림은 이 연구의 전체 워크플로를 시각적으로 정리한 것이다.

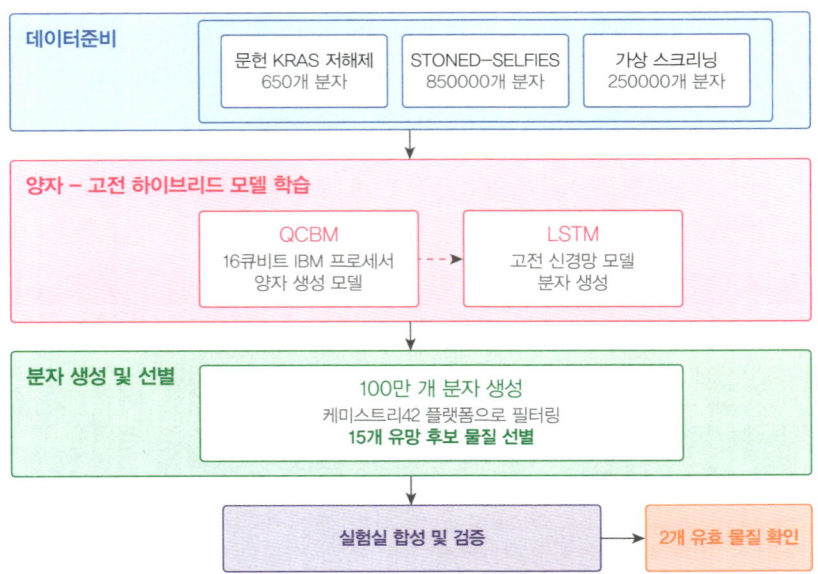

양자 컴퓨팅 알고리즘을 이용한 잠재적 KRAS 저해제(항암 물질)을 발견한 연구의 워크플로

## 그 밖의 주요 연구 성과 및 산업 동향

양자 시뮬레이션 연구는 아직 초기 단계에 있지만, 앞서 소개한 항암제 후보 물질 발견 사례 외에도 이미 여러 주목할 만한 연구 성과와 산업 적용 사례가 등장하고 있다. 그 중에서 대표적인 연구 및 산업 협력 사례 몇 가지를 소개한다.

### IBM의 양자 화학 시뮬레이션 성과(2017)

IBM 연구팀은 네이처에 게재된 논문 「소분자 및 양자 자성체 시뮬레이션을 위한 하드웨어에 적합한 변분 양자 계산법」[2]에서 7큐비트 양자 컴퓨터를 활용해 수소화베릴륨($BeH_2$) 분자의 기저 에너지 상태를 정확하게 계산하는 데 성공했다고 발표했다.

이 연구에서는 양자-고전 하이브리드 접근법의 하나인 VQE(Variational Quantum Eigensolver, 변분 양자 고유값 알고리즘)를 사용했는데 복잡한 분자의 전자 구조를 시뮬레이션할 수 있다는 점을 실험적으로 입증한 초기 사례 중 하나로 평가받는다. 이는 양자 시뮬레이션 분야의 중요한 이정표로 자리 잡았다.

### 구글의 양자 시뮬레이션 연구(2020)

구글 연구팀은 사이언스(Science)에 발표한 논문 「초전도 큐비트 기반 양자 컴퓨터에서의 하트리-폭 계산」[3]을 통해, 53큐비트 시카모어 프로세서를 이용하여 디아젠($N_2H_2$) 분자의 이성질체화 반응[4]을 성공적으로 시뮬레이션했다고 보고했다.

이 연구에서는 VQE(변분 양자 고유값 알고리즘)와 QAOA(양자 근사 최적화 알고리즘)를 결합한 접근법이 사용되었으며, 이를 통해 양자 컴퓨터가 화학 반응의 전이 상태와 반응 경로를 정밀하게 모델링할 수 있음을 입증했다. 이러한 성과는 향후 촉매 개발, 신약 설계 등의 분야에서 양자 컴퓨팅의 실질적인 응용 가능성을 보여줬다.

---

2  Abhinav Kandala, et al. (2017). Hardware-efficient Variational Quantum Eigensolver for Small Molecules and Quantum Magnets. Nature.
3  Google AI Quantum and Collaborators, et al. (2020). Hartree-Fock on a superconducting qubit quantum computer. Science.
4  화학식은 같지만 구조나 배열이 다른 물질로 바뀌는 것.

## 구글 AI 퀀텀과 캘리포니아 공과대학의 공동 연구(2023)

구글 AI 퀀텀 팀과 캘리포니아 공과대학을 비롯한 여러 기관의 연구진은 2023년, 네이처 피직스Nature Physics에 「복잡한 다체계 시뮬레이션에서 양자 컴퓨팅이 보여준 계산 성능의 우월성」[5]이라는 논문을 발표했다. 이 연구에서는 70큐비트 초전도 양자 프로세서인 아킬론을 활용해 페르미-허바드Fermi-Hubbard 모델의 시간적 진화를 시뮬레이션했다.

페르미-허바드 모델은 고체 안에서 전자들의 상호작용을 설명하는 대표적인 양자물리 모델로 고온 초전도와 같은 복잡한 물리 현상을 이해하는 데 꼭 필요한 이론이기도 하다. 연구팀은 이처럼 복잡한 다체 시스템의 동역학을 모사하는 데 있어 양자 컴퓨터가 기존 슈퍼컴퓨터보다 계산적으로 우위에 설 수 있음을 입증했다.

이 연구는 양자 컴퓨팅이 복잡한 물리·화학 시스템을 실질적으로 시뮬레이션할 수 있음을 보여주는 중요한 성과로 평가받고 있다.

## 하버드, USC, 로렌스 버클리 국립 연구소 등의 공동 연구(2025)

하버드 대학교, 로렌스 버클리 국립 연구소, 캘리포니아 대학교 버클리 캠퍼스, 라이스 대학교, USC 대학교의 연구진은 네이처 피직스에 「재구성 가능한 양자 프로세서를 이용한 분자 및 물질의 프로그래머블 시뮬레이션」[6]이라는 논문을 발표했다.

이 연구에서는 재구성이 가능한 큐비트 아키텍처를 활용해, '모델 스핀 해밀토니안'으로 표현되는 '강상관 양자 시스템'의 시간에 따른 변화(동역학)를 프로그램으로 제어하며 시뮬레이션할 수 있는 새로운 프레임워크를 개발했다.

연구팀은 디지털 플로케 엔지니어링과 하드웨어에 최적화된 다중 큐비트 연산을 활용해, 복잡한 스핀 간 상호작용을 보다 효율적으로 구현하는 방법을 제안했고,

---

[5] Google AI Quantum and Collaborators, et al. (2023). Quantum computational advantage in simulating the dynamics of a complex many-body system. Nature Physics.

[6] Nishad Maskara, et al. (2025). Programmable simulations of molecules and materials with reconfigurable quantum processors. Nature Physics.

이 방식을 리드버그 원자 배열을 이용해 실제로 구현할 수 있는 방안도 함께 제시했다. 또한 다체 분광학many-body spectroscopy 알고리즘[7]을 활용해 양자 측정 결과를 고전 컴퓨터로 처리하여 시스템의 스펙트럼 특성을 추출하는 방법을 개발했다. 이를 통해 광합성 반응의 핵심인 다핵 전이금속 촉매와 2차원 자성 물질의 주요 특성을 계산하는 데 성공했다.

이 연구는 양자 하드웨어에 복잡한 문제를 프로그래밍할 때 발생하는 높은 계산 비용을 줄였다는 점에서 주목받고 있다. 이를 통해 화학과 재료 과학 분야에서 실용적인 양자 우위를 향한 현실적인 진전을 이뤘다는 평가를 받고 있다.

### 퀀티뉴엄의 인콴토 플랫폼을 활용한 다양한 산업 협력

퀀티뉴엄은 2023년에 출시한 양자화학 플랫폼인 인콴토InQuanto를 기반으로 다양한 산업 파트너와 협업을 진행 중이다. JSR 코퍼레이션과는 반도체 및 디스플레이용 고성능 폴리머 개발, 미쓰비시 케미컬과는 새로운 촉매 설계, 머크와는 신약 후보 물질 발굴을 위한 공동 연구를 추진하고 있다. 인콴토는 큐비트 수가 제한적인 양자 컴퓨터에서도 의미 있는 결과를 얻을 수 있도록 설계된 하이브리드 양자-고전 알고리즘을 활용하고 있다. 최근 발표에 따르면 JSR과의 협업을 통해 리소그래피 공정에 사용되는 포토레지스트 소재의 성능을 향상시킬 수 있는 새로운 분자 구조를 발견했다고 한다.

### 아이온큐와 현대자동차의 배터리 연구 협력

아이온큐는 2022년부터 현대자동차와 협력하여 양자 컴퓨팅을 활용한 차세대 전기차 배터리 연구를 진행 중이다. 특히 리튬-공기 배터리와 같은 혁신적인 기술 개발에 초점을 맞추고 있으며, 아이온큐의 이온 포획 기반 양자 컴퓨터를 활용해 배터리 소재의 양자역학적 특성을 시뮬레이션하고 있다. 2024년 1월 발표에 따르면 이 협력을 통해 전해질 소재의 성능을 높일 수 있는 후보 물질이 발견되었으며, 이를 통해 배터리의 에너지 밀도와 안정성이 크게 좋아질 가능성이 있는 것으로 나타났다.

---

[7] 여러 입자 간 상호작용이 있는 양자 시스템의 에너지 준위와 특성을 분석하기 위한 양자 시뮬레이션 기법.

### 파스칼의 중성 원자 기반 양자 컴퓨터와 바스프의 촉매 연구

프랑스의 양자 컴퓨팅 스타트업 파스칼은 독일의 화학 기업 바스프(BASF)와 협력해 중성 원자 기반 양자 컴퓨터를 활용한 촉매 및 표면 화학 연구를 진행하고 있다. 특히 암모니아 합성, 메탄올 생산 등 주요 산업 공정에서 사용되는 촉매의 효율을 높이는 데 초점을 맞추고 있다. 파스칼의 양자 컴퓨터는 100개 이상의 중성 원자 큐비트를 제어할 수 있어, 보다 복잡한 분자 시스템의 시뮬레이션이 가능하다는 장점이 있다.

2024년 3월 발표에 따르면 철 기반 촉매의 활성 부위 구조를 더 정확히 파악할 수 있게 되었고, 이는 더 효율적인 촉매 설계로 이어질 가능성을 보여주고 있다.

### 자파타의 오케스트라 플랫폼과 BP의 탄소 포집 연구

자파타는 자사의 양자 컴퓨팅 소프트웨어 플랫폼인 오케스트라(Orquestra)를 활용해 BP와 협력하고 있으며, 탄소 포집 및 저장(CCS) 기술에 사용될 수 있는 새로운 소재 개발을 진행 중이다. 이 프로젝트는 이산화탄소($CO_2$), 메탄($CH_4$), 질소($N_2$) 등 다양한 기체 분자와 포집 소재 간의 상호작용을 분자 수준에서 시뮬레이션해 이산화탄소를 더 잘 걸러낼 수 있고 에너지 효율이 뛰어난 새로운 소재를 발굴하는 것을 목표로 한다.

2023년 말 발표에 따르면, 이 협력을 통해 몇 가지 유망한 금속-유기 골격체(MOF, Metal-Organic Framework) 구조가 도출되었으며, 현재 이들 소재는 실험실에서 합성과 테스트 단계에 있다.

### 양자 시뮬레이션을 활용한 신약 및 신소재 개발의 한계와 미래 전망

양자 시뮬레이션은 매우 유망한 기술이지만 아직 초기 단계에 있으며 몇 가지 중요한 한계점을 가지고 있다. 무엇보다 현재의 양자 컴퓨터는 큐비트 수가 제한적이고 오류율이 높아 복잡한 분자나 물질을 정확하게 시뮬레이션하기 어렵다. 실용적인 약물 분자를 완전히 시뮬레이션하려면 수천 개의 안정적인 큐비트가 필요할 것으로 보이며, 이 단계에 이르기까지는 앞으로도 많은 시간이 걸릴 것으로 예상된다.

또한 현재의 NISQ 시대 양자 컴퓨터는 오류가 많아 정밀한 계산을 위해서는 효과적인 오류 보정 기술이 여전히 더 발전해야 한다. 양자 시뮬레이션에 적합한 더 효율적인 알고리즘 개발도 중요하다. 특히 제한된 큐비트 수와 높은 오류율 속에서도 의미 있는 결과를 얻기 위해서는 하이브리드 양자–고전 알고리즘이 핵심이며, 이를 가능하게 할 더 다양하고 정교한 소프트웨어적 혁신이 요구된다.

또한 양자 시뮬레이션을 위한 사용자 친화적인 소프트웨어와 컴퓨팅 인프라의 부족도 과제로 남아 있다. 물론 이러한 한계는 양자 컴퓨터 기술의 발전에 따라 점차 극복될 것으로 기대된다. 향후 5~10년 내에는 양자 컴퓨팅의 성능 향상으로 보다 복잡한 분자와 물질에 대한 시뮬레이션이 가능해질 것으로 보인다.

# 금융
## : 양자 컴퓨팅, 월스트리트를 뒤흔들다

금융 산업은 어느 분야보다도 빠르고 정밀한 계산 능력을 요구한다. 복잡한 금융 상품의 가치를 산정하고 리스크를 예측하며, 수많은 자산 중에서 최적의 투자 포트폴리오를 구성하는 일은 고도의 수학적 모델링과 방대한 데이터 처리 없이는 불가능하다.

양자 컴퓨팅은 이러한 금융의 난제를 풀어낼 강력한 도구일 뿐만 아니라 금융 시장의 근본적인 작동 원리 자체에 변화를 일으킬 수 있는 혁신 기술로 주목받고 있다. 특히 알고리즘 트레이딩의 속도와 정확성 향상, 시장의 비효율성 포착 그리고 개인 맞춤형 금융 서비스 제공 등 기존에는 불가능했던 새로운 가능성을 현실로 바꿔줄 기술로 기대를 모으고 있다.

### 양자 컴퓨팅, 금융의 판도를 바꾸다: 주요 활용 분야

양자 컴퓨팅이 금융 산업에 가져올 변화는 단순한 계산 속도의 향상을 넘어 금융 시장의 구조와 작동 방식 전반에까지 깊은 영향을 미칠 것으로 예상된다. 금융 산업에는 다양하고 복잡한 계산 과제가 존재하며, 그중 상당수가 양자 컴퓨팅의 강점을 활용할 수 있는 성질을 지니고 있다. 특히 다음 다섯 가지 핵심 영역에서의 혁신적인 변화가 기대된다.

#### 포트폴리오 최적화

포트폴리오 최적화Portfolio Optimization는 금융 분야에서 가장 도전적인 조합 최적화 문제 중 하나다. 이는 주어진 제약 조건(예: 투자 예산, 리스크 허용 범위 등) 하에서 기대 수익을 극대화하거나 위험을 최소화하는 자산 조합을 찾는 과정이다. 하지만 고려해야 할 자산의 수가 많아질수록 계산 복잡도가 기하급수적으로 증가하는 NP-hard 문제로 분류되기 때문에 기존 컴퓨터로는 해결에 많은 시간이 걸린다.

양자 컴퓨팅은 이런 조합 최적화 문제에 특화된 강점을 지니고 있다. 예를 들어, 양자 어닐링Quantum Annealing[8], QAOAQuantum Approximate Optimization Algorithm[9], VQEVariational Quantum Eigensolver[10]와 같은 다양한 양자 알고리즘은 복잡한 포트폴리오 최적화 문제를 기존 컴퓨터보다 효율적으로 풀 수 있는 잠재력을 보여주고 있다.

실제로 HSBC, 모닝스타Morningstar, 피델리티Fidelity 같은 주요 금융 기관은 D-웨이브, IBM, 리게티 등 양자 컴퓨팅 기업과 손잡고 포트폴리오 최적화 분야에 양자 알고리즘을 적용하는 연구를 활발히 진행하고 있다. 2021년 골드만삭스와 큐씨웨어는 공동 연구를 통해, 30개 이상의 자산으로 구성된 포트폴리오를 대상으로 한 실험에서 기존 방식보다 약 22% 빠르게 최적화 결과를 도출했다고 발표했다.

### 파생상품 가격 결정

파생상품 가격 결정Derivative Pricing은 금융 산업에서 가장 컴퓨팅 자원이 많이 드는 작업 중 하나다. 옵션, 선물, 스왑 등 파생상품의 가격은 블랙-숄즈 모델Black-Scholes Model[11]이나 몬테카를로 시뮬레이션Monte Carlo simulation[12]과 같은 복잡한 수학적 모델을 통해 결정되는데 특히 여러 자산을 포함하는 복합 구조의 파생상품일수록 정확한 가격 산출에 막대한 컴퓨팅 자원이 요구된다.

양자 컴퓨터는 몬테카를로 시뮬레이션을 기존보다 훨씬 효율적으로 수행할 수 있는 QAEQuantum Amplitude Estimation (양자 진폭 추정) 알고리즘을 활용할 수 있다. 이론

---

8 양자 상태의 에너지를 최소화하는 방향으로 시스템을 천천히 발전시키는 방법.
9 조합 최적화 문제를 해결하기 위한 변분 양자 알고리즘.
10 분자의 기저 에너지 상태 등을 찾는 데 활용되는 양자-고전 하이브리드 알고리즘.
11 주식 가격의 확률적 변동을 가정해 유럽형 옵션의 이론적 가치를 계산하는 데 사용되는 수학적 모델.
12 무작위 난수를 반복적으로 생성해 확률적 현상이나 복잡한 수학적 문제를 수치적으로 근사하는 기법.

적으로 QAE는 기존의 고전적 몬테카를로 방법이 N번의 샘플링을 필요로 하는데 비해, $\sqrt{N}$번의 연산만으로도 동일한 정확도를 달성할 수 있어 계산 속도를 기하급수적으로 향상시킬 수 있다. 이는 초당 수천 개의 복잡한 파생상품 가격을 실시간으로 계산할 수 있게 해주며, 트레이딩 속도와 정확도를 한층 끌어올릴 수 있음을 의미한다.

JP모건은 2019년부터 IBM과 협력하여 양자 몬테카를로 시뮬레이션을 통한 옵션 가격 결정 연구를 진행해왔다. 이 연구에서 그들은 NISQ 환경에서도 실용적인 성능 향상을 달성할 수 있는 하이브리드 접근법을 제시했다. 구체적으로 QAE를 활용하여 바닐라 옵션은 물론 배리어 옵션, 아시안 옵션 같은 경로 의존형 상품과 복수의 기초 자산을 고려한 바스켓 옵션의 가격을 산정할 수 있는 양자 회로 설계법을 개발했다. 이 접근법은 고전적 몬테카를로 방법에 비해 이론적으로는 제곱근 수준의 계산 속도 향상을 기대할 수 있다. 연구진은 실제 IBM 양자 하드웨어에서의 실험을 통해 현재 수준의 양자 컴퓨터에서도 효과적인 오류 완화 기법을 적용하면 충분히 정확한 옵션 가격 추정이 가능함을 입증했다.

## 리스크 관리

리스크 관리Risk Management는 금융 기관의 생존과 직결되는 핵심 업무로 시장 리스크, 신용 리스크, 운영 리스크 등 다양한 유형의 위험을 정확하게 측정하고 통제하는 것이 무엇보다 중요하다. 특히 바젤 III 규제 도입 이후, 금융 기관은 더욱 정교하면서도 계산 부담이 큰 리스크 모델을 구축해야 하는 과제를 안게 되었다.

양자 컴퓨팅은 이러한 복잡한 리스크 모델의 시뮬레이션을 가속화하고 다양한 리스크 시나리오를 더 빠르고 정밀하게 분석할 수 있는 가능성을 제시한다. 특히 VaRValue at Risk[13]이나 CVACredit Valuation Adjustment[14]와 같은 핵심 리스크 지표의 계산에 양자 몬테카를로 시뮬레이션을 적용할 경우, 기존보다 높은 정확도와 효율성을 동시에 달성할 수 있을 것으로 예상된다.

---

[13] 특정 기간 동안 주어진 신뢰 수준에서 발생할 수 있는 최대 손실 추정치.
[14] 거래 상대방의 신용 위험을 반영한 가치 조정.

스페인의 금융기관 BBVA는 2021년 자파타와 협력하여 양자 컴퓨팅을 활용한 신용 리스크 모델링 연구를 진행했다. 이 연구에서는 CVA 등 복잡한 금융 파생상품의 가치 평가 문제에 양자 알고리즘을 적용함으로써, 기존 몬테카를로 시뮬레이션 방식의 개선 가능성을 모색했다. 연구팀은 양자 회로 학습Quantum Circuit Learning을 활용해 금융 상품 가격 계산 시 상대방의 디폴트default 위험과 같은 복잡한 요소를 얼마나 효과적으로 반영할 수 있는지를 평가했다. 비록 당시의 양자 하드웨어는 기술적 한계로 인해 기존 방식 대비 뚜렷한 우위를 보이지는 않았지만, 정밀도가 높아질수록 양자 접근법이 유리해질 수 있다는 가능성은 확인되었다.

## 사기 탐지

금융 사기는 전 세계적으로 연간 수십조 원의 손실을 초래하는 심각한 문제로 갈수록 더 정교하고 복잡해지고 있다. 기존의 사기 탐지Fraud Detection 시스템은 주로 규칙 기반 모델이나 고전적인 기계학습 알고리즘에 의존하고 있어, 새로운 유형의 사기 패턴을 실시간으로 감지하는 데 한계가 있다.

양자 기계학습 알고리즘은 방대한 금융 거래 데이터에서 복잡한 패턴을 더 효과적으로 학습하고, 이상 징후를 보다 정밀하게 탐지할 수 있는 잠재력을 지니고 있다. 예를 들어, 양자 지도 학습Quantum Supervised Learning은 레이블이 지정된 데이터를 통해 패턴을 학습하고, 양자 비지도 학습Quantum Unsupervised Learning은 레이블 없이 데이터에 내재된 구조를 찾아낸다. 이들은 양자 상태의 본질적인 다차원성과 중첩을 활용해 고차원 데이터 공간에서 더 효율적으로 상관 관계를 파악할 수 있다는 점에서 기존 방법보다 유리한 측면이 있다.

## 신용 평가

신용 평가Credit Scoring는 개인이나 기업의 신용도를 평가해 대출 승인 여부와 금리를 결정하는 중요한 금융 업무다. 기존 신용 평가 모델은 과거 신용 기록, 소득 수준, 자산 규모 등 제한된 변수에 기반한 선형 예측 방식을 사용하기에 복잡한 신용 행동 패턴을 정밀하게 평가하는 데 한계가 있다.

이러한 한계를 극복하는 데 양자 기계학습 알고리즘이 새로운 가능성을 제시하고 있다. 다양한 변수 간의 비선형적인 상호작용을 효과적으로 모델링할 수 있기 때문에 신용 평가의 정밀도를 크게 높일 수 있을 것으로 기대된다. 특히 양자 커널 방법Quantum Kernel Methods[15]이나 양자 신경망Quantum Neural Networks[16]은 기존 모델이 포착하기 어려웠던 미묘한 신용 행동의 패턴을 효과적으로 학습하고 예측하는 데 활용될 수 있다.

스페인의 카이샤은행CaixaBank은 2022년 D-웨이브와 협력하여 양자 어닐링을 기반으로 한 금융 최적화 연구를 진행했다. 이 프로젝트는 투자 포트폴리오 최적화 및 헤징Hedging(위험 회피) 문제에 양자-고전 하이브리드 방식을 적용한 것으로 기존 방식 대비 투자 포트폴리오 헤징 계산 시간을 최대 90% 단축해 복잡한 금융 문제 해결의 효율성을 크게 높였다.

이를 통해 카이샤의 생명 보험 및 연금 관련 자회사인 비다카이샤VidaCaixa는 투자 자본을 최적화하면서도 일정 수준의 리스크를 유지하며 실시간 시장 변화에 보다 민첩하게 대응할 수 있게 되었다. 또한 채권 포트폴리오 구성과 자산 배분 과정에서도 양자 어닐링 기반 알고리즘을 활용해 내부수익률IRR을 약 10% 향상시키는 성과를 거두었다.

이번 연구를 통해 카이샤은행은 보험 분야의 투자 헤징 업무에 양자 컴퓨팅을 실질적으로 적용한 세계 최초의 금융 기관 중 하나로 평가받고 있으며, 향후 다양한 업무 영역에 양자 기술을 적용할 계획이다. 이는 양자 컴퓨팅이 금융 산업에서 투자 효율성을 높이고 고객 가치와 업무 생산성을 개선할 수 있음을 보여주는 대표적인 사례로 꼽힌다.

## 양자 기반 금융 혁신의 새로운 가능성

양자 컴퓨팅은 단순히 기존 금융 서비스를 개선하는 데 그치지 않고 지금까지는 상상하기 어려웠던 완전히 새로운 금융 상품과 서비스를 가능하게 할 잠재력도

---

**15** 고전적 데이터를 양자 힐버트 공간으로 매핑하여 복잡한 패턴을 더 쉽게 식별.
**16** 양자 회로를 신경망처럼 구성해 복잡한 함수를 학습.

지니고 있다. 이러한 혁신은 금융 시장의 효율성, 투명성, 접근성을 획기적으로 높일 수 있는 원동력이 될 수 있다.

앞서 소개한 다섯 가지 주요 응용 분야는 현재 가장 활발히 연구되고 있는 영역이지만, 양자 컴퓨팅 인프라가 보다 쉽게 활용 가능해지고 관련 연구가 더욱 진전된다면 훨씬 더 미래지향적인 양자 기반 금융 혁신도 현실이 될 수 있다. 여기서는 현재 논의되고 있는 몇 가지 잠재적 가능성을 살펴본다.

### 초고도 양자 트레이딩

양자 컴퓨팅은 고빈도 거래HFT의 경쟁 구도를 근본적으로 뒤바꿀 수 있다. 복잡한 시장 데이터를 실시간으로 분석하고 최적의 거래 전략을 밀리초보다 짧은 시간 안에 계산할 수 있게 되면, 가격 발견 메커니즘과 유동성 공급 방식 자체가 새로운 국면을 맞이하게 된다. 이는 시장의 효율성을 한층 끌어올릴 수 있는 동시에 양자 기술에 대한 접근성 차이로 인해 또 다른 형태의 정보 격차나 시장 불균형을 초래할 가능성도 있다.

### 동적 리스크 기반 금융 상품

양자 컴퓨팅을 활용하면 고객의 상황과 시장 조건에 따라 실시간으로 반응하며 조건이 조정되는 동적 금융 상품의 개발이 가능해질 수 있다. 예를 들어, 실시간 리스크 분석을 통해 금리가 자동으로 조정되는 대출 상품이나, 고객의 행동 패턴과 시장 상황에 따라 보험료가 역동적으로 변하는 보험 상품 등이 등장할 수 있다. 이러한 금융 상품은 기존의 정적인 구조보다 훨씬 정교하게 리스크를 반영할 수 있어 금융 서비스의 효율성과 공정성을 높일 수 있다.

### 양자 기반 블록체인과 디지털 화폐

양자 컴퓨팅은 기존의 블록체인 기술에 위협이 될 수 있지만, 동시에 더 안전하고 효율적인 분산 원장 기술 개발로 이어질 수 있는 가능성도 함께 열어주고 있다. 예를 들어, 양자 내성 암호 기술을 적용한 블록체인 시스템이나 양자 알고리즘을 활용해 초고속으로 합의에 도달할 수 있는 디지털 화폐가 개발될 수 있다. 이러한 기술은 중앙은행의 디지털 화폐CBDC 설계에도 적용될 수 있어 미래 화폐 시스템 전반에 중대한 영향을 미칠 수 있다.

### 초개인화 금융 서비스

양자 기계학습 알고리즘은 개인의 복잡한 금융 데이터 패턴을 더 정밀하게 분석할 수 있기 때문에, 고도로 개인화된 금융 서비스 제공이 가능해진다. 개인의 재무 상태, 목표, 리스크 성향, 행동 특성 등을 종합적으로 고려해 최적의 투자 전략, 저축 계획, 보험 상품 등을 추천해주는 양자 기반 개인 금융 어드바이저가 등장할 수 있다. 이는 금융 자문의 수준을 높이고 더 많은 사람에게 자신에게 꼭 맞는 맞춤형 서비스를 제공할 수 있게 만들어줄 것이다.

### 양자 금융의 미래와 과제

양자 컴퓨팅이 금융 산업에 가져올 변화는 혁명적일 것으로 기대되지만 그 잠재력이 현실화되기 위해서는 여러 도전 과제를 넘어야 한다. 기술적 한계는 물론 규제, 인력, 윤리적 측면까지 다양한 영역에서 해결해야 할 부분이 있다.

우선, 현재의 양자 컴퓨터는 여전히 초기 단계에 머물러 있으며 큐비트 수가 제한적이고 오류율도 높다. 금융 분야의 실제 문제를 다루기 위해서는 더 많은 수의 안정적인 큐비트와 낮은 오류율을 갖춘 양자 컴퓨터가 필요하다. 특히 양자 오류 정정Quantum Error Correction 기술의 발전이 금융 분야에서 양자 컴퓨팅을 실용화하는 데 중요한 역할을 할 것이다.

이러한 기술적 한계는 모든 산업군에서 공통적으로 적용되지만, 금융 분야에서는 양자 컴퓨팅의 이점을 최대한 살릴 수 있는 특화된 알고리즘 개발이 더욱 중요하다. 현재처럼 리소스가 제한된 상황에서도 의미 있는 결과를 도출할 수 있으려면 하이브리드 양자-고전 알고리즘의 고도화가 필요하다.

실제로 JP모건, 골드만삭스 등 주요 금융 기관은 자체적으로 양자 알고리즘 연구팀을 구성해 금융 특화 알고리즘 개발에 적극 투자하고 있다. 이는 양자 컴퓨팅이 단순한 연구 수준을 넘어 금융 실무에 실질적인 혁신을 가져올 수 있는 기술로 인식되고 있음을 보여준다.

금융 분야 문제의 특성에 맞는 양자 알고리즘의 최적화와 함께, 이를 효율적으로 구현할 수 있는 소프트웨어 프레임워크의 개발도 중요한 과제다. 키스킷 파이낸스 Qiskit Finance, 페니레인, Q# 등 오픈소스 양자 소프트웨어 툴킷은 금융 기관이 양자 알고리즘을 보다 쉽게 개발하고 실험할 수 있도록 특화된 환경을 제공하고 있다.

또한, 양자 컴퓨팅과 금융을 동시에 이해하는 전문 인력의 양성도 빼놓을 수 없는 과제다. 양자 컴퓨팅은 고도의 물리학, 컴퓨터 과학, 수학 지식을 요구하는 기술이며 여기에 금융 도메인에 대한 이해까지 더해져야 실무 적용이 가능하다. 하버드, MIT, 스탠퍼드 등 주요 대학은 이미 양자 금융 관련 교육 과정을 운영 중이며, JP모건, HSBC 등 글로벌 금융 기관들도 자사 인력을 대상으로 양자 컴퓨팅 교육 프로그램을 도입하고 있다.

금융 산업이 양자 기술의 이점을 실질적으로 활용하기 위해서는 양자 물리학과 컴퓨터 과학, 금융공학을 아우르는 융합형 인재가 필요하다. 이에 따라 학계와 산업계가 협력하여 양자 금융 분야의 인재 풀을 확대하려는 움직임은 앞으로 더욱 활발해질 것으로 보인다. 양자 컴퓨팅이 금융 시장에 미칠 수 있는 잠재적 영향에 대한 규제적·윤리적 고려도 필요하다.

예를 들어, 양자 컴퓨팅 기반의 초고속 거래 알고리즘이 시장의 불안정성을 높일 가능성이나, 기술 접근성의 격차가 금융 시장의 불공정성을 심화시킬 수 있는 위험성에 대한 논의가 요구된다. 규제 기관은 양자 시대에 걸맞은 새로운 규제 프레임워크를 마련해야 하며 금융 기관 역시 책임 있는 기술 활용을 위한 윤리적 가이드라인을 수립할 필요가 있다.

또한 양자 컴퓨팅이 기존 암호 체계를 위협할 수 있다는 점에서, 금융권의 양자 내성 암호 도입 준비도 시급하다. 미국 NIST가 진행 중인 양자 내성 암호 표준화 작업에 발맞춰, 각 금융 기관은 자사의 암호화 시스템을 점검하고 업그레이드하는 작업을 서둘러야 할 것이다.

양자 컴퓨팅은 단순히 계산 속도를 높이는 데 그치지 않고, 금융 시장의 구조와 서비스 방식 자체를 변화시킬 것이다. 복잡한 금융 문제에 대해 지금보다 훨씬 깊이 있는 통찰과 분석이 가능해지고, 이를 바탕으로 더 공정하고 효율적인 금융 시스템이 구축될 수 있다. 나아가 지금은 상상하기 어려운 완전히 새로운 형태의 금융 상품과 서비스가 등장할 가능성도 열려 있다.

## 6.4 AI
: 양자 기계학습, 새로운 지능의 탄생

AI(인공지능)은 이미 우리의 삶 곳곳에 깊숙이 스며들어 있다. 이미지 인식, 음성 인식, 자연어 처리, 추천 시스템 등 다양한 분야에서 AI는 눈에 띄는 성과를 거두고 있다. 그러나 기존의 AI 기술은 여전히 여러 한계를 안고 있다. 복잡한 패턴을 인식하거나 방대한 데이터를 학습하려면 막대한 시간과 컴퓨팅 자원이 필요하며 때로는 인간에게는 직관적으로 쉬운 문제도 제대로 해결하지 못하는 경우도 있다.

양자 컴퓨팅은 이러한 기존 AI의 한계를 근본적으로 극복하고 AI의 새로운 지평을 열 수 있는 혁신적 기술로 주목받고 있다. 특히 양자 기계학습Quantum Machine Learning, QML은 양자 컴퓨터의 고유한 연산 방식과 병렬 처리 능력을 활용하여 기존 기계학습 알고리즘의 성능을 획기적으로 끌어올리는 것은 물론, 고전적 방식으로는 상상하기 어려웠던 전혀 새로운 형태의 AI 모델과 응용도 가능하게 한다.

### 양자 기계학습의 고유한 강점

양자 기계학습은 양자 컴퓨터를 활용하여 기계학습 알고리즘을 구현하거나 향상시키는 연구 분야이다. 고전적 컴퓨터의 비트(0 또는 1)와 달리 양자 컴퓨터는 큐비트의 중첩과 얽힘 등 양자역학적 특성을 활용하여 정보를 처리한다. 이러한 양자 특성을 기계학습에 접목할 때 다음과 같은 고유한 강점이 발휘된다.

양자 컴퓨터는 큐비트의 중첩과 얽힘 상태를 이용해 데이터를 표현한다. n개의 큐비트는 $2^n$개의 상태를 동시에 표현할 수 있어 기존 컴퓨터보다 훨씬 더 풍부하고 복잡한 데이터 표현이 가능하다. 이는 고차원 데이터의 특성을 저차원의 큐비트 공간에 효율적으로 표현하거나, 데이터 간의 복잡한 상관 관계를 포착하는 데 특히 유용하다.

예를 들어, 양자 기계학습에서는 데이터 포인트를 힐버트 공간의 양자 상태로 인코딩하여 고차원 데이터의 특성을 보존하면서도 효율적으로 처리할 수 있다. 이러한 양자 표현 방식은 특히 이미지, 비디오, 텍스트와 같은 고차원 데이터를 다룰 때 큰 이점을 제공할 수 있다.

양자 알고리즘을 사용하면 데이터에서 중요한 특징을 더 빠르고 효율적으로 추출할 수 있다는 것도 큰 장점이다. 예를 들어 양자 푸리에 변환Quantum Fourier Transform은 고전적 푸리에 변환보다 훨씬 빠르게 실행할 수 있어, 이미지나 음성 데이터에서 주기적인 패턴을 보다 효율적으로 식별할 수 있다. 또한, 양자 PCAQuantum Principal Component Analysis(양자 주성분 분석)는 고전적 PCA보다 더 효율적으로 데이터의 차원을 축소할 수 있다. 고전적 PCA가 $n \times n$ 행렬을 대각화하는 데 $O(n^3)$의 시간이 필요한 반면, 양자 PCA는 $O(\log n)$ 시간 안에 수행될 수 있어 대규모 데이터셋의 차원 축소가 필요한 상황에서 큰 속도 향상을 제공한다.

이러한 이점 덕분에 양자 컴퓨터의 고유한 연산 방식을 활용한 새로운 형태의 기계학습 모델이 개발되기 시작했다. 양자 신경망Quantum Neural Network은 양자 회로를 기반으로 하여 더 적은 수의 파라미터로도 복잡한 함수를 학습할 수 있는 구조를 가진다. 최근 각광을 받고 있는 양자 지원 벡터 머신Quantum Support Vector Machine은 양자 상태 간의 내적 계산을 활용해 더 효율적인 분류가 가능하다고 알려져 있다. 또한, 생성형 AI 모델에서 영감을 받은 양자 생성 모델Quantum Generative Model은 양자 상태의 중첩을 활용해 보다 다양하고 복잡한 데이터 패턴을 생성할 수 있다.

이러한 양자 학습 모델은 기존 알고리즘으로는 학습하기 어려운 복잡한 패턴을 더 효율적으로 인식하거나 보다 현실적인 합성 데이터를 생성할 수 있는 가능성을 보여준다. 특히 양자 알고리즘은 선형 방정식 시스템 풀이Quantum Linear Systems Algorithm나 최적화 문제(예: 양자 근사 최적화 알고리즘)를 해결하는 데 기존 방식보다 뛰어난 성능을 발휘할 수 있다. 이러한 장점은 AI 모델을 실시간으로 학습하거나 지속적으로 업데이트해야 하는 응용 분야에서 유용하게 작용할 수 있다.

## 양자 기계학습의 주요 산업적 응용 분야

양자 기계학습은 다양한 산업과 분야에서 혁신적인 응용 가능성을 제시하고 있다. 특히 이미지 인식, 자연어 처리, 의료 진단 등에서 그 잠재력이 더욱 주목받고 있는데, 최근 가장 활발하게 논의되고 있는 대표적인 응용 분야를 간단히 정리해 보았다.

### 이미지 인식: 양자 컴퓨터의 눈

이미지 인식은 자율주행, 의료 영상 분석, 얼굴 인식 등 다양한 분야에서 핵심적인 역할을 담당하는 AI 기술이다. 양자 기계학습은 이러한 이미지 인식의 정확도와 처리 속도를 크게 향상시킬 수 있는 가능성을 지니고 있다.

양자 합성곱 신경망Quantum Convolutional Neural Networks, QCNN은 이미지의 공간적 특징을 보다 효과적으로 포착하고 처리할 수 있는 기술이다. 양자 상태의 중첩과 얽힘을 활용하면 적은 수의 파라미터로도 복잡한 시각적 패턴을 학습할 수 있어 객체 인식과 분류의 정확도를 높일 수 있다. 이러한 양자 기반 이미지 인식 기술은 특히 저해상도 이미지나 노이즈가 많은 환경처럼 까다로운 조건에서 더 큰 강점을 발휘한다. 또한, 실시간 객체 추적처럼 빠른 처리 속도가 요구되는 분야에서도 양자 기계학습의 이점이 뚜렷하게 나타날 수 있다.

2021년 구글의 양자 컴퓨팅 연구팀은 MIT 연구진과 공동으로 MNIST 손글씨 숫자 데이터셋 분류에 양자 신경망을 적용하는 실험을 수행했다. 이 연구에서는 양자 신경망이 기존 신경망보다 약 2~3배 적은 파라미터로도 비슷한 정확도(약 95% 이상)를 달성할 수 있음을 보여주었다. 이는 모델의 크기와 복잡성을 줄이면서도 성능을 유지할 수 있는 양자 기계학습의 가능성을 시사한다.

또한 구글 연구진은 학습 데이터가 제한된 상황에서도 양자 신경망이 우수한 성능을 보인다는 점을 확인했다. 이는 적은 양의 샘플로도 효과적인 학습이 가능하다는 양자 기계학습의 잠재력을 잘 보여주는 결과다. 이후 유사한 연구가 세계 각지의 연구진에 의해 활발히 이어지고 있으며, 의미 있는 결과를 담은 논문도 지속적으로 발표되고 있다.

## 자연어 처리: 양자 컴퓨터의 언어 이해

자연어 처리Natural Language Processing, NLP는 컴퓨터가 인간의 언어를 이해하고 생성하는 기술로 기계 번역, 감성 분석, 텍스트 요약, 챗봇 등 다양한 응용 분야를 포함한다. 양자 기계학습은 이러한 자연어 처리 기술의 성능과 효율성을 크게 끌어올릴 수 있는 가능성으로 주목받고 있다.

특히 언어 간 번역은 단순히 단어를 다른 언어로 바꾸는 것이 아니라 문맥과 문화적 뉘앙스, 언어적 특성까지 고려해야 하는 매우 복잡한 작업이다. 양자 언어 모델Quantum Language Model은 단어와 문장 사이의 의미론적 관계를 더 풍부하게 표현할 수 있어 보다 정확하고 자연스러운 번역을 가능하게 할 것으로 기대된다.

이러한 모델은 단어의 의미를 고차원 힐버트 공간의 양자 상태로 인코딩함으로써 단어 간의 미묘한 관계나 중의적 표현도 효과적으로 포착할 수 있다. 그 결과 문맥에 맞는 정확한 번역과 유려한 문장 구성에 유리하며, 특히 문법 구조가 크게 다른 언어 쌍(예: 한국어 - 영어, 일본어 - 독일어) 간의 번역에서 더 큰 성능 향상이 기대된다.

또 한 가지 양자 기계학습의 자연어 처리 응용 분야로 주목받는 것이 바로 감성 분석이다. 감성 분석은 텍스트에 담긴 감정과 태도를 분석하고 분류하는 기술로 소셜 미디어 모니터링, 고객 리뷰 분석, 브랜드 평판 관리 등 다양한 영역에서 활용된다. 양자 기계학습은 텍스트 속 미묘한 감정의 뉘앙스나 문맥적 의미를 더 정밀하게 파악할 수 있어 감성 분석의 정확도와 정교함을 크게 높일 수 있다.

특히 아이러니, 풍자, 은유처럼 해석이 복잡한 표현이나 문화적 배경에 따라 의미가 달라질 수 있는 문장을 분석하는 데 있어 양자 기계학습의 장점이 더욱 두드러질 수 있다. 다중 언어 기반의 감성 분석에서도 언어마다 다른 감정 표현의 미세한 차이를 양자 모델이 더 효과적으로 포착할 수 있다.

이러한 특성을 잘 활용하면 챗봇의 자연어 이해 능력을 한층 끌어올릴 수 있다. 복잡한 질문에 대한 정확한 응답, 다단계 대화에서의 일관성 유지, 사용자의 감정 상태에 맞춘 섬세한 반응 등 기존 챗봇이 해결하지 못한 문제들을 개선하는 데 양자 기계학습이 중요한 역할을 할 수 있다. 양자 기반 챗봇은 고객 서비스, 헬스케어, 교육 등 다양한 분야에서 더 자연스럽고 인간에 가까운 대화형 인터페이스를 제공하는 데 기여할 것으로 기대된다.

이와 관련된 대표적인 사례로는 CQC—케임브리지 퀀텀 컴퓨팅, 현재는 퀀티늄의 일부—가 개발한 양자 자연어 처리 툴킷인 램베크를 들 수 있다. 램베크는 문장의 문법 구조와 의미를 양자 회로로 변환하여 양자 컴퓨터에서 자연어 처리 작업을 수행할 수 있도록 지원한다.

이 툴킷은 범주론적 양자역학Categorical Quantum Mechanics과 분산 구성 의미론 모델Distributional Compositional Models의 원리를 활용하여, 단어의 의미와 문장 구조를 양자 상태와 연산으로 표현하는 방식으로 문장을 모델링한다. 이 접근법은 언어의 복잡한 의미론적 관계를 더 정교하게 반영할 수 있게 해준다.

퀀티늄은 램베크를 활용하여 문장 분류, 질의 응답, 감성 분석 등 다양한 자연어 처리 작업에 대한 실험을 진행하고 있으며, 일부 작업에서는 고전적 자연어 처리 모델과 비교해 경쟁력 있는 성능을 보여줬다고 한다. 특히 적은 양의 학습 데이터로도 효과적인 학습이 가능하다는 점이 램베크의 가장 주목할 만한 특징으로 꼽힌다.

다만 양자 기계학습의 다른 적용 분야에 비해 자연어 처리 분야에서의 연구 사례는 상대적으로 적게 발표되고 있다. 이는 최근 대형 언어 모델LLM뿐 아니라 딥시크DeepSeek 등장 이후 주목받고 있는 소형 언어 모델SLM, Small Language Model이 눈에 띄는 성과를 내고 있는 상황에서, 양자 기계학습의 강점이 뚜렷하게 부각되지 못하고 있기 때문으로 보인다.

## 물류와 교통: 양자 최적화의 힘

물류와 교통 분야는 수많은 변수와 복잡한 제약 조건 속에서 최적의 해결책을 찾아야 하는 난제가 많다. 대표적인 예로 차량 경로 문제Vehicle Routing Problem, 시설 위치 문제Facility Location Problem, 스케줄링 문제 등이 있으며, 이들 대부분은 NP-hard 문제로 분류된다. 양자 컴퓨팅은 이러한 조합 최적화 문제를 해결하는 강력한 도구가 될 수 있다.

글로벌 물류 네트워크는 원자재 공급부터 최종 소비자에 이르기까지 수많은 의사 결정 지점이 존재하는 복잡한 시스템이다. 이 과정에서 창고 위치 선정, 재고 관리, 배송 경로 설정, 차량 배치 등 다양한 요소를 동시에 고려해야 한다. 양자 최적화 알고리즘은 이러한 복잡한 변수를 통합적으로 분석하고 보다 효율적인 결정을 도출하는 데 탁월한 성능을 발휘한다.

특히 QAOA와 양자 어닐링은 물류 최적화 문제에 효과적으로 적용될 수 있는 유망한 접근법으로 여겨진다. 이들은 배송 시간 단축, 연료 소비 절감, 비용 효율 개선, 고객 만족도 향상 등 다양한 측면에서 실질적인 이점을 제공할 수 있다.

또 한 가지 주목할 만한 응용 사례는 스마트 도시의 교통 시스템에 양자 컴퓨팅을 접목하는 시도다. 도시의 교통 시스템은 교통량, 도로 상황, 날씨, 사고, 대중교통 운행 등 수많은 요소가 실시간으로 얽혀 작동하는 복잡한 네트워크다. 양자 컴퓨팅은 이러한 방대한 실시간 데이터를 분석하고 보다 신속하고 정교한 교통 관리 전략을 수립하는 데 기여할 수 있다.

양자 알고리즘은 신호 제어 최적화, 교통량 분산, 우회 경로 추천 등 다양한 교통 관리 과제를 실시간으로 해결할 수 있으며 이를 통해 교통 체증 완화, 이동 시간 단축, 연료 소비 및 배기가스 감소 등의 효과를 기대할 수 있다. 나아가 미래의 교통 상황을 보다 정확하게 예측하고 선제적으로 대응하는 데에도 양자 컴퓨팅의 강점이 발휘될 수 있다. 특히 양자 기계학습 알고리즘은 과거의 교통 패턴과 현재 상황을 종합 분석하여 미래의 교통 흐름을 예측하고 최적의 대응 전략을 제시하는 데 유용하다.

자율 주행의 시대가 도래하면 양자 컴퓨팅의 강점은 더욱 두드러질 수 있다. 미래의 교통 시스템은 수많은 자율 주행 차량으로 구성될 가능성이 높으며, 이 차량들이 서로 통신하고 협력하는 네트워크를 구축할 경우 교통 흐름의 전반적인 개선이 기대된다. 양자 컴퓨팅은 이러한 자율 주행 차량 네트워크의 최적화를 가능하게 하는 데 중요한 역할을 할 수 있다.

양자 알고리즘은 개별 차량의 경로를 계산하는 수준을 넘어 다수의 자율 주행 차량이 동시에 이동하는 전체 교통 시스템을 통합적으로 최적화할 수 있다. 이를 통해 전체적인 이동 효율성과 교통 체증 완화에 기여할 수 있다. 또한 차량 간 실시간 협력과 자원 공유를 위한 최적의 전략을 수립하는 데에도 양자 컴퓨팅이 활용될 수 있다.

특히 수요-응답형 운송 서비스Demand-Responsive Transport와 차량 공유 서비스의 최적화에 큰 영향을 미칠 것으로 보인다. 수많은 승객의 요청과 제한된 가용 차량을 실시간으로 매칭하고 최적 경로를 계산해야 하는 문제는 양자 컴퓨팅이 효과적으로 풀 수 있는 영역이다.

현재 이 분야에서 가장 활발하게 양자 컴퓨팅 연구를 진행 중인 기업 중 하나는 폭스바겐Volkswagen이다. 폭스바겐은 D-웨이브의 양자 어닐링 시스템을 활용해 베이징 시내 택시들의 이동 경로를 최적화하는 실험을 수행했다. 이 실험은 실제 교통 데이터를 기반으로 각 택시에 대해 최적 경로를 계산하고, 이를 통해 전체 도로망의 교통 흐름을 개선하는 것을 목표로 했다.

실험 결과, 양자 알고리즘은 고전적 알고리즘보다 더 빠르게 최적에 가까운 경로를 도출해냈으며 이는 교통 체증 감소와 이동 시간 단축으로 이어질 수 있음을 보여주었다. 특히 교통량이 많은 시간대나 복잡한 도로망에서는 양자 알고리즘의 효율성이 더욱 두드러졌다.

폭스바겐은 이 실험 결과를 바탕으로 양자 컴퓨팅을 활용한 교통 최적화 솔루션 개발에 박차를 가하고 있다. 이는 향후 도시 교통 관리, 물류 네트워크 개선, 자율 주행 차량 운영 등 다양한 영역에서 활용될 수 있는 가능성을 보여준다.

(좌) 양자 컴퓨터 적용 전, 베이징 시내에서 발생한 심각한 교통 혼잡 상황 (우) D-웨이브의 양자 최적화 알고리즘을 적용한 이후, 개선된 베이징 시내 교통 흐름(출처: D-웨이브)

또 하나의 주목할 만한 사례는 2024년 에어버스Airbus와 BMW가 공동으로 진행한 '양자 기반 물류: 효율적이고 지속 가능한 공급망을 향해Quantum-Powered Logistics: Towards an Efficient and Sustainable Supply Chain' 챌린지다. 이 프로젝트는 항공 우주 및 자동차 산업의 복잡한 제조 공정에서 부품 운송으로 인한 탄소 배출을 최소화하고, 최적의 물류 네트워크 설계를 목표로 했다.

이 챌린지에서는 제품 분해 구조PBS를 기반으로 여러 지역에 분산된 제조 및 조립 공장 간의 부품 운송 비용을 최소화하는 문제를 다루었다. 이를 위해 운송 수단별—육로, 해상, 항공— 탄소 배출량, 지역적 제한, 납기, 관세 등 다양한 제약 조건도 함께 고려되었다. 이 문제는 ILP(정수 선형 계획법) 또는 QUBOQuadratic Unconstrained Binary Optimization(이차 무제약 이진 최적화) 형식으로 모델링되었고, 여기에 QAOA와 양자 어닐링 기반의 양자 알고리즘을 적용한 결과, 고전적 방식보다 더 우수한 해법을 도출할 가능성을 보여주었다.

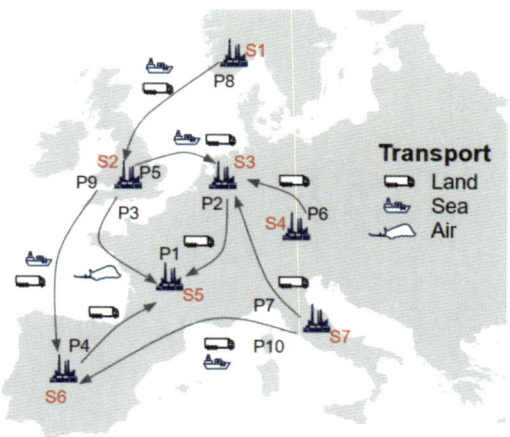

7개 제조 사이트에 10개의 부품을 할당하고, 육로·해상·항공 운송을 조합해 구성한 최적 물류 네트워크

이와 같이 복잡한 물류 최적화 문제는 양자 알고리즘이 탁월한 성능을 발휘할 수 있는 영역이다.

### 기상 예측: 더 정확하고 빠르게

기상 예측은 복잡한 대기 현상을 모델링하고 시뮬레이션해야 하는 까다로운 작업으로 현재도 슈퍼컴퓨터를 활용해 막대한 시간과 계산 자원이 투입되고 있다. 양자 컴퓨팅은 이러한 기상 예측의 정확도와 속도를 획기적으로 높일 수 있는 가능성을 제시한다.

현대의 기상 모델은 대기, 해양, 육지 간의 복잡한 상호작용을 묘사하는 연립 미분방정식으로 구성되어 있다. 이 방정식들을 풀기 위해서는 막대한 연산이 필요하며 이는 기상 예보의 해상도와 예측 시간을 제한하는 주요 요인이 된다. 양자 컴퓨팅은 이러한 대규모 연립 방정식을 효율적으로 계산할 수 있는 잠재력을 갖고 있으며, 이를 통해 기상 예측의 정밀도와 속도를 크게 향상시킬 수 있다.

특히 양자 위상 추정Quantum Phase Estimation 알고리즘과 HHL 알고리즘(양자 선형 시스템 풀이 알고리즘)은 기상 모델에 포함된 수치 계산을 더 빠르게 수행할 수 있는 유망한 기술로 주목받고 있다. 이를 활용하면 더 높은 시공간 해상도를 갖는 정밀한 기상 예측이 가능해질 수 있다.

기상 예측의 정확성은 초기 조건(현재 기상 상태)의 정밀한 측정과 이를 바탕으로 한 미래 상태의 정확한 계산에 달려 있다. 하지만 대기는 본질적으로 혼돈 시스템chaotic system이기 때문에 초기의 작은 오차가 시간이 지남에 따라 급격히 증폭되는 특성을 지닌다.

양자 컴퓨팅은 이러한 예측의 한계를 극복하기 위한 두 가지 주요 접근법을 제공할 수 있다. 첫째, 양자 알고리즘은 더 정교한 기상 모델을 구동함으로써 대기 현상을 보다 정확하게 표현할 수 있게 해준다. 둘째, 양자 컴퓨팅은 다양한 초기 조건을 바탕으로 여러 시뮬레이션을 수행하는 앙상블 예측을 보다 효율적으로 실행할 수 있어 예측의 불확실성을 정량적으로 평가하는 데 도움이 된다.

이러한 기술은 태풍, 홍수, 폭염, 한파와 같은 극단적인 기상 현상을 보다 정밀하게 예측하는 데 유용할 수 있으며, 재난 대응을 개선하고 인명 및 재산 피해를 줄이는 데 기여할 수 있다. 또한 양자 기계학습은 과거의 기후 데이터를 분석하여 숨겨진 기후 패턴을 식별하고, 이를 바탕으로 미래의 기후 변화를 예측하는 데 활용될 수 있다. 이는 기후 변화의 원인과 영향을 더 깊이 이해하고 보다 효과적인 대응 전략을 수립하는 데 중요한 기반이 될 수 있다.

현재 이 분야에서 가장 적극적인 움직임을 보이는 기관은 영국 기상청이다. 영국 기상청은 옥스퍼드 대학교 물리학과 연구팀과 함께 기상 및 기후 예측에 양자 컴퓨팅을 활용할 가능성을 본격적으로 탐색하고 있다.

2023년 옥스퍼드 대학교의 물리학자 테니Tennie와 팔머Palmer가 발표한 연구에 따르면, 양자 컴퓨팅이 기상 예측에 미치는 영향은 좋은 점The Good, 나쁜 점The Bad, 노이즈 문제The Noisy라는 세 가지 측면에서 평가할 수 있다. 이 중 좋은 점에서 주목할 부분은 양자 컴퓨터가 비선형 미분방정식을 푸는 데 기존 방식보다 훨씬 빠른 속도를 낼 수 있다는 점이 실제로 입증되고 있다는 것이다.

옥스퍼드 연구팀은 MIT와의 협력을 통해 나비에–스톡스 방정식처럼 기상 모델에 핵심적인 비선형 방정식을 보다 효율적으로 해결할 수 있는 양자 알고리즘을 개발하고 있다. 이들은 단순화된 비선형 모델을 대상으로 한 초기 실험에서 양자 솔버(알고리즘)이 여러 번의 고전적인 시뮬레이션을 통해 얻은 평균값(앙상블 평균)에 가까운 결과를 더 빠르고 효율적으로 도출할 수 있다는 사실을 보고했다. 이는 양자 컴퓨팅이 더 정밀한 기상 및 기후 예측을 가능하게 할 수 있음을 시사한다.

다만, 현재의 양자 컴퓨터는 아직 기상 시뮬레이션 전반을 단독으로 처리하기에는 여러 한계가 존재한다. 이에 따라 슈퍼컴퓨터와 양자 컴퓨터를 결합해 활용하는 하이브리드 방식에 대한 관심이 점차 높아지고 있다.

## 양자 기계학습의 도전 과제와 한계

양자 기계학습은 AI 분야에 혁신적인 변화를 가져올 수 있는 기술로 주목받고 있지만 실제로 실용화되기까지는 여전히 많은 도전 과제와 기술적 한계가 존재한다. 따라서 양자 기계학습의 성공적인 발전을 위해서는 이러한 문제를 정확히 이해하고 해결해나가는 과정이 필요하다.

이 책에서 꾸준히 언급한 바와 같이 양자 기계학습도 양자 컴퓨팅 전반의 근본적인 문제(예: 하드웨어의 물리적 한계, 오류 보정 기술의 미성숙, 양자 컴퓨터의 프로그래밍 및 제어를 위한 소프트웨어 스택, 양자-고전 하이브리드 시스템 구축을 위한 인터페이스 개발 등)에 직면하고 있다. 여기에 더해 양자 기계학습만의 고유한 도전 과제도 존재한다. 그 중에서도 특히 중요한 두 가지를 아래와 같이 정리할 수 있다.

### 알고리즘 개발의 과제

양자 기계학습 분야는 아직 연구 초기 단계에 있으며 실제 문제에 적용 가능한 효율적인 알고리즘 개발이 시급하다. 특히 현재와 같이 큐비트 수가 제한되고 오류율이 높은 양자 하드웨어 환경에서도 성능 향상을 기대할 수 있는 실용적인 양자 알고리즘의 개발이 무엇보다 중요하다.

이를 위해 두 가지 접근이 필요하다. 하나는 기존의 기계학습 알고리즘을 양자 환경에 맞게 재설계하고 최적화하는 작업이고, 다른 하나는 양자 컴퓨터의 고유한 연산 특성을 최대한 활용하여 완전히 새로운 양자 기반의 기계학습 패러다임을 탐구하는 것이다. 이는 단순한 기술 개발을 넘어 양자역학과 기계학습 이론에 대한 깊은 이해를 요구하는 복합적인 과제다.

또한 양자 알고리즘과 고전 알고리즘을 효과적으로 결합하는 하이브리드 접근법의 개발도 중요한 방향이다. 이러한 하이브리드 모델은 현재의 양자 컴퓨터 성능으로도 실제 문제를 해결할 수 있는 가능성을 열어준다.

**데이터 표현과 처리의 어려움**

양자 기계학습에서 또 하나의 중요한 도전 과제는 고전적 데이터를 양자 상태로 효율적으로 인코딩하는 문제이다. 고전 데이터를 양자 컴퓨터에 로드하는 과정은 많은 시간과 계산 자원을 요구할 수 있으며, 이로 인해 전체 시스템의 효율성이 저하될 수 있다. 따라서 효율적인 양자 데이터 인코딩 기법의 개발은 양자 기계학습의 실용화를 위한 핵심 과제로 꼽힌다.

또한 양자 상태에서 유용한 정보를 효과적으로 추출하고 해석하는 기술의 개발도 매우 중요하다. 양자 측정은 본질적으로 확률적인 성격을 가지기 때문에 원하는 결과를 안정적으로 얻기 위해서는 신중하게 설계된 측정 전략이 필요하다.

아울러 양자 기계학습에 특화된 데이터 전처리 방식과 특징 추출 기법의 개발 역시 주요 연구 주제로 부상하고 있다. 이러한 기법들은 양자 알고리즘의 성능을 극대화하고 양자 컴퓨터가 가진 계산상의 이점을 실제 문제 해결에 효과적으로 연결하는 데 핵심적인 역할을 할 수 있다.

# 기초 과학 연구와 양자 컴퓨팅
: 우주의 비밀을 푸는 열쇠

양자 컴퓨팅은 기초 과학 연구 분야에서도 혁신적인 변화를 이끌 잠재력을 지니고 있다. 특히 고에너지 물리학, 양자역학, 우주론, 재료 과학 등 여러 분야에서 양자 컴퓨팅은 기존의 컴퓨터로는 감당하기 어려웠던 복잡한 시뮬레이션과 계산을 가능하게 해줄 있다는 희망을 던져주고 있다.

### 고에너지 물리학: 우주의 근본적 구조 탐구

고에너지 물리학은 물질을 이루는 기본 입자들과 그들 간의 상호작용을 연구하는 분야로 우주의 기원과 근본 구조를 이해하는 데 핵심적인 역할을 한다. 양자 컴퓨팅은 이러한 고에너지 물리학 연구에 새로운 지평을 열 수 있다. 특히 양자 컴퓨터는 양자장 이론Quantum Field Theory과 같은 복잡한 물리 이론을 시뮬레이션하는 데 효과적으로 활용될 수 있다. 이는 기본 입자 간의 상호작용, 새로운 입자의 존재 가능성, 초기 우주의 상태 등을 보다 정밀하게 탐구하는 데 도움이 된다.

또한 대형 입자 가속기 실험에서 생성되는 방대한 데이터를 분석하고 희귀한 사건(예: 힉스 보손 생성)을 탐지하는 데도 양자 기계학습 알고리즘이 활용될 수 있다. 이런 기술은 표준 모형을 넘어서는 새로운 물리학 현상의 발견으로 이어질 가능성을 높여준다.

### 양자 중력 연구: 물리학의 최종 목표

현대 물리학이 직면한 가장 큰 과제 중 하나는 양자역학과 일반 상대성 이론을 통합하는 양자 중력 이론을 정립하는 것이다. 이는 블랙홀, 빅뱅, 우주의 기원과 같은 극한 상황에서 공간과 시간의 본질을 이해하기 위해 반드시 필요한 이론이다.

양자 컴퓨팅은 이러한 양자 중력 이론을 시뮬레이션하고 검증하는 데 활용될 수 있는 새로운 가능성을 제시한다. 기존의 고전 컴퓨터로는 구현이 어려운 강한 양자 효과가 나타나는 환경(예: 블랙홀 주변이나 초기 우주의 조건)을 양자 컴퓨터를 통해 보다 현실적으로 모사할 수 있다.

이러한 접근은 이론 물리학자들이 양자 중력 이론을 실제로 시험하고 발전시키는 데 양자 컴퓨터가 중요한 도구가 될 수 있으며, 궁극적으로 우주의 근본 원리에 대한 우리의 이해를 한층 더 깊게 확장시킬 수 있는 계기를 마련할 수 있다.

### 재료 과학 연구: 혁신적 소재의 발견

양자 컴퓨팅이 재료 과학 분야에 가져올 수 있는 혁신은 앞서 이미 다루었지만 이 기술은 순수 과학 연구의 관점에서도 매우 중요한 의미를 갖기에 다시 한 번 강조할 필요가 있다. 특히 새로운 초전도체, 자성체, 촉매 등 특이한 물리적 성질을 지닌 소재를 발견하고 그 특성을 정밀하게 분석하는 데 양자 컴퓨팅은 결정적인 기여를 할 수 있다.

양자 컴퓨터는 원자와 분자 수준에서 물질의 양자역학적 거동을 정밀하게 시뮬레이션할 수 있어 재료의 전자 구조, 광학적 특성, 기계적 특성 등을 정확하게 예측할 수 있다. 이는 기존 방법보다 훨씬 더 효율적으로 특정 용도에 최적화된 소재를 설계하고 개발하는 데 큰 도움이 된다.

특히 고온 초전도체, 양자 물질, 위상학적 물질과 같이 복잡한 양자 특성을 지닌 첨단 소재의 연구에 있어 양자 컴퓨팅은 핵심적인 도구가 될 것으로 기대된다. 이들 소재는 에너지 저장 및 전송, 양자 컴퓨팅 하드웨어, 의료 기기 등 다양한 분야에서 혁신적인 응용 가능성을 지니고 있어 향후 과학 기술의 진보에 중요한 역할을 할 것이다.

## 6.6 양자 응용 분야의 미래
: 통합적 전망

지금까지 살펴본 양자 컴퓨팅의 다양한 응용 분야는 각각 독립적으로 발전하는 것이 아니라 서로 연결되고 통합되어 강력한 시너지 효과를 만들어낼 가능성이 높다.

양자 기계학습, 물류 최적화, 기상 예측, 기초 과학 연구 등은 서로의 발전을 촉진하며 상호 보완적인 관계를 형성할 것으로 기대된다. 예를 들어, 양자 기계학습 알고리즘은 물류 최적화 문제를 더 효율적으로 해결할 수 있게 도와주고, 기상 예측 모델의 정확성 향상에도 기여할 수 있다. 또한 기초 과학 분야에서 개발된 양자 시뮬레이션 기법은 신약 개발이나 신소재 탐색에 활용될 수 있으며 이는 다시 양자 컴퓨터 하드웨어 발전을 자극하는 선순환 구조를 만들 수 있다.

이처럼 각 분야의 발전이 다른 분야로 이어지고 다시 원천 기술로 환류되는 순환적이고 통합적인 발전 패턴은 향후 양자 컴퓨팅 생태계 전반의 성장을 가속화할 것이다. 특히 양자-고전 하이브리드 접근법은 이러한 통합적 전망 속에서 핵심적인 역할을 하게 될 것으로 보인다. 양자 컴퓨터와 고전 컴퓨터의 강점을 결합하면 현재의 제약된 양자 하드웨어 환경에서도 실용적인 문제 해결이 가능해진다.

양자 컴퓨팅의 발전은 단순한 기술 혁신을 넘어 사회, 경제, 정치 전반에 걸쳐 광범위한 영향을 미칠 것으로 예상된다. 특히 AI, 물류, 기상 예측, 국방 및 안보 등의 분야에서는 양자 기술이 기존 시스템의 구조를 바꾸고 새로운 사회적 패러다임을 만들어낼 잠재력을 지니고 있다.

# Chapter 7

# 양자 컴퓨팅 앞에 놓인 과제
## : 기술적 한계와 윤리적 문제

---

양자 컴퓨팅은 암호 기술, 디지털 경제, AI 등 다양한 분야에 근본적인 변화를 예고하며 기술 혁신의 최전선에 서 있다. 그러나 그 잠재력이 현실로 구현되기까지는 여전히 많은 도전 과제를 넘어야 한다. 양자 컴퓨터의 오류율, 확장성, 극저온 유지 등 기술적 한계는 실용화를 가로막는 가장 큰 장벽으로 남아 있다. 또한 양자 우위가 실현될 경우 기존 암호 시스템의 붕괴, 프라이버시 침해, 기술 불균형 같은 사회적·윤리적 문제도 함께 불거질 수 있다.

이 장에서는 양자 컴퓨팅이 마주한 기술적·사회적 양면의 도전들을 심도 있게 살펴보고, 그 혜택이 인류 전체에게 공정하게 돌아가기 위한 책임 있는 혁신의 방향을 함께 모색해 본다.

# 7.1 양자 컴퓨팅, 지속 가능한 미래를 향하여

21세기 과학 기술의 최전선에 선 양자 컴퓨팅은 인류의 계산 능력에 획기적인 전환점을 마련할 가능성을 보여주고 있다. 이 기술은 현대 암호 체계를 무력화할 수 있는 잠재력을 지니며 블록체인과 디지털 경제를 포함한 기존의 정보 인프라에 근본적인 변화를 불러 올 수 있는 잠재적인 촉매로 주목받고 있다. 그러나 이러한 혁신이 현실이 되기까지는 아직도 수많은 장애물을 넘어야 한다.

양자 컴퓨팅은 마치 두 얼굴의 야누스처럼 상반된 가능성을 동시에 품고 있다. 한편으로는 난치병 치료, 기후 변화 예측, 신소재 설계와 같은 인류의 난제를 해결할 수 있는 새로운 돌파구를 제시할 수 있다. 다른 한편으로는 현재의 보안 체계를 무력화하고 개인정보를 위협하며, 기술 격차를 심화시킬 위험성도 함께 내포한다.

지금부터 양자 컴퓨팅이 직면한 두 가지 핵심 도전 영역을 심도 있게 탐구해보자. 첫째 큐비트 오류율, 확장성 한계, 극저온 유지 등 실용적인 양자 컴퓨터의 구현을 어렵게 만드는 기술적 문제에 대해 살펴본다. 둘째, 양자 우위 달성 이후 예상되는 암호 붕괴, 프라이버시 침해, 국가 간 기술 격차 같은 윤리적·사회적 쟁점을 면밀히 고찰한다.

모든 기술 혁명에는 책임이 따른다. 양자 컴퓨팅의 미래는 기술적 난제를 어떻게 극복하고 사회적 파장을 어떻게 완화하며, 그 혜택을 누구에게 어떻게 공정하게 배분할 것인지에 달려 있다. 양자 기술이 인류의 지속 가능한 발전에 기여하려면 기술 개발을 넘어 사회적 책임과 균형 있는 정책적 대응이 함께 이뤄져야 한다. 지금부터 그 방향성을 하나하나 살펴보자.

## 7.2 기술적 한계
: 장밋빛 미래를 가로막는 현실

양자 컴퓨팅은 놀라운 가능성을 제시하지만 그 잠재력을 실현하기 위해서는 아직 해결해야 할 수많은 기술적 난제가 존재한다. 현재 양자 컴퓨터 개발자들이 마주하고 있는 가장 큰 어려움은 무엇일까? 그리고 지금의 기술 수준은 어디까지 와 있으며 앞으로의 전망은 어떨까?

### 큐비트 오류: 양자 컴퓨터의 아킬레스건

양자 컴퓨터가 직면한 가장 치명적인 문제 중 하나는 바로 오류$_{Error}$다. 양자 정보의 기본 단위인 큐비트는 열, 전자기파, 진동 같은 외부 환경에 극도로 민감하다. 아주 작은 자극에도 큐비트의 양자 상태(중첩이나 얽힘)가 쉽게 깨지며 오류가 발생하게 되는데 이를 결잃음이라고 부른다.

결잃음은 양자 정보가 외부 환경과 상호작용하면서 점차 사라지는 현상이다. 마치 밀폐된 향수 병에서 향이 조금씩 밖으로 퍼져나가는 것처럼 큐비트에 저장된 양자 정보도 외부 자극에 의해 점차 흐트러진다. 이때 중요한 개념이 결잃음 시간이다. 이는 큐비트가 안정적인 양자 상태를 유지할 수 있는 시간으로, 이 시간이 길수록 복잡한 양자 연산을 안정적으로 수행할 수 있다.

초기 큐비트들의 결잃음 시간은 나노초($10^{-9}$초) 수준에 불과했지만 최근에는 마이크로초($10^{-6}$초)에서 밀리초($10^{-3}$초) 수준까지 향상되었다. 그러나 여전히 고전 컴퓨터의 비트 안정성과 비교하면 턱없이 짧은 시간이다.

큐비트에서 발생하는 오류는 크게 세 가지 유형으로 나눌 수 있다.

1. 비트 플립 오류(Bit-flip error): 큐비트의 상태가 0에서 1로 또는 1에서 0으로 뒤바뀌는 오류
2. 위상 플립 오류(Phase-flip error): 큐비트의 중첩 상태에서 위상이 변화하여 양자 간섭 패턴에 영향을 주는 오류
3. 결잃음 오류(Decoherence error): 외부 환경과의 상호작용으로 인해 큐비트의 양자 상태가 붕괴되는 오류

현재 양자 컴퓨터의 큐비트 오류율은 대략 $10^{-3}$에서 $10^{-4}$ 수준으로 약 1000~10000번의 연산 중 한 번 꼴로 오류가 발생한다는 뜻이다. 반면 고전 컴퓨터의 비트 오류율은 $10^{-15}$ 이하로 거의 무시할 수 있을 정도로 낮다. 이처럼 높은 오류율은 양자 계산의 신뢰성을 크게 떨어뜨리는 요인으로 오류 억제 및 보정 기술의 개발은 양자 컴퓨팅의 실용화를 위한 핵심 과제로 여겨진다.

양자 오류를 완전히 제거하는 것은 이론적으로 불가능하지만 오류의 영향을 줄이기 위한 다양한 기술이 활발히 연구되고 있다. 그중 대표적인 방법이 양자 오류 수정Quantum Error Correction, QEC이다. 이 기법은 여러 개의 물리적 큐비트를 하나의 논리적 큐비트로 묶어 구성하고, 오류가 발생하면 이를 감지해 수정하는 방식이다. 이는 마치 정확하지 않은 여러 개의 모래시계를 조합해 평균적으로 더 정확한 시간을 측정하는 것과 비슷하다.

가장 유망한 양자 오류 수정 방식 중 하나는 표면 코드Surface Code이다. 표면 코드는 2차원의 격자 형태로 큐비트를 배열한 뒤 인접한 큐비트 간의 상관 관계를 정기적으로 측정해 오류를 탐지하고 정정한다.

다음 그림은 구글 퀀텀 AI가 2023년 네이처에 발표한 논문에서 소개한 표면 코드 구현 방식을 보여준다.

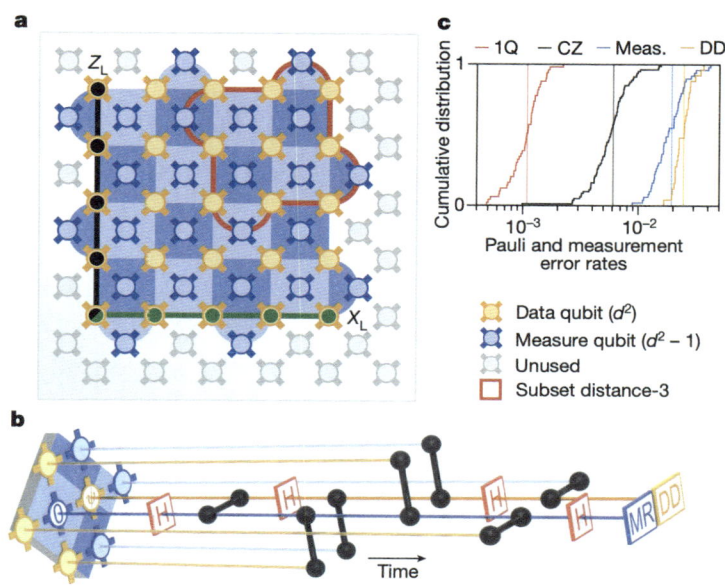

🔬 구글 윌로우 프로세서에 적용된 오류 정정 기술: 표면 코드

구글은 이 표면 코드 기술을 활용해 양자 우위를 달성했다고 주장하며 학계와 산업계에 큰 반향을 일으켰다.

a는 데이터 큐비트(노란색)와 파란색 측정 큐비트(파란색)가 2차원 격자 형태로 배열된 모습을 보여준다. 이 격자 위에는 논리적 X 연산자와 Z 연산자의 경로가 표시되어 있으며, 빨간 테두리는 거리 3$_{distance-3}$[1]의 오류 정정 코드 영역을 나타낸다. b는 시간 흐름에 따른 오류 전파 과정을 시각화한 것으로 오류가 어떻게 퍼지고 감지되는지를 보여준다. c는 단일 큐비트 연산, 얽힘 게이트(CZ), 측정, 디코히런스 억제(DD) 등 다양한 연산 유형에서 발생하는 오류율의 누적 분포를 나타낸 그래프다.

구글의 시카모어 프로세서를 계승한 윌로우 프로세서는 표면 코드 아키텍처를 채택하여 큐비트 오류 수정 능력을 크게 향상시켰다. 이 방식은 물리적 큐비트의 오

---
1  하나의 오류까지 감지하고 정정할 수 있는 최소한의 코드 크기를 의미.

류율이 일정 임계값 이하로 유지될 경우 논리적 큐비트의 오류를 기하급수적으로 줄일 수 있다는 장점이 있다.

다만, 하나의 논리적 큐비트를 구현하기 위해 많은 수의 물리적 큐비트가 필요하다는 한계가 있으며, 높은 수준의 오류 수정을 위해서는 수천 개 이상의 물리적 큐비트가 요구될 수 있다.

한편, 또 다른 접근법으로는 오류 완화Error Mitigation 기법이 있다. 이는 양자 회로를 여러 번 실행한 결과를 통계적으로 보정하여 오류의 영향을 줄이는 방식으로 확률적 오류 상쇄Probabilistic Error Cancellation, 제로-노이즈 외삽법Zero-Noise Extrapolation 등이 대표적이다. 이러한 기법들은 완전한 오류 수정은 아니지만 현재처럼 하드웨어가 제한적인 양자 컴퓨터 환경에서도 실용적인 계산 결과를 얻는 데 효과적이다.

최근 AWS는 양자 오류 수정 기술에 획기적인 전환점을 제시하는 오셀롯Ocelot 칩을 발표했다. 2025년 2월에 공개된 이 칩은 캣 큐비트cat qubit라는 개념을 활용해, 기존보다 최대 90%까지 오류 수정 비용을 줄일 수 있는 것으로 알려졌다.

캣 큐비트는 슈뢰딩거의 고양이 실험에서 착안한 개념으로 특정 유형의 오류를 자체적으로 억제하는 특성을 지닌다. 이를 통해 기존 방식보다 5~10배 적은 물리적 자원으로도 오류 수정을 구현할 수 있다. 오셀롯 칩은 두 개의 실리콘 마이크로칩을 적층한 구조로 되어 있으며, 내부에는 5개의 데이터 큐비트(캣 큐비트), 5개의 버퍼 회로 그리고 4개의 오류 감지용 큐비트가 포함되어 있다. AWS는 이 기술이 양자 컴퓨팅의 실용화 시기를 최대 5년 앞당길 수 있다고 전망하고 있으며 관련 연구는 네이처에 게재되었다.

장기적으로 양자 컴퓨팅이 지향하는 궁극적인 목표는 바로 결함 허용 양자 컴퓨팅Fault-Tolerant Quantum Computing이다. 이는 오류가 발생하더라도 정확한 계산 결과를 안정적으로 도출할 수 있는 양자 컴퓨팅 시스템을 의미한다. 결함 허용 양자 컴퓨팅을 실현하기 위해서는 두 가지 조건이 필요하다. 하나는 큐비트의 오류율을 오류 임계값threshold 이하로 낮추는 것, 다른 하나는 충분한 수의 큐비트를 확보하는 것이다. 현재 이론적으로 알려진 오류 임계값은 약 1%이며 최근 일부 실험에서는 이 기준에 근접하는 수준의 고성능 큐비트가 등장하고 있다.

그러나 이러한 결함 허용 시스템을 구현하기 위해 요구되는 오류 처리 기술은 아직 초기 단계에 머물러 있다. 특히 기존의 양자 오류 수정 방식에서는 수백만~수십억 개에 이르는 물리적 큐비트가 필요할 것으로 예상되며 현재 기술로는 이처럼 방대한 수의 큐비트를 안정적으로 제어하고 오류를 관리하는 데 큰 어려움이 있다.

예를 들어, 하나의 논리적 큐비트를 만들기 위해서는 수많은 물리적 큐비트가 필요하다. 그 수는 사용하는 오류 수정 방식에 따라 달라지지만 표면 코드의 경우 논리적 큐비트 하나를 구현하려면 보통 1000개 이상의 물리적 큐비트가 필요하다고 알려져 있다.

이처럼 막대한 자원이 필요하다는 점이 양자 컴퓨팅 실용화의 큰 걸림돌 중 하나다. 이를 해결하기 위해 구글의 윌로우 프로세서와 AWS의 오셀롯 칩처럼 더 적은 큐비트로 오류를 줄일 수 있는 새로운 기술들이 등장하고 있다. 이런 기술들은 양자 컴퓨터가 실제로 쓸 수 있는 수준에 도달하는 시점을 더 앞당길 수 있을 것으로 기대된다.

## 확장성: 더 많은 큐비트, 더 큰 도전

양자 컴퓨터의 성능을 높이기 위해서는 더 많은 큐비트를 집적해야 한다. 하지만 큐비트 수가 증가할수록 오류율도 함께 증가하고 큐비트 간의 상호작용을 제어하는 것도 더욱 어려워진다.

큐비트 수가 많아질수록 큐비트 간의 원치 않는 상호작용인 크로스토크Crosstalk가 발생하여 오류를 유발할 수 있다. 마치 밀집된 도시에서 여러 사람이 동시에 이야기할 때 목소리가 섞이는 것처럼 인접한 큐비트들 사이에서도 양자 신호가 섞이는 현상이 발생한다. 또한 수많은 큐비트를 개별적으로 정밀하게 제어하는 것은 매우 어려운 기술적 과제다. 각 큐비트마다 제어 라인과 측정 장치가 필요하며, 이로 인해 배선 복잡도wiring complexity가 기하급수적으로 증가한다.

특히 초전도 큐비트와 같이 극저온에서 작동하는 큐비트의 경우 큐비트 수가 증가하면 냉각 시스템의 용량도 함께 증가해야 한다. 현재 대부분의 양자 컴퓨터는 희석 냉동기 내부의 제한된 공간에 설치되어 있어 물리적 공간 제약도 큰 문제다. 또한 냉각 과정에서 발생하는 열을 효과적으로 제거하는 것도 중요한 과제다.

일반적인 양자 컴퓨터의 모습

위의 그림처럼 양자 컴퓨터는 극저온 환경을 유지하기 위해 대형 냉각 시스템에 매달린 형태로 설계되며, 수많은 큐비트를 정밀하게 제어하기 위해 복잡한 배선 구조가 함께 갖춰져 있다.

큐비트 확장성 문제를 가시화하기 위해 다음과 같은 관계를 생각해볼 수 있다. 현재 최고 수준의 양자 컴퓨터는 100~1000개 정도의 물리적 큐비트를 탑재하고 있지만 앞서 설명했듯이 하나의 논리적 큐비트를 안정적으로 구현하려면 그보다 훨씬 많은 물리적 큐비트가 필요하다. 예를 들어, 구글의 윌로우 프로세서가 사용하는 표면 코드 기준으로는 하나의 논리적 큐비트를 구현하는 데 약 1000개의 물리적 큐비트가 필요한 것으로 추정된다. 이 기준에 따르면 단 50개의 논리적 큐비트를 갖춘 양자 컴퓨터를 만들기 위해 최소 5만 개의 물리적 큐비트가 필요하다는 계산이 나온다.

그런데 2048비트 RSA 암호를 쇼어 알고리즘으로 해독하려면 약 4000개의 논리적 큐비트가 필요하다고 알려져 있어, 이 경우에는 수백만 개의 물리적 큐비트가 필요해지는 셈이다.

물론 이것은 표면 코드 기반의 사례에 국한된 수치다. 예컨대, 아이온큐처럼 이온 트랩 방식을 채택한 기업은 2025년까지 논리적 큐비트 64개를 구현하는 양자 컴퓨터를 선보일 계획이다. 현재 아이온큐는 약 1000개의 물리적 큐비트를 구현한 것으로 알려져 있는데, 이를 기준으로 하면 하나의 논리적 큐비트를 구성하는 데 필요한 물리적 큐비트는 약 20개 수준이 된다. 이처럼 구현 방식과 기술 수준에 따라 요구되는 큐비트 수는 크게 달라질 수 있으므로 수치를 해석할 때에는 기술적 맥락을 함께 고려해야 한다.

이러한 확장성 문제를 해결하기 위해 다양한 접근 방식이 시도되고 있다. 대표적인 방법 중 하나는 여러 개의 작은 큐비트 칩을 연결하여 더 큰 양자 프로세서를 구성하는 모듈형 아키텍처Modular Architecture다. 이는 여러 대의 컴퓨터를 네트워크로 연결해 슈퍼컴퓨터를 구축하는 방식과 유사한 개념이다. IBM, 리게티 등의 주요 기업은 이러한 모듈형 구조를 통해 큐비트 수를 확장하는 데 주력하고 있다. 이를 실현하기 위해서는 양자 상태를 보존한 채 정보를 전송할 수 있는 양자 상호 연결Quantum Interconnect 기술이 필수적이며 현재 광자 기반 양자 통신, 마이크로파 공진기 등 다양한 방식이 활발히 연구되고 있다.

또한 초전도와 이온트랩 방식 외에도 광자, 중성 원자, 위상학적 큐비트와 같은 새로운 큐비트 플랫폼을 개발하여 확장성 문제를 해결하려는 시도도 진행 중이다. 예를 들어, 중성 원자 큐비트는 광학 핀셋optical tweezers을 이용해 수백~수천 개의 원자를 3차원 공간에 정렬할 수 있어 뛰어난 확장성을 제공한다. 이와 함께, 큐비트를 수직으로 쌓아 배치하는 3차원 집적3D integration 기술도 주목받고 있다. 이는 반도체 분야의 3D 집적 기술과 유사하게 한정된 공간 안에 더 많은 큐비트를 배치할 수 있게 해준다.

하지만 이러한 기술은 아직 초기 단계에 머물러 있으며 큐비트 간 크로스토크 최소화, 정밀 제어 기술 확보, 냉각 시스템의 효율 향상 등 여전히 풀어야 할 기술적 과제가 많다. 아울러, 서로 다른 큐비트 기술의 성능을 비교 분석하는 큐비트 벤치마킹Qubit Benchmarking 역시 중요한 연구 분야로 떠오르고 있다.

결국, 어떤 큐비트 플랫폼이 최종적으로 우위를 점할지는 아직 불확실하며 여러 플랫폼이 공존하는 다원화된 생태계로 발전할 가능성도 열려 있다.

## 냉각: 극저온 유지의 어려움

대부분의 양자 컴퓨터는 극저온 환경에서만 제대로 작동한다. 특히 초전도 큐비트는 절대영도(−273.15℃)에 가까운 온도, 즉 약 10~15 밀리켈빈(절대영도보다 0.01~0.015도 높은 온도)에서만 안정적으로 동작한다. 이 온도는 우주 배경 복사(2.7K)보다도 100배 이상 낮아, 자연계에서 관측 가능한 가장 낮은 온도보다 더 차갑다.

이처럼 극저온이 필요한 가장 큰 이유는 열thermal energy 때문이다. 열은 큐비트의 양자 상태를 붕괴시키는 주요 원인이다. 열 에너지는 큐비트에 무작위적인 요동을 일으켜 중첩과 얽힘 상태를 정밀하게 제어하는 데 방해가 된다. 극저온 환경은 이러한 열적 요동을 최소화하여 큐비트의 결맞음 시간을 늘리고 오류율을 낮춘다.

현재 양자 컴퓨터의 냉각에는 주로 희석 냉동기Dilution Refrigerator가 사용된다. 이 장치는 헬륨−3($^3$He)과 헬륨−4($^4$He)의 혼합물을 이용해 극저온을 만들어낸다. 그러나 헬륨−3은 자연계에서 매우 희귀한 동위원소이며, 그램당 수천 달러에 이를 정도로 고가다. 이로 인해 희석 냉동기 자체가 매우 비쌀 뿐 아니라 운용과 유지보수에도 막대한 비용과 에너지가 든다. 또한 초기 냉각에는 수일이 소요되기도 하며 전체 시스템은 매우 복잡하고 민감하게 구성되어 있다.

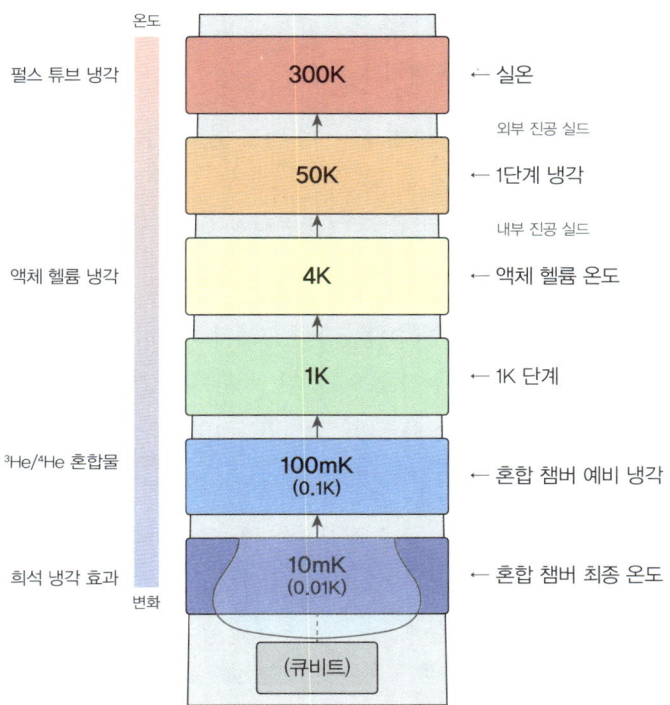

  희석 냉동기의 구조와 냉각 단계

큐비트 수가 증가하면 냉각해야 할 물리적 공간도 함께 커지기 때문에 더 큰 용량의 냉각 시스템이 필요하다. 이는 곧 전력 소비 증가와 더 높은 비용으로 이어진다. 예를 들어, 1000개 이상의 큐비트를 갖춘 대형 양자 컴퓨터를 안정적으로 냉각하려면 현재보다 훨씬 더 강력하고 효율적인 냉각 기술이 요구된다.

또한 큐비트 제어에 사용되는 전자 장치에서 발생하는 열 역시 효과적으로 제거해야 한다. 이러한 열이 냉각 시스템 내부에 축적되면 큐비트의 안정성에 악영향을 줄 수 있기 때문이다.

결국, 냉각 시스템은 양자 컴퓨터의 확장성을 제약하는 핵심 요소 중 하나다. 대규모 양자 컴퓨터를 현실화하기 위해서는 단지 큐비트를 늘리는 것뿐만 아니라 냉각 기술 자체의 혁신도 함께 이루어져야 한다. 이를 위해 최근에는 펄스관 냉동기Pulse Tube Cryocooler와 같은 새로운 냉각 기술도 개발되고 있지만, 아직은 희석 냉동기만큼 극저온을 구현하지는 못하는 단계다.

또 다른 접근법으로는 극저온 냉각이 덜 필요하거나 아예 필요 없는 큐비트 플랫폼을 개발하는 것이다. 예를 들어 광자 큐비트나 다이아몬드의 NV 센터 큐비트는 실온에서도 작동할 수 있다는 장점이 있다. 그러나 현재로서는 성능이 낮고 확장성에도 한계가 있다.

실리콘 스핀 큐비트는 약 1켈빈(−272°C) 정도의 온도에서 작동이 가능해 초전도 큐비트에 비해 덜 극단적인 냉각 환경을 요구한다. 또한 고온 초전도체 기반 큐비트도 연구 중인데 이는 액체 질소 온도(약 77켈빈, −196°C)에서도 작동할 수 있어 냉각 비용을 크게 절감할 수 있다.

한편, 냉각 시스템 자체의 효율성 향상도 중요한 연구 과제다. 냉각 파워를 최적화하고 열 차폐thermal shielding[2] 기술을 개선하여 전체 시스템의 냉각 효율을 높이기 위한 연구가 진행 중이다. 또한 큐비트 제어 신호를 극저온 환경으로 전달하는 과정에서 발생하는 열을 최소화하기 위해 초저온 전자 장치Cryogenic Electronics 개발도 활발히 이루어지고 있다.

---

**2** 외부 열이 민감한 장비 내부로 전달되지 않도록 막아주는 보호 구조.

# 7.3 양자 알고리즘과 소프트웨어
## : 효율적 활용의 어려움

양자 컴퓨터의 하드웨어적 도전 과제 외에도 이를 효과적으로 활용하기 위한 소프트웨어 측면의 과제도 만만치 않다. 특히 양자 알고리즘 개발, 양자-고전 하이브리드 방식의 구현, 양자 프로그래밍 환경 구축 등이 주요 과제로 떠오르고 있다.

양자 컴퓨터는 기존 컴퓨터와는 완전히 다른 원리로 작동하기 때문에 기존 알고리즘을 단순히 양자 버전으로 바꾸는 것만으로는 기대만큼의 성능 향상을 얻기 어렵다. 양자 병렬성, 중첩, 얽힘과 같은 양자역학적 특성을 적극 활용하는 완전히 새로운 방식의 알고리즘이 필요하다. 하지만 양자 알고리즘을 개발하는 것은 직관에 반하는 양자역학적 사고방식을 요구하기에 결코 쉽지 않다.

현재까지 쇼어 알고리즘(소인수분해), 그로버 알고리즘(비정렬 데이터 검색) 등 몇 가지 획기적인 양자 알고리즘이 제안되어 왔지만 이들 대부분은 특정 문제에만 적용 가능하다. 보다 다양한 실용적 문제에 적용 가능한 양자 알고리즘의 개발이 시급한 상황이다. 특히 이론적으로는 양자 우위를 보일 수 있지만 실제 하드웨어 수준에서 구현 가능한 NISQ 알고리즘의 개발이 점점 더 중요한 연구 분야로 부상하고 있다.

또한, 양자 컴퓨터의 프로그래밍 방식은 기존 컴퓨터와 상당히 다르다. 양자 게이트, 양자 회로 등 새로운 개념에 익숙해져야 하며 양자역학적 사고 방식을 요구하기 때문에 개발자에게는 높은 진입장벽이 된다. 이러한 장벽을 낮추기 위해 양자 프로그래밍 언어, 개발 환경, 시뮬레이션 도구 등이 활발히 개발되고 있으나 아직은 초기 단계에 머물러 있다.

현재 실용적인 대안으로는 양자-고전 하이브리드 알고리즘이 주목받고 있다. 이는 전체 계산 중 일부 핵심 연산만 양자 컴퓨터로 수행하고 나머지는 고전 컴퓨터로 처리하는 방식이다. 예를 들어, VQE(변분 양자 고유값 계산기), QAOA(양자 근사 최적화 알고리즘) 등이 대표적인 하이브리드 방식으로 현재와 같이 오류가 많은 양자 컴퓨터에서도 의미 있는 계산을 가능하게 하는 실용적 접근법으로 평가받고 있다.

# 7.4 윤리적, 사회적 문제
## : 새로운 고민거리

양자 컴퓨팅 기술이 발전함에 따라 우리 사회는 이제껏 경험하지 못한 윤리적·사회적 도전에 직면하게 될 것이다. 기술적 한계가 점차 극복되는 과정에서 이 혁신이 불러올 사회적 파급 효과에 대한 진지한 고찰이 필요한 시점이다. 그렇다면 양자 컴퓨팅은 어떤 윤리적·사회적 문제를 초래할 수 있으며 우리는 이를 어떻게 대응해나가야 할까?

### 양자 우위 논쟁: 무엇이 문제인가?

양자 우위란 양자 컴퓨터가 특정 계산 문제에서 고전 컴퓨터를 능가하는 성능을 보일 때를 의미하며 이는 양자 컴퓨팅 연구의 주요 이정표로 여겨진다. 2019년, 구글은 53큐비트 양자 프로세서 시카모어를 통해 세계 최초로 양자 우위를 달성했다고 발표하며 큰 주목을 받았고 이후 이 분야의 경쟁은 더욱 치열해졌다.

하지만 양자 우위의 달성은 단순한 기술적 쾌거를 넘어 사회적으로 중대한 파장을 야기할 수 있는 문제를 내포하고 있다. 양자 컴퓨터가 충분한 성능을 갖추게 되면 현재 널리 사용되는 암호 체계—RSA, ECC 등—를 빠르게 해독할 수 있게 되어, 개인 프라이버시부터 국가 안보에 이르기까지 광범위한 위협이 발생할 수 있다. 이는 5장에서 살펴본 바와 같이 현대 디지털 인프라의 기반을 흔드는 심각한 문제로 연결될 수 있다.

물론, 지금까지 입증된 양자 우위는 매우 제한된 특정 계산 문제에 국한되어 있으며, 이를 실제로 암호 해독과 같은 실용적 용도로 활용하기까지는 여전히 상당한 기술적 진전이 필요하다. 그럼에도 불구하고 이러한 이론적 가능성만으로도 사이버 보안 커뮤니티에 적지 않은 충격과 경각심을 불러일으키고 있다.

또한, 양자 우위라는 표현 자체가 기술적 패권과 우월성을 암시하기 때문에 국가 간 혹은 기업 간 경쟁을 과도하게 부추기고, 불필요한 기술 분쟁이나 정치적 긴장으로 이어질 수 있다는 우려도 제기된다.

양자 우위와 관련된 또 다른 중요한 윤리적 문제는 과학적 검증의 어려움이다. 양자 컴퓨터의 구조와 계산 방식이 워낙 복잡하다 보니, 특정 기업이나 연구팀이 주장하는 양자 우위의 성과를 독립적으로 재현하거나 검증하기가 쉽지 않다. 이는 연구의 투명성과 신뢰성에 대한 근본적인 질문을 불러일으킨다. 나아가 양자 우위를 달성했다는 주장이 실제보다 기술 수준을 과장하거나, 투자 유치와 주가 상승을 노린 마케팅 수단으로 악용될 가능성도 배제할 수 없다.

## 암호 해독: 국가 안보와 개인정보 보호의 위협

양자 컴퓨터가 가져올 가장 직접적이고 중대한 위협 중 하나는 바로 기존 암호 체계의 붕괴다. 특히 쇼어 알고리즘은 현재 널리 사용되는 공개키 암호 방식—RSA, ECC 등—을 효율적으로 해독할 수 있는 것으로 알려져 있다. 이는 국가 안보, 금융 시스템, 개인정보 보호 등 사회 전반에 심각한 영향을 미칠 수 있다.

### 국가 안보의 위협

양자 컴퓨터의 발전은 정부 기밀, 군사 작전, 외교 문서, 방위 산업 기술 정보 등 핵심 안보 정보를 위험에 빠뜨릴 수 있다. 만약 적대 세력이 이러한 정보를 해독하게 되면 정보 전쟁의 판도가 바뀔 만큼 큰 피해가 발생할 수 있다. 특히 이미 암호화된 데이터를 수집해 보관한 뒤 양자 컴퓨터가 성숙한 시점에 해독하는 '지금 수확하여 나중에 해독하기' 전략은 실질적인 위협으로 간주되고 있다.

### 금융 시스템의 취약성

현대 금융 시스템은 모든 전자 거래와 보안 인증이 암호화 기술에 기반하고 있다. 은행 간 송금, 증권 거래, 블록체인 네트워크, 개인 계좌 정보 등 모든 요소가 해당된다. 만약 이 암호화 체계가 양자 컴퓨터에 의해 무력화된다면 글로벌 금융 시스템이 마비되거나 붕괴될 가능성도 존재한다. 이는 단순한 경제적 피해를 넘어 사회 전체의 안정을 위협하는 재앙으로 이어질 수 있다.

## 개인 정보 보호의 위기

의료 기록, 금융 내역, 통신 기록, 위치 정보 등 개인정보를 보호하는 수단 또한 암호화에 의존하고 있다. 양자 컴퓨터는 이 방어벽을 허물 수 있으며 그 결과로 프라이버시 침해, 신분 도용, 금융 사기, 협박 등 다양한 범죄가 발생할 수 있다. 특히 디지털 서명이 위변조될 경우 정보의 진위를 검증하는 기존 신뢰 체계가 무너질 수 있다는 점에서 그 파급력은 상상을 초월한다.

이러한 위협에 대응하기 위해서는 양자 내성 암호의 개발과 도입이 시급하다. NIST를 비롯한 다양한 기관들이 표준화 작업을 진행 중이며 일부 선도 기업은 이미 양자 내성 암호 기술을 자사 제품에 적용하고 있다. 그러나 새로운 암호 체계의 설계, 검증, 확산까지는 상당한 시간과 비용이 소요될 것으로 보인다. 특히 기존의 레거시 시스템을 양자 내성 암호로 전환하는 과정에서는 예상치 못한 보안 취약점이 발생할 수 있다. 이에 대한 보다 구체적인 내용은 5장에서 다루었으므로 여기서는 간략히 짚고 넘어간다.

한편, 좀 더 SF 소설에서나 등장할 법한 위험도 상상해볼 필요가 있다. 양자 컴퓨터의 압도적인 연산 능력은 대규모 데이터를 분석하고 숨겨진 패턴을 찾아내는 데 매우 뛰어난 성능을 발휘할 수 있다. 이는 양자 기계학습과 결합될 경우 사회 전반의 감시 능력을 비약적으로 향상시킬 수 있는 잠재력을 지닌다. 즉, 정부나 기업이 이 기술을 이용해 개인의 행동, 소비 성향, 정치적 견해, 사회적 관계망 등을 정밀하게 추적하고 예측하는 것이 가능해질 수 있다. 물론 개인 맞춤형 서비스나 의료 분석 등 긍정적인 활용으로 이어질 수 있지만 반대로 정치적 선전, 사회 통제, 여론 조작 등의 위험한 방향으로 악용될 가능성도 배제할 수 없다.

양자 컴퓨팅 기술이 얼굴 인식, 걸음걸이 분석, 음성 인식 등 생체 인식 시스템과 결합된다면 그 정밀도와 처리 속도는 획기적으로 향상될 것이다. 이는 공공장소에서의 실시간 신원 식별과 추적을 가능하게 만들며 결과적으로 익명성이 사라진 감시 사회로 이어질 수 있다. 특히 중국의 사회 신용 시스템처럼 이미 존재하는 대규모 감시 체계가 양자 기술의 도움을 받는다면 개인의 자유와 인권은 더 큰 위협에 직면하게 된다.

또한 소셜 미디어 분석의 고도화 역시 중대한 우려를 낳는다. 양자 알고리즘은 대규모 데이터를 빠르게 분석해 개인의 심리 상태, 정치적 성향, 사회적 영향력 등을 더욱 정밀하게 파악할 수 있다. 이러한 분석 기술은 표적 광고, 여론 조작, 정치 캠페인 등에 활용될 수 있으며, 이는 민주주의의 핵심 기반을 흔들 수 있다.

더욱 우려스러운 것은 딥페이크Deepfake 기술과 양자 컴퓨팅이 결합될 경우다. 이 조합은 허위 정보의 생성과 확산을 지금보다 훨씬 정교하고 신속하게 만들 수 있으며 사회적 신뢰 기반을 크게 훼손할 수 있다.

이처럼 감시 기술이 고도화되면 철학자 제러미 벤담이 구상한 판옵티콘Panopticon[3] 개념이 현실화될 수 있다. 감시당하고 있다는 인식만으로도 개인은 스스로를 통제하게 되고 이는 표현의 자유, 창의성, 사회적 다양성을 심각하게 위축시킬 수 있다. 따라서 양자 컴퓨팅 시대를 준비하는 지금, 개인정보 보호와 프라이버시 권리를 지키기 위한 법적·제도적 장치를 선제적으로 마련하는 것이 무엇보다 중요하다.

## 일자리 감소: 새로운 기술, 새로운 실업?

양자 컴퓨팅 기술의 발전은 노동 시장에도 큰 변화를 가져올 것으로 보인다. 특히 복잡한 계산과 패턴 인식에 의존하는 직종은 양자 컴퓨터의 등장으로 자동화되거나 대체될 가능성이 높다.

가장 직접적인 영향을 받는 분야는 암호학과 보안이다. 현재 암호 분석가들은 암호 시스템의 안전성을 평가하고 잠재적인 취약점을 찾아내는 일을 한다. 하지만 양자 컴퓨터가 기존의 암호 체계를 무력화시킬 수 있게 되면 이들의 역할은 크게

---

[3] 영국 철학자 제러미 벤담이 고안한 감시 설계 개념으로, 감시자가 중앙에서 모든 수감자를 볼 수 있는 원형 감옥 구조.

축소되거나 완전히 달라질 수 있다. 반면, 양자 내성 암호를 개발하거나 양자 키 분배 시스템을 관리하는 등 새로운 전문 분야가 생겨나기 때문에 이러한 변화에 빠르게 적응하는 전문가는 되려 각광받을 수도 있다.

금융과 투자 분야도 예외는 아니다. 금융 분석가, 트레이더, 위험 관리자는 복잡한 금융 모델을 다루고 방대한 시장 데이터를 분석하는 데 많은 시간을 쓴다. 하지만 양자 알고리즘은 옵션 가격 책정, 포트폴리오 최적화, 위험 평가 등의 작업을 훨씬 빠르고 정밀하게 처리할 수 있다. 이는 관련 직종의 자동화로 이어질 수 있으며 남아 있는 일자리도 고도의 양자 컴퓨팅 지식을 요구하게 될 것이다.

의약품 개발과 재료 과학 분야에서도 직업 구조의 변화가 예상된다. 양자 컴퓨터는 분자 시뮬레이션, 신약 후보 물질 탐색, 새로운 재료 설계 등을 혁신적으로 가속화할 수 있다. 이에 따라 전통적인 실험 중심의 연구자의 역할은 줄어들고, 양자 화학 모델링이나 양자 알고리즘 개발 같은 새로운 전문 영역이 더욱 중요해질 것이다. 여기에 AI 기술까지 결합되면 변화의 폭은 한층 더 커질 것이다.

하지만 이러한 변화가 반드시 일자리의 전반적인 감소로 이어지는 것은 아니다. 역사적으로도 새로운 기술의 도입은 일부 직업을 대체하는 동시에 새로운 직업과 산업을 만들어왔다. 양자 컴퓨팅 역시 마찬가지다. 양자 알고리즘 개발자, 양자 하드웨어 엔지니어, 양자 소프트웨어 프로그래머, 양자 보안 전문가 등 이전에는 존재하지 않았던 새로운 직업을 창출할 것이다.

## 양자 격차: 기술 불평등 심화

양자 컴퓨팅 기술의 발전은 국가 간, 기업 간 그리고 개인 간의 격차를 더욱 심화시킬 가능성이 있다. 이러한 양자 격차Quantum Divide는 기존의 디지털 격차보다 훨씬 심각한 형태로 나타날 수 있다. 국가 간 격차는 이미 가시화되고 있다. 미국, 중국, 유럽연합, 영국, 일본, 캐나다 등 주요 선진국은 양자 컴퓨팅 연구에 막대한 예산을 투입하고 있다. 예를 들어, 미국은 국가 양자 전략을 통해 2019년부터 5년간 10억 달러 이상을 투자하고 있으며, 중국은 안후이성에 약 100억 달러 규모의 양자정보과학 국립연구소를 설립했다. 반면, 개발도상국은 재정과 인재 양성 측면에서 큰 제약을 받고 있어 기술적 열위에 처할 가능성이 높다.

양자 기술 패권은 단순한 과학 기술 경쟁을 넘어 경제적, 군사적 우위로 이어질 수 있다. 양자 컴퓨팅을 선점한 국가는 신약 개발, 신소재 설계, 금융 모델링 등 다양한 분야에서 경쟁력을 확보할 수 있으며 양자 암호 기술을 활용해 국가 안보를 강화할 수 있다. 동시에 양자 해킹 능력을 통해 타국의 암호 체계를 위협할 가능성도 배제할 수 없다. 이는 국제 질서를 더욱 불안정하게 만들고 새로운 군비 경쟁을 유발할 우려를 낳는다.

기업 간 격차도 마찬가지로 심화되고 있다. IBM, 구글, 마이크로소프트, 아마존 등 글로벌 기술 대기업은 이미 상당한 양자 컴퓨팅 역량을 확보하고 있으며 인재와 기술을 사실상 독점하고 있다. 이들은 양자 컴퓨팅을 활용해 데이터 분석, 인공지능, 물류 최적화 등 다양한 분야에서 혁신을 이루며 시장 지배력을 더욱 강화하고 있다. 반면, 중소기업이나 스타트업은 양자 컴퓨팅 기술에 접근하기 어려워 경쟁에서 점차 밀려날 위험이 있다.

이러한 격차를 줄이기 위해서는 국제적인 협력과 제도적 장치가 필요하다. 선진국들은 개발도상국을 대상으로 교육 프로그램과 공동 연구 기회를 제공해야 하며, 양자 기술의 이익이 특정 국가나 기업에 집중되지 않도록 국제적인 규범을 마련해야 한다. 또한 클라우드 기반의 양자 컴퓨팅 서비스를 확대하여 더 많은 기업과 개인이 기술을 활용할 수 있도록 문턱을 낮춰야 한다.

양자 컴퓨팅은 우리 사회에 전례 없는 기회와 도전을 동시에 안겨줄 것이다. 이 기술은 의약품 개발, 기후 변화 대응, 신소재 설계 등 인류가 직면한 중대한 문제 해결에 기여할 잠재력을 가지고 있다. 그러나 앞에서 언급했듯이 암호 체계의 붕괴, 감시 사회의 심화, 일자리 구조의 변화, 기술 불평등 확대 같은 심각한 윤리적·사회적 문제를 야기할 수도 있다.

중요한 것은 이 같은 문제를 기술 발전의 부수적 결과로 방치하지 않고 선제적으로 인식하고 대응하는 일이다. 양자 컴퓨팅이 인류의 번영과 지속 가능한 미래에 기여하는 책임 있는 혁신으로 자리 잡기 위해서는 기술 개발자, 정책 입안자, 시민사회 등 다양한 주체들의 협력과 참여 그리고 지속적인 소통이 반드시 필요하다.

# Chapter 8

# 양자 컴퓨팅의 생태계
## : 어디에 투자할 것인가

---

양자 컴퓨팅 기술은 이제 단순한 이론적 호기심을 넘어 실용적인 응용 단계로 빠르게 나아가고 있다. IBM, 구글, 마이크로소프트 같은 글로벌 기술 기업이 대규모 투자를 단행하고 다양한 스타트업이 혁신적인 솔루션을 개발하면서 양자 컴퓨팅은 점점 현실 세계의 문턱을 넘고 있다. 신약 개발, 신소재 발견, 금융 최적화, 인공지능 고도화 등 다양한 산업 분야에서 양자 컴퓨팅은 기존에는 불가능하던 문제를 해결하는 데 새로운 패러다임을 제시하며 미래 유망 산업이자 투자 분야로 급부상하고 있다.

양자 컴퓨팅은 마치 디지털 문명의 새로운 도약을 이끌 마법의 열쇠처럼 보이지만, 여전히 넘어야 할 기술적 장벽과 불확실성이 산재해 있다. 그렇기에 이 분야에 대한 투자는 전형적인 고위험·고수익high-risk, high-return 영역으로 분류된다. 성공적인 투자 전략을 수립하기 위해서는 단순한 기대감에만 의존해서는 안 되며 기술적 기반에 대한 깊이 있는 이해와 함께 복잡한 생태계 전반에 대한 통찰력이 필요하다.

이 장에서는 양자 컴퓨팅 생태계를 구성하는 다양한 주체를 살펴보고 이들의 기술력, 시장 전략, 경쟁 우위 요소 등을 체계적으로 분석할 것이다.

# 8.1 양자 컴퓨팅 생태계, 조감도 그리기

양자 컴퓨팅은 단순히 하나의 기술이 아니다. 다양한 구성 요소가 서로 영향을 주고받으며 함께 진화하는 거대한 생태계Ecosystem다. 마치 현대 디지털 문명이 반도체, 네트워크, 소프트웨어, 데이터 센터 등 여러 기술적 기반 위에 세워졌듯 양자 컴퓨팅 역시 복잡하게 얽힌 다층적 생태계를 통해 발전하고 있다.

이 생태계는 상장 대기업부터 유망 스타트업, 연구 기관, 클라우드 사업자에 이르기까지 폭넓은 주체들이 참여하고 있으며, 이들이 구축해가는 기술 인프라와 상호작용은 향후 산업 구조와 투자 지형을 결정짓는 핵심 요소가 된다.

8장에서는 먼저 양자 컴퓨터 하드웨어 개발을 주도하고 있는 주요 상장 기업들—IBM, 구글, 마이크로소프트, 하니웰, 아이온큐, 리게티 컴퓨팅 등—의 기술 현황과 경쟁 구도를 살펴본다. 이어서, 양자 소프트웨어와 응용 서비스 분야에서 혁신을 이끄는 비상장 기업들—자파타, 원큐빗, 퀀티뉴엄, 사이퀀텀, 자나두 등—의 성장 가능성과 차별화 전략을 평가한다.

또한 투자 관점에서 반드시 고려해야 할 주요 위험 요소들—기술적 불확실성, 치열한 시장 경쟁, 과장된 마케팅 메시지 등—을 짚어보고, 장기적인 관점에서 양자 컴퓨팅 생태계의 발전 방향과 함께 미래의 투자 기회를 전망해본다.

양자 컴퓨팅의 진정한 가치는 기존 컴퓨터로는 풀기 어려웠던 복잡한 문제들을 해결할 수 있다는 데 있다. 이 기술은 더 이상 공상 과학 속 이야기가 아니라 현실 속에서 점차 구체화되고 있는 혁신이다. 이번 장을 통해 양자 컴퓨팅 생태계의 현재와 미래를 더 깊이 이해하고, 다가오는 기술 변화 속에서 미래에 대한 투자 안목을 키울 수 있을 것이다.

이제 우리는 '퀀텀 시티Quantum City'라는 공간을 통해 새로운 기술 문명의 전체 윤곽을 그려볼 것이다. 이 거대한 도시는 어떤 구성 요소들로 이루어져 있으며 무엇이 그 토대를 이루고 있는지 하나씩 살펴보자.

## 핵심 구성 요소: 하드웨어, 소프트웨어, 그리고 응용

양자 컴퓨팅 생태계를 구성하는 핵심 요소는 크게 세 가지로 나눌 수 있다.

첫째는 하드웨어Hardware다. 이는 양자 컴퓨팅의 물리적 실체를 구현하는 영역으로, 양자 중첩과 얽힘 같은 독특한 양자역학적 특성을 실제 장치에서 구현하고 정밀하게 제어하는 기술이 여기에 속한다. 초전도 회로, 이온 트랩, 광자, 중성 원자, 양자 도트 등 다양한 물리적 플랫폼을 기반으로 큐비트를 생성하고 이를 조작하며, 양자 정보를 안정적으로 유지하는 기술을 개발하는 기업이 이 분야를 이끌고 있다. 하드웨어는 퀀텀 시티의 물리적 인프라를 구축하는 일과 같다. 도시의 지형을 다지고 건물의 기초를 놓는 가장 기본적이면서도 기술적으로 가장 도전적인 과제다.

둘째는 소프트웨어 및 알고리즘Software & Algorithms이다. 아무리 뛰어난 양자 하드웨어가 있어도 이를 효과적으로 활용할 수 있는 소프트웨어 없이는 그 잠재력을 온전히 끌어낼 수 없다. 소프트웨어 영역에는 양자 알고리즘 설계, 양자-고전 하이브리드 컴퓨팅 모델 개발, 양자 프로그래밍 언어, 컴파일러, 오류 보정 코드, 시뮬레이션 도구 등이 포함된다. 이는 퀀텀 시티의 운영 체제를 개발하고 도시 안에서 사람들이 소통하는 언어를 정립하는 일과 같다. 다시 말해, 하드웨어의 추상적 가능성을 실질적인 계산 결과로 전환해주는 중요한 매개체인 셈이다.

셋째는 응용 및 서비스Applications & Services다. 궁극적으로 양자 컴퓨팅의 가치는 실제 산업과 사회가 직면한 복잡한 문제를 해결하고 새로운 가치를 창출할 때 비로소 실현된다. 이 영역은 양자 컴퓨팅의 강력한 계산 능력을 신약 개발, 신소재 설계, 금융 포트폴리오 최적화, 기계학습 알고리즘 고도화, 암호 시스템 혁신 등 구체적인 산업 문제에 적용하는 분야다.

응용 분야에는 산업별로 특화된 솔루션을 개발하는 기업들뿐 아니라 클라우드 기반 양자 컴퓨팅 서비스QCaaS, Quantum Computing as a Service를 제공하는 플랫폼 기업들도 포함된다. 이들은 퀀텀 시티에서 실제 경제 활동이 이루어지는 산업 현장에 해당하며 양자 기술이 실질적인 가치로 전환되는 최종 접점이라 할 수 있다. 다시 말해, 양자 컴퓨팅이 이론을 넘어 실질적 영향력을 발휘하는 무대가 바로 이곳이다.

## 생태계를 지탱하는 기반 요소들

앞서 살펴본 세 가지 핵심 요소 외에도 양자 컴퓨팅 생태계는 다양한 기반 요소에 의해 지탱이 되고 확장된다. 이들 요소는 기술 발전의 배경이자 퀀텀 시티를 건강하게 유지하는 보이지 않는 근간이라 할 수 있다.

### 연구 개발

대학, 국공립 연구소, 기업 부설 연구소 등은 양자물리학의 이론적 기초부터 실용적인 양자 시스템 구현에 이르기까지 전 범위에 걸친 연구를 수행한다. 이들 기관은 퀀텀 시티의 지식 허브로 기능하며 기초 과학적 통찰에서부터 응용 기술 개발에 이르기까지 생태계 전반에 혁신의 씨앗을 뿌리는 역할을 한다.

### 정부 및 정책

미국, 중국, EU, 일본 등 주요국 정부는 양자 컴퓨팅을 국가 경쟁력과 안보의 핵심으로 인식하고 대규모 전략적 투자를 단행하고 있다. 이들은 연구 자금 지원, 전문 인력 양성, 산학연 협력 네트워크 구축, 국제 표준화, 규제 프레임워크 마련 등 다양한 정책 수단을 통해 생태계의 방향타 역할을 한다.

### 투자 자본

양자 컴퓨팅은 장기적 안목과 막대한 자본이 필요한 분야다. 벤처 캐피탈, 사모펀드, 대기업의 전략적 투자, 정부 보조금 등 다양한 형태의 자금이 스타트업과 연구 프로젝트로 유입되며 생태계의 성장 동력이 된다. 특히 최근에는 SPACSpecial Purpose Acquisition Company (기업인수목적회사)를 통한 양자 컴퓨팅 기업들의 상장이 활발히 이루어지면서 자본 조달 경로도 점점 더 다양화되고 있다.

## 인재 생태계

양자물리학, 컴퓨터 과학, 재료 공학, 전자 공학, 알고리즘 설계 등 여러 분야의 전문 지식을 갖춘 인재는 양자 컴퓨팅 혁신의 중심에 있다. 이러한 인재를 길러내는 대학, 전문 교육 기관, 연구 커뮤니티, 직업 훈련 프로그램 등도 생태계의 필수적인 구성 요소다.

## 공급망 및 제조 인프라

양자 컴퓨터를 구성하는 데에는 극저온 냉각 시스템, 정밀 제어 장비, 특수 소재, 나노 제조 기술 등 고난도의 부품과 공정이 필요하다. 이러한 기술을 공급하고 지원하는 기업은 양자 하드웨어의 발전 속도와 성능 한계를 좌우하는 중요한 생태계 참여자다.

## 역동적인 상호작용과 진화하는 구조

양자 컴퓨팅 생태계는 여러 구성 요소가 유기적으로 결합해 상호작용하는 역동적인 시스템이다. 하드웨어의 발전은 새로운 알고리즘 실행을 가능하게 만들고 알고리즘의 혁신은 다시 하드웨어 개발의 방향을 제시한다. 응용 분야가 확장되면 더 많은 투자와 연구를 유도하고, 이는 다시 기술 발전을 가속화하는 선순환 구조를 만든다. 이처럼 양자 컴퓨팅 생태계는 마치 살아 있는 유기체처럼 끊임없이 성장하고 진화하고 있다.

또한 이 생태계는 고전 컴퓨팅, AI, 클라우드 컴퓨팅 등 기존의 기술 생태계와도 긴밀하게 연결되어 있다. 특히 양자–고전 하이브리드 접근법의 중요성이 부각되면서 각 생태계 간의 경계는 점점 모호해지고 융합의 속도는 빨라지고 있다. 양자 기술의 특성상 초기에는 기존 컴퓨팅 기술의 보완재로 자리 잡다가 시간이 흐르면서 점차 독립적인 영역을 확장해 나갈 것으로 예상된다.

투자자 입장에서는 이러한 복잡한 생태계의 역학을 깊이 있게 이해하는 것이 매우 중요하다. 각 영역에서 기술적 우위와 지속 가능한 비즈니스 모델을 갖춘 기업을 식별하고, 누가 생태계 내에서 핵심적 위치—예를 들어 플랫폼, 표준, 필수 특허 등을 확보하고 있는지—를 차지하고 있는지를 파악해야 한다. 또한 생태계의 발전 방향이 어떤 기업 혹은 비즈니스 모델에 유리하게 작용할지 예측하는 통찰력 역시 성공적인 투자 전략의 핵심이 될 것이다.

# 8.2 하드웨어
## : 퀀텀 시대를 여는 거인들

양자 컴퓨팅 생태계에서 하드웨어 개발은 마치 새로운 도시를 건설할 때 땅을 다지고 건물을 세우는 일과 같다. 아무리 훌륭한 설계도(소프트웨어)와 도시 계획(응용)이 있다 해도, 실제로 건물이 존재하지 않으면 그 모든 계획은 실현될 수 없다. 이처럼 하드웨어는 양자 컴퓨팅이라는 기술 문명을 실체화하는 가장 기본적이면서도 핵심적인 기반이다.

현재 전 세계 수많은 기업이 저마다 다른 기술 방식을 채택해 더 강력하고 안정적인 양자 컴퓨터를 만들기 위한 치열한 경쟁을 벌이고 있다.

### 주요 하드웨어 개발 기업들: 경쟁과 협력의 현장

앞서 2장에서 다양한 양자 컴퓨터 구현 방식과 함께 주요 기업들의 기술 전략을 간략히 알아보았지만 이번에는 기업 중심으로 다시 한 번 정리해보려 한다. 각 기업이 어떤 기술적 접근 방식을 취하고 있는지, 어떤 분야에 강점을 보이는지 그리고 이들이 어떻게 협력과 경쟁을 통해 양자 컴퓨팅의 미래를 앞당기고 있는지 차례로 살펴보자.

### IBM: 양자 컴퓨팅의 오랜 주자

오랜 연구 개발 역사를 자랑하는 IBM은 초전도 큐비트 분야의 선두 주자 중 하나다. IBM은 꾸준히 큐비트 수를 확장하며 이글, 오스프리, 콘도르 등 대규모 양자 프로세서를 선보였다. 특히 최근에는 큐비트 수의 단순한 증가를 넘어서 오류율을 낮추고 안정성을 높이는 데 집중하고 있다. 여러 개의 칩을 연결하는 모듈형 아키텍처를 적용한 헤론 프로세서를 기반으로 IBM은 퀀텀 시스템 투를 공개하며 '양자 중심 슈퍼컴퓨팅Quantum-Centric Supercomputing'이라는 장기적 비전을 실현해나가고 있다.

IBM은 하드웨어에만 머물지 않는다. 클라우드 플랫폼 IBM 퀀텀 익스피리언스와 오픈소스 소프트웨어 개발 키트 키스킷을 통해 누구나 양자 컴퓨팅을 체험하고 연구할 수 있는 환경을 제공하며 생태계 확장에 크게 기여하고 있다. IBM의 강점은 하드웨어, 소프트웨어, 클라우드 인프라, 글로벌 연구 네트워크를 아우르는 통합적인 접근 방식에 있다. 특히 IBM이 공개한 양자 컴퓨팅 로드맵은 업계에서 가장 명확하고 일관된 전략으로 평가받고 있다.

### 구글: 양자 우위를 향한 도전

IBM과 함께 초전도 큐비트 분야를 선도하는 또 다른 주자는 구글이다. 2019년, 구글은 시카모어 프로세서를 통해 기존 슈퍼컴퓨터로는 불가능한 계산을 수행함으로써 양자 우위를 달성했다고 발표하며 세계적인 주목을 받았다.

이후 구글은 큐비트 수 확대보다는 양자 오류 수정QEC, Quantum Error Correction 기술 개발에 집중해왔다. 최근에는 2세대 양자 프로세서 윌로우를 발표하며, 복잡한 물리 시스템 시뮬레이션에서 기존 컴퓨터를 능가하는 성능을 다시 한 번 입증했다고 주장했다. 이는 구글이 결함 허용 양자 컴퓨터 개발을 향해 지속적으로 전진하고 있음을 보여준다.

구글 역시 자체 클라우드 플랫폼인 퀀텀 AI와 양자 소프트웨어 프레임워크 써크를 통해 연구자들이 양자 컴퓨팅 자원을 활용할 수 있도록 지원하고 있다. 구글의 강점은 세계 최고 수준의 연구 인력과 방대한 계산 자원을 바탕으로 물리학·재료 과학·알고리즘 개발 등이 유기적으로 융합된 통합적 기술 혁신을 이끌고 있다는 점이다. 특히 양자 오류 수정 코드와 물리적 큐비트 설계를 함께 최적화하는 방식은 구글이 지향하는 근본적 접근 방식의 특징을 잘 보여준다.

### 마이크로소프트: 위상학적 큐비트의 도전자

마이크로소프트는 양자 컴퓨팅 분야에서 독특한 길을 걷고 있다. 이들은 현재 대다수 기업이 주력하고 있는 초전도나 이온 트랩 방식이 아닌 위상학적 큐비트라는 이론적으로는 매우 안정적인 방식에 장기적인 투자를 이어가고 있다. 이 기술은 마요라나 준입자라는 특수한 물리 현상을 이용해 큐비트를 구성하는 방식으로, 만약 실용화된다면 오류 수정에 필요한 물리적 큐비트 수를 획기적으로 줄일 수 있어 양자 컴퓨터의 판도를 바꿀 수 있는 잠재력을 지니고 있다.

실제로 마이크로소프트는 2025년 마요라나1을 발표하며, 위상학적 큐비트의 실현 가능성을 입증했다고 주장했다. 하지만 해당 기술의 구현 수준에 대해서는 여전히 회의적인 시각도 존재하며 실험적 검증이 추가로 필요한 상황이다.

한편, 마이크로소프트는 자체 하드웨어 개발 외에도 클라우드 플랫폼 애저 퀀텀을 통해 아이온큐, 퀀티뉴엄, 리게티 등 다양한 파트너사의 양자 컴퓨팅 리소스를 통합 제공하고 있다. 이처럼 플랫폼 사업자로서의 영향력을 넓히는 동시에, 자체 개발한 Q# 프로그래밍 언어와 양자 개발 키트Quantum Development Kit를 통해 소프트웨어 생태계 구축에도 적극적이다.

### 퀀티뉴엄: 이온 트랩의 선두 주자

퀀티뉴엄은 2021년 허니웰 퀀텀 솔루션즈와 케임브리지 퀀텀 컴퓨팅이 합병해 탄생한 기업으로 이온 트랩 방식 기반으로 양자 컴퓨터를 개발하고 있다. 이온 트랩은 초전도 방식에 비해 큐비트의 결맞음 시간이 길고 오류율이 낮다는 장점이 있다.

퀀티뉴엄은 자체 개발한 H-시리즈 양자 컴퓨터를 지속적으로 업그레이드하며 고성능 시스템을 선보이고 있다. 뿐만 아니라 티켓 양자 컴파일러, 인콴토 양자 화학 플랫폼 등 소프트웨어와 알고리즘 분야에서도 강한 경쟁력을 보여주고 있다. 특히 JP모건체이스 등 금융 기업과의 협업 사례는 퀀티뉴엄의 기술이 실제 산업 문제를 해결하는 데 활용되고 있음을 보여주는 대표적인 예다.

퀀티뉴엄의 가장 큰 차별점은 하드웨어와 소프트웨어를 수직 통합vertical integration한 구조에 있다. 또한 양자 암호 및 보안 분야에서도 독보적인 역량을 보유하고 있다. 예를 들어, 미국 NIST의 포스트 양자 암호화 표준으로 채택된 양자 난수 생성기와 양자 키 분배 솔루션은 이미 상업적으로 활용되고 있다.

### 아이온큐: 퀀텀 창업의 성공 사례

아이온큐는 이온 트랩 기반 큐비트 기술을 활용하는 대표적인 양자 컴퓨팅 기업이다. 2021년, 양자 컴퓨팅 기업으로는 최초로 뉴욕 증시에 상장(SPAC 합병 방식)하면서 주목을 받았으며, 이후 빠르게 기술적·상업적 입지를 넓혀가고 있다.

아이온큐는 아리아, 포르테 등 고성능 양자 컴퓨터를 개발해 아마존 브라켓, 애저 퀀텀 등 빅테크의 클라우드 플랫폼을 통해 서비스를 제공하고 있다. 또한 큐비트 수뿐만 아니라 큐비트의 품질과 연결성을 강조하는 독자적인 성능 지표인 #AQ를 제시하며, 기술력과 신뢰성을 함께 부각시키고 있다.

또한 현대자동차와의 배터리 연구 협력을 통해 양자 기술의 실제 산업 적용 가능성을 타진하면서 다양한 산업 분야와의 파트너십도 활발히 이루어지고 있다. 2023년에는 바륨 이온 기반의 새로운 양자 시스템을 발표하며 향후 큐비트 수를 대폭 확장하겠다는 계획도 공개했다.

2025년에는 SK텔레콤으로부터 양자 보안 기업 아이디퀀티크를 인수하고, SK텔레콤이 아이온큐의 주주로 참여하면서 양자 난수 생성기, 양자 키 분배, 양자 내성 암호 등 보안 기술 분야에서도 핵심 역량을 확보하게 되었다. 이는 기술적 다양성과 함께 상업적 수익 기반 확대라는 측면에서도 긍정적인 전환점으로 평가된다. 아이온큐의 가장 큰 강점은 높은 큐비트 품질, 확장 가능한 아키텍처 그리고 대학 연구 그룹에서 출발해 상업화에 성공한 스타트업 스토리에 있다.

### 리게티 컴퓨팅: 초전도 분야의 도전자

리게티는 IBM, 구글과 마찬가지로 초전도 큐비트 기술을 기반으로 양자 컴퓨터를 개발하는 기업이다. 2022년, SPAC 합병을 통해 뉴욕 증시에 상장하며 대중적인 주목을 받았다.

리게티는 자체적으로 개발한 아스펜, 안카 시리즈 프로세서를 통해 여러 개의 칩을 연결하는 모듈형 아키텍처를 구현하고 있으며, 이로써 양자 시스템의 확장성과 유연성을 확보하려 하고 있다. 특히 리게티는 양자 칩을 직접 생산할 수 있는 자체 반도체 제조 시설(팹-1)을 갖추고 있다는 점에서 차별화된다.

또한 리게티 QCS$_{\text{Quantum Cloud Services}}$라는 자체 클라우드 플랫폼을 통해 양자 컴퓨팅 자원을 외부 연구자와 기업에 제공하고 있으며, 양자-고전 하이브리드 모델을 적극적으로 활용하는 실용적인 접근 방식도 병행하고 있다. 리게티의 강점은 자체 생산 인프라를 통한 수직 통합 그리고 현실적인 문제 해결에 집중한 하이브리드 전략에 있다.

## 부품 생태계: 양자 하드웨어의 숨은 주역들

양자 컴퓨터는 단순히 큐비트로만 구성된 장치가 아니다. 큐비트를 생성하고 제어하며 안정적으로 유지하기 위해서는 고도의 정밀 부품과 복잡한 제어 시스템이 필요하다. 이처럼 양자 하드웨어를 구성하는 부품 생태계는 양자 컴퓨팅의 발전 속도와 상용화 가능성을 결정짓는 핵심 요소 중 하나다.

예를 들어, 초전도 큐비트 기반 양자 컴퓨터는 극저온 환경에서만 정상 작동한다. 큐비트를 안정적으로 유지하려면 절대영도에 가까운 온도, 즉 15~20 밀리켈빈(−273.13℃ 수준)까지 냉각해야 한다. 이를 위해서는 희석 냉동기라는 특수 장비가 필요하다.

이 시장은 현재 몇몇 전문 기업이 주도하고 있다. 핀란드의 블루포스$_{\text{Bluefors}}$, 영국의 옥스퍼드 인스트루먼트$_{\text{Oxford Instruments}}$, 미국의 재니스$_{\text{Janis Research}}$와 크라이오메크$_{\text{Cryomech}}$ 등이 대표적인 예다. 이들 기업은 고성능 극저온 냉각 장비를 공급하며 양자 컴퓨팅 산업의 숨은 인프라 플레이어 역할을 맡고 있다.

냉각 시스템은 한 대당 수억 원에서 수십억 원에 이를 정도로 고가 장비이며, 설치와 유지 관리에도 고도의 전문성이 요구된다. 따라서 이 분야의 기술 발전─소형화, 에너지 효율 향상, 유지 보수 간소화─은 양자 컴퓨터의 상용화를 앞당길 수 있는 중요한 전제 조건이다. 그럼에도 불구하고 냉각 장비는 여전히 양자 컴퓨팅 보급의 병목 요소로 지적되고 있다.

한편, 큐비트를 초기화하고 양자 게이트 연산을 수행하며 결과를 측정하기 위해서는 정밀한 제어 신호가 필요하다. 이때 사용되는 양자 제어 전자 장치는 양자 컴퓨터의 신경망과 같은 역할을 한다. 이 분야에서도 여러 전문 기업이 활약 중이다. 이스라엘의 퀀텀 머신즈Quantum Machines, 스위스의 취리히 인스트루먼트Zurich Instruments, 미국의 키사이트Keysight Technologies, 네덜란드의 큐블록스Qblox 등이 양자 제어 전자 시장에서 주목받고 있다.

특히 큐비트 수가 증가함에 따라 제어 시스템의 확장성과 정밀도가 점점 더 중요해지고 있다. 여러 큐비트를 동시에 제어하면서도 오류를 최소화할 수 있는 기술은 이 분야에서 핵심 경쟁력으로 떠오르고 있다. 이 시장은 기존의 정밀 전자 장비 제조사들과 양자 기술에 특화된 스타트업이 함께 경쟁하는 구도로 형성되어 있으며 급속히 성장하고 있다.

특수 소재 및 부품 기업 생태계도 주목할 만하다. 양자 컴퓨터를 제작하려면 초전도체, 특수 기판, 저손실 전송선, 공진기, 양자 센서 등 다양한 고기능 소재와 부품이 필요하다. 미국의 인텔, 스카이워터 테크놀로지SkyWater Technology, 써모피셔 사이언티픽Thermo Fisher Scientific 등은 이 분야에 활발히 참여하고 있다.

또한, 한국의 SK하이닉스와 삼성전자 등 반도체 기업들도 양자 컴퓨팅 부품 개발에 큰 관심을 보이고 있다. 초전도 양자 컴퓨팅 칩 제작에는 기존 반도체 공정과 유사한 미세 가공 기술이 요구되기 때문에 반도체 기술력을 갖춘 국가와 기업은 이 분야에서 경쟁력을 발휘할 수 있는 잠재력을 지니고 있다.

## 아시아 기업들의 도전: 한국, 중국, 일본의 양자 하드웨어

양자 컴퓨팅 하드웨어 경쟁에서 미국과 유럽 기업이 선두를 달리고 있지만 아시아 국가들 역시 독자적인 기술력을 바탕으로 빠르게 추격의 발판을 마련하고 있다.

한국은 세계적인 반도체 강국으로서의 기술력을 양자 컴퓨팅 하드웨어 분야에 접목하려는 시도를 꾸준히 이어가고 있다. 삼성전자는 양자 점 기반 큐비트 기술 개발에 주력하고 있다고 발표한 바 있으며,

SK텔레콤은 스위스의 양자 보안 기업 아이디퀀티크를 인수해 양자 난수 생성기와 양자 키 분배 분야에 집중해왔다. 이후 아이디퀀티크를 아이온큐에 매각하면서 아이온큐의 지분을 확보하는 방식으로 전략을 전환했다. LG전자는 양자 컴퓨팅 소재 및 부품 개발에 나서고 있으며, SK하이닉스는 반도체 제조 기술을 기반으로 한 양자 칩 제작 연구를 진행하고 있다.

한국은 특히 반도체 제조 공정, 정밀 제어 시스템, 초저온 냉각 기술 등 부품 분야에서 경쟁력이 뛰어나며 양자 내성 암호와 양자 암호화 통신 기술 분야에서도 적극적인 연구 개발을 지속하고 있다.

중국은 국가 주도 대규모 양자 컴퓨팅 전략을 통해 기술력 확보에 박차를 가하고 있다. 오리진 퀀텀Origin Quantum은 중국을 대표하는 양자 컴퓨팅 스타트업으로, 초전도 큐비트 기반 양자 컴퓨터 우위안Wuyuan을 개발했다. 또한 알리바바 다모 아카데미, 바이두, 화웨이 등 중국의 대형 IT 기업들도 양자 컴퓨팅 연구소를 설립하고 클라우드 기반 양자 서비스를 제공하고 있다.

특히 중국은 양자 통신 네트워크와 위성 기반 양자 암호 기술에서 세계적인 성과를 보이며 존재감을 드러내고 있다. 중국 과학기술대학USTC 연구팀은 66큐비트 초전도 양자 프로세서 주총지Zuchongzhi 그리고 광자 기반 양자 컴퓨터 지우장Jiuzhang을 통해 양자 우위를 달성했다고 주장하며 기술력을 과시하고 있다.

일본은 특유의 정밀 제조 기술과 재료 과학 역량을 바탕으로 양자 컴퓨팅 하드웨어 분야에 도전하고 있다. NEC는 초전도 큐비트 연구에 오랜 역사를 가지고 있으며, 히타치는 실리콘 양자 점 큐비트 기술에 중점을 두고 연구를 이어가고 있다. 후지쯔는 디지털 어닐러Digital Annealer 기술을 개발해 양자-고전 하이브리드 컴퓨팅 솔루션을 제공하고 있으며, 도시바는 광자 기반 양자 암호 및 양자 키 분배 기술 분야에서 선도적인 위치를 차지하고 있다.

일본 기업들은 특히 초저온 냉각 시스템, 정밀 제어 장비, 초전도 소재 등 고도의

정밀성이 요구되는 양자 컴퓨팅 부품 분야에서 강점을 보인다. 또한 IBM, 구글 등 글로벌 기업들과의 협력을 통해 양자 생태계에 적극 참여하며 자체 기술 확보와 국제 협력을 병행하는 전략을 펼치고 있다.

## 주목할 만한 비상장 기업들의 혁신 기술

상장 기업 외에도 수많은 비상장 스타트업이 혁신적인 기술을 앞세워 양자 컴퓨터 개발에 도전하고 있으며, 이들 중 일부는 향후 투자자에게 큰 기회를 제공할 수 있는 잠재력을 지니고 있다.

사이퀀텀은 광자 큐비트를 이용해 100만 개 이상의 큐비트를 갖춘 결함 허용 양자 컴퓨터 개발을 목표로 하고 있다. 이 기업은 실리콘 포토닉스 기술을 활용해 기존 반도체 제조 공정에서 양자 광학 컴퓨터를 제작하는 접근을 택하고 있으며, 세계적인 반도체 파운드리 업체 중 하나인 글로벌 파운드리GlobalFoundries와 협력해 칩을 공동 개발 중이다. 지금까지 7억 달러 이상의 투자를 유치했으며 현재는 호주 브리즈번에 대규모 양자 컴퓨터 데이터 센터 인프라를 구축 중이다.

자나두는 광자 큐비트 기반의 캐나다 기업으로 그중에서도 연속 변수 양자 컴퓨팅Continuous Variable Quantum Computing이라는 방식을 채택하고 있다. 대표적인 양자 프로세서인 보레알리스를 공개했으며, 클라우드 플랫폼 스트로베리 필즈Strawberry Fields, 양자 기계학습 라이브러리 페니레인을 통해 양자 생태계 확장에 주력하고 있다.

아톰 컴퓨팅은 중성 원자 큐비트를 활용하여 1000개 이상의 큐비트를 배열하는 데 성공했다고 발표하며 주목받았다. 이 기업은 스트론튬 원자를 광학 핀셋optical tweezer으로 정렬해 2D 및 3D 구조의 큐비트 어레이를 구현하는 기술을 개발 중이며 2023년에는 1억 달러의 투자를 유치했다.

인플렉션은 중성 원자 기술을 기반으로 양자 컴퓨터, 양자 센서, 양자 시계 등을 개발하고 있다. 프랑스의 파스칼 역시 중성 원자 기술을 활용해 산업 최적화 문제 해결에 중점을 두며 상용화 개발을 진행 중이다. 또한, D-웨이브는 양자 어닐링 방식의 선구자로 최적화 문제 해결에 특화된 양자 시스템을 개발하고 있는 대표적인 기업이다.

양자 컴퓨터 하드웨어 분야는 다양한 기술 방식과 수많은 기업이 치열하게 경쟁하는 역동적인 시장이다. 각 기술 방식은 저마다의 고유한 장단점을 지니고 있으며 어떤 기술이 최종적으로 주류가 될지는 아직 예측하기 어렵다. 현재의 기술 경쟁은 단순히 큐비트 수를 늘리는 방향에서 벗어나 점차 품질과 실용성을 중시하는 흐름으로 변화하고 있다. 수백, 수천 개의 저품질 큐비트보다 오류율이 낮고 안정적인 수십 개의 고품질 큐비트가 더 가치 있다는 인식이 확산되고 있다.

또한, 초기에는 하나의 기술이 시장을 장악할 것이라는 단일 승자 패러다임이 우세했지만 현재는 각 기술이 특정 응용 분야에 특화되어 다기술 공존이 이루어질 가능성이 점차 현실적인 시나리오로 받아들여지고 있다. 예를 들어, 초전도 큐비트는 대규모 계산에, 이온 트랩 큐비트는 정밀 시뮬레이션에, 광자 큐비트는 양자 네트워크 구축에 강점을 보일 수 있다.

기업들도 이러한 변화에 맞춰 전략을 다변화하는 추세다. 이제는 단일 기술에 모든 것을 거는 대신 양자 - 고전 하이브리드 접근법, 다양한 양자 기술 간의 상호운용성 그리고 특정 산업 문제 해결에 특화된 솔루션 개발 등을 통해 경쟁력을 확보하려는 움직임이 뚜렷해지고 있다.

양자 컴퓨팅 하드웨어 분야에 관심 있는 투자자는 기술적 차별성과 팀의 전문성, 확장 계획과 로드맵, 응용 분야 전략, 협력 네트워크, 자금 상황 등 같은 요소를 종합적으로 고려해야 한다. 특히 이 분야는 장기적인 R&D가 필수적이기 때문에 충분한 자금력을 보유하고 있는지가 중요한 판단 기준이 될 수 있다.

분명한 사실은 하드웨어 기술의 발전이 양자 컴퓨팅 생태계 전체의 성장을 이끄는 핵심 동력이라는 점이다. 오류율 감소, 큐비트 수 증가, 결맞음 시간 연장 등 하드웨어 성능이 개선될수록 더 복잡하고 실용적인 양자 알고리즘의 실행이 가능해지고, 이는 다시 소프트웨어와 응용 서비스의 발전으로 이어질 것이다.

## 8.3 소프트웨어와 알고리즘
: 양자 두뇌의 설계자들

아무리 뛰어난 성능의 악기(하드웨어)가 있다 해도 이를 연주할 악보(알고리즘)와 그 악보를 해석해 연주하는 연주자(소프트웨어)가 없다면, 아름다운 음악은 만들어질 수 없다. 양자 컴퓨팅도 마찬가지다. 강력한 하드웨어가 점차 현실화되고 있지만 그 진정한 힘을 발휘하려면 하드웨어의 성능을 최대한 끌어내고, 실제 문제 해결에 연결할 수 있는 소프트웨어와 알고리즘이 필수적이다.

### 양자 소프트웨어의 역할과 구성 요소

양자 소프트웨어는 매우 포괄적인 개념이지만 그 기능은 크게 몇 가지 영역으로 나누어 살펴볼 수 있다.

첫 번째는 양자 알고리즘 개발 영역이다. 이 분야에서는 양자 컴퓨터의 고유한 물리적 특성(중첩과 얽힘)을 활용하여 기존 컴퓨터로는 풀기 어려운 문제를 더 빠르고 효율적으로 해결하는 새로운 계산 방법을 설계한다. 대표적인 예로는 소인수분해 문제를 해결하는 쇼어 알고리즘, 비정렬 데이터베이스에서 빠르게 값을 찾는 그로버 알고리즘, 양자 화학 시뮬레이션에 활용되는 VQE(변분 고유값 해석기), 최적화 문제 해결을 위한 QAOA(양자 근사 최적화 알고리즘) 그리고 다양한 양자 기계학습 알고리즘 등이 있다. 이들에 대해서는 이미 3장에서 자세히 다루었다.

두 번째는 프로그래밍 도구 및 프레임워크 영역이다. 이 분야는 개발자가 양자 알고리즘을 보다 쉽게 작성하고 테스트할 수 있도록 지원하는 소프트웨어 도구를 포함한다. 양자 프로그래밍 언어, 시뮬레이터, 컴파일러, 개발 환경 등으로 구성되며 양자 알고리즘의 실험과 실현을 가능하게 만든다. 대표적인 예로는 IBM의 키스킷, 구글의 써크, 마이크로소프트의 Q#, 퀀티뉴엄의 티켓 등이 있으며 각 툴은 저마다의 철학, 사용 방식, 하드웨어 지원 범위에 있어 차별점을 갖고 있다. 이들 도구 역시 3장에서 일부 소개한 바 있다.

컴파일 및 최적화 영역은 개발자가 작성한 상위 수준의 양자 알고리즘 코드를 실제 양자 컴퓨터가 이해할 수 있는 저수준 명령어(양자 게이트 시퀀스)로 변환하고, 해당 명령어가 하드웨어의 제약 조건—큐비트 연결 구조, 오류율—에 맞게 실행될 수 있도록 최적화하는 매우 중요한 과정이다. 이 과정에서는 양자 회로의 깊이$_{depth}$를 줄이고 게이트 수를 최소화하며 하드웨어 특성에 맞게 논리적 큐비트와 물리적 큐비트를 매핑하는 등 복잡한 기술이 적용된다.

마지막으로, 운영 시스템 및 클라우드 플랫폼 영역도 양자 소프트웨어 생태계에서 중요한 역할을 한다. 이 영역은 양자 컴퓨터 하드웨어 자원을 효율적으로 관리하고 사용자 요청을 스케줄링하며, 고전 컴퓨팅 시스템과의 연동을 지원하는 인프라적 기능을 수행한다. IBM 퀀텀 익스피리언스, 아마존 브라켓, 마이크로소프트 애저 퀀텀, 구글 퀀텀 AI 등은 대표적인 클라우드 기반 양자 플랫폼으로 사용자가 실제 양자 컴퓨터 또는 시뮬레이터에 원격으로 접근하여 알고리즘을 실행할 수 있는 환경을 제공한다.

## 전문 양자 소프트웨어 기업들의 혁신

양자 소프트웨어 분야는 하드웨어 기업들의 자체 생태계 구축뿐만 아니라 소프트웨어 개발에 특화된 전문 기업이 주도하는 혁신도 활발히 진행되고 있다. 기술 발전의 흐름을 보면 초기에는 하드웨어 중심의 기업이 우위를 점하는 경우가 많지만, 시간이 흐를수록 소프트웨어에 강점을 지닌 기업이 점점 더 두각을 나타내기 마련이다. 그중에서 주목할 만한 기업들의 전략과 강점을 살펴보자.

### 퀀티뉴엄: 하드웨어 – 소프트웨어 통합의 강자

퀀티뉴엄은 앞서 하드웨어 분야에서도 소개한 바 있지만 소프트웨어 영역에서도 강력한 경쟁력을 갖춘 대표적인 기업이다. 이온 트랩 큐비트 기술을 개발하던 허니웰 퀀텀 솔루션즈와 양자 알고리즘 및 소프트웨어 개발에 특화된 케임브리지 퀀텀 컴퓨팅이 합병하여 탄생한 기업인 만큼, 하드웨어와 소프트웨어의 통합 시너지를 전략적으로 추구하고 있다.

퀀티뉴엄의 대표 소프트웨어 제품인 티켓TKET은 효율적인 양자 회로 컴파일러 및 최적화 도구로 널리 알려져 있다. 파이썬 인터페이스를 제공하며 특정 하드웨어에 종속되지 않고 IBM, 아이온큐, 리게티 등 다양한 양자 플랫폼을 지원한다는 점이 큰 장점이다. 티켓은 하나의 양자 알고리즘 코드를 다양한 백엔드에서 실행할 수 있도록 지원하며, 특히 양자 회로 최적화에서 높은 성능을 자랑한다.

또한 퀀티뉴엄은 양자 화학 시뮬레이션 플랫폼 인콴토를 통해 제약, 재료 과학, 에너지 산업 분야와의 협업을 확대하고 있다. 2022년에 발표된 인콴토는 JSR 코퍼레이션, 미쓰비시 케미컬, 머크Merck 등 주요 글로벌 화학·제약 기업들과의 협력을 통해 실제 산업 문제에 적용되고 있다. 특히 리튬 이온 배터리 소재 분석, 촉매 설계 최적화, 신약 후보 물질 탐색 등에서 유의미한 결과를 도출하고 있다.

양자 자연어 처리 분야에서는 램베크라는 툴킷도 주목할 만하다. 램베크는 문장의 문법 구조와 의미를 양자 회로로 변환하는 독특한 방식을 제공하며, 자연어 처리의 효율성을 향상시킬 수 있는 잠재력 있는 기술로 평가받고 있다. 특히 범주론적 양자역학Categorical Quantum Mechanics의 원리를 활용한 접근 방식으로 학계에서도 높은 관심을 받고 있다.

사이버 보안 분야에서는 퀀텀 오리진Quantum Origin이라는 양자 난수 생성 서비스 역시 주목할 만하다. 이 서비스는 이미 상용화에 성공했으며, 양자 컴퓨팅의 상업적 응용 사례 중 초기 성공 사례로 평가받고 있다. 양자 컴퓨터의 본질적인 무작위성을 활용함으로써 기존의 고전적 난수 생성기보다 더 높은 수준의 보안성을 제공한다.

퀀티뉴엄의 강점은 하드웨어와 소프트웨어에 대한 통합된 지식을 바탕으로 제한된 성능의 양자 컴퓨터(NISQ 시대)에서도 실질적인 가치를 창출할 수 있는 솔루션을 개발하고 있다는 점이다. 특히 양자 컴퓨팅의 실용화가 점진적으로 진행될 것이라는 전제 하에 현재 사용 가능한 자원으로 최적의 성능을 내는 하이브리드 양자-고전 알고리즘에 전략적 초점을 맞추고 있다.

### 자파타 컴퓨팅: 기업용 양자 워크플로우의 개척자

자파타 컴퓨팅은 하버드 대학교 양자 컴퓨팅 연구팀에서 파생된 스타트업으로 양자 컴퓨팅 기술을 기업 환경에 통합하는 데 초점을 맞춘 전략으로 주목받고 있다. 자파타의 핵심 제품은 오케스트라로 양자 및 고전 컴퓨팅 자원을 통합해 복잡한 워크플로를 관리할 수 있도록 설계된 플랫폼이다.

오케스트라의 가장 큰 특징은 워크플로 기반 접근 방식이다. 기업이 직면한 복잡한 문제를 여러 단계의 작업으로 분해하고, 각 단계에 가장 적합한 컴퓨팅 자원—양자 컴퓨터, 고전 컴퓨터 또는 양자-고전 하이브리드 시스템—을 유동적으로 할당하여 문제를 해결한다. 이러한 접근법은 현재의 제한된 양자 컴퓨터 성능 하에서도 실질적인 가치를 창출할 수 있게 해주는 현실적인 해법이다.

자파타는 특정 하드웨어에 종속되지 않는 중립적인 입장을 유지하며 IBM, 아이온큐, 리게티, D-웨이브 등 다양한 양자 컴퓨터 제공 업체와 협력하고 있다. 이는 고객이 문제 유형과 목적에 따라 가장 적합한 양자 컴퓨팅 자원을 선택할 수 있는 유연성을 제공한다.

산업 응용 측면에서는 BP와 협력해 탄소 포집 및 저장 기술에 사용될 신소재 개발에 양자 기술을 적용했고, BBVA 은행과는 신용 가치 조정$_{CVA}$ 계산을 위한 양자 알고리즘을 공동 개발했다. 또한 에어버스, BMW 등 글로벌 기업들과의 파트너십을 통해 양자 컴퓨팅이 실제 산업 문제 해결에 어떻게 활용될 수 있는지를 보여주는 다양한 사례를 축적하고 있다.

자파타의 차별화 전략은 현재와 미래를 잇는 브릿지$_{Bridge}$ 역할에 있다. 즉 NISQ 장치의 한계를 현실적으로 인식하면서도 고전 컴퓨팅과의 효과적인 결합을 통해 현재 단계에서도 실질적인 비즈니스 가치를 창출하고 있다. 동시에 또한 이러한 워크플로는 향후 결함 허용 양자 컴퓨터로의 전환을 자연스럽게 지원하도록 설계되어 있어, 기업이 양자 컴퓨팅을 지금 도입하더라도 미래의 기술 변화에 대비한 투자 보호가 가능하다.

## 원큐빗: 산업 최적화의 전문가

원큐빗은 캐나다에 본사를 둔 양자 소프트웨어 기업으로 복잡한 최적화 문제 해결에 강점을 지닌 기업이다. 특히 금융, 에너지, 첨단 소재, 생명 과학 등 다양한 산업 분야에서 양자 컴퓨팅과 고전 컴퓨팅 기법을 결합해 실질적인 문제 해결에 집중하고 있다.

대표 제품인 원큐빗 SDK는 개발자가 특정 하드웨어에 구애받지 않고 양자 알고리즘을 개발할 수 있는 범용 개발 환경을 제공한다. 이 SDK는 문제 모델링, 알고리즘 선택, 하드웨어 연동 등 양자 응용 프로그램 개발의 전 과정을 지원하며 양자 – 고전 하이브리드 환경 구축에 필요한 기반 도구로 활용되고 있다.

금융 분야에서는 다우존스Dow Jones와 협력하여 QEOQuantum Enhanced Optimization 솔루션을 개발했다. 이 솔루션은 투자 포트폴리오의 리스크 – 수익 프로파일을 최적화하며, 양자 – 고전 하이브리드 접근을 통해 전통적 방식보다 효율적인 자산 배분 전략을 제시한다.

의료 분야에서도 래딕스RADIX라는 플랫폼이 주목을 받고 있다. 이는 암 환자의 방사선 치료 계획을 최적화하기 위한 시스템으로, 종양에는 최대한의 방사선을 조사하면서 건강한 조직에는 피해를 최소화하는 복잡한 최적화 문제를 해결하는 데 특화되어 있다.

원큐빗의 가장 큰 특징은 양자 컴퓨팅의 이론적 가능성보다는 실용적인 비즈니스 가치에 집중한다는 점이다. 양자, 고전, 머신러닝 등 다양한 기술을 문제에 따라 조합하는 하이브리드 접근 방식을 통해 현재 가능한 기술로 실질적인 성과를 창출하는 데 주력하고 있다. 또한 마이크로소프트, 액센츄어Accenture, 후지쯔Fujitsu, 알리안츠Allianz 등 글로벌 기업들과 전략적 파트너십을 맺고 있다. 이러한 협력을 원큐빗의 기술은 더 넓은 시장에 진출할 수 있게 되었고, 실제 기업 환경에서의 검증을 거치며 발전하고 있다.

### 큐씨웨어: 기업용 양자 컴퓨팅 접근성의 선구자

큐씨웨어는 기업 고객이 양자 컴퓨팅을 보다 쉽게 도입하고 활용할 수 있도록 돕는 데 주력하는 기업이다. 클라우드 기반 플랫폼인 포지Forge를 통해 다양한 양자 알고리즘 라이브러리와 양자 하드웨어 및 시뮬레이터에 대한 통합 접근을 제공한다. 포지 플랫폼은 세 가지 핵심 영역에 특화된 기능을 갖추고 있다.

첫째, 포지 ML Forge ML은 데이터 분류, 클러스터링, 이상 감지 등 기계학습 문제를 해결할 수 있는 양자 알고리즘을 제공한다. 둘째, 포지 옵티마이제이션 Forge Optimization은 조합 최적화와 컨벡스 최적화 등 다양한 최적화 문제를 다룬다. 셋째, 포지 케미스트리 Forge Chemistry는 분자 에너지 계산과 전자 구조 분석 등 화학 시뮬레이션에 필요한 알고리즘을 지원한다.

큐씨웨어는 골드만삭스, BMW, 에어버스 등 글로벌 기업과 협력하여 실제 산업 문제에 양자 컴퓨팅을 적용하고 있다. 특히 골드만삭스와의 협력에서는 금융 파생상품의 가격 결정을 위한 몬테카를로 시뮬레이션에 최적화된 혁신적인 양자 알고리즘을 개발했다. 이 알고리즘은 기존 방식보다 큐비트 수요를 줄이면서도 높은 계산 효율성을 보여주었다.

큐씨웨어의 차별화 전략은 실용적 양자 우위 Practical Quantum Advantage의 실현에 있다. 이는 현재의 NISQ 장치에서도 특정 응용 분야에서는 고전 컴퓨터를 능가하는 실질적인 이점을 제공할 수 있음을 의미한다. 또한, 큐씨웨어는 강력한 연구진과 학계와의 긴밀한 협력을 바탕으로 최신 연구 성과를 빠르게 제품화하는 역량을 갖추고 있다는 평가를 받고 있다.

### 클래식: 양자 프로그래밍의 혁신적 패러다임

클래식은 이스라엘 기반의 스타트업으로 양자 알고리즘 개발 방식에 새로운 접근을 제시하는 기업이다. 기존의 양자 프로그래밍이 저수준의 게이트 단위로 회로를 설계하는 방식이었다면, 클래식은 개발자가 원하는 기능을 고수준에서 정의하면 이를 자동으로 최적화된 양자 회로로 변환해주는 플랫폼을 제공한다.

이 플랫폼은 고급 프로그래밍 언어가 어셈블리 언어의 복잡성을 추상화했던 것처럼 양자 회로 설계의 복잡성을 효과적으로 감춰준다. 개발자는 게이트 수준의 복잡한 구현에서 벗어나 알고리즘의 기능적 명세에 집중할 수 있으며, 클래식의 플랫폼은 하드웨어의 제약 조건을 고려해 최적화된 양자 회로를 자동 생성한다.

이러한 방식은 양자 알고리즘 개발의 진입장벽을 크게 낮추고 개발 생산성을 비약적으로 향상시킬 수 있는 가능성을 보여준다. 특히 회로의 복잡성이 증가하고 큐비트 수가 늘어남에 따라 수작업 회로 설계가 사실상 불가능해지는 상황에서 클래식의 접근은 더욱 주목받고 있다.

클래식은 HSBC, NTT데이터, 삼성전자, 소니 등으로부터 총 4900만 달러 규모의 투자를 유치했으며, 엔비디아, 아마존, 마이크로소프트, 스트레인지웍스Strangeworks 등과 기술 파트너십을 맺고 있다. 특히 엔비디아와는 GPU 기반의 양자 시뮬레이션 가속화를 위한 협력을 진행 중이다.

응용 사례로는 JP모건체이스와의 협력 아래 금융 포트폴리오 최적화 및 리스크 분석을 위한 양자 알고리즘 개발 프로젝트를 수행했으며, BMW와는 자동차 설계 최적화 연구를 함께 진행한 바 있다.

### 자나두: 광자 양자 컴퓨팅의 소프트웨어 선도자

자나두는 앞서 하드웨어 분야에서 소개했듯이 광자 기반 양자 컴퓨터를 개발하는 캐나다 기업이지만 소프트웨어 분야에서도 두각을 나타내고 있다. 특히 양자 기계학습 라이브러리인 페니레인은 업계에서 널리 사용되는 오픈소스 도구로 자리 잡았다.

페니레인은 양자 미분 프로그래밍quantum differentiable programming이라는 독특한 패러다임을 제공한다. 이는 양자 회로에 대한 자동 미분을 가능하게 하여, VQA(변분 양자 알고리즘)와 양자 기계학습 모델의 학습 과정을 크게 효율화한다. 특히 파이토치PyTorch, 텐서플로TensorFlow 등 주요 고전 기계학습 프레임워크와 자연스럽게 통합되기 때문에, 기존 AI 개발자가 양자 기계학습 분야로 진입하기에 좋은 발판이 된다.

또한 자나두는 광자 양자 컴퓨팅 시뮬레이션을 위한 플랫폼인 스트로베리 필즈도 제공하고 있다. 이 플랫폼은 CV-QC(연속 변수 양자 컴퓨팅) 모델을 시뮬레이션하고 프로그래밍하는 데 특화된 도구로 광자 기반 컴퓨팅의 특성에 맞게 설계되었다.

자나두는 소프트웨어 생태계 확대에도 적극적으로 투자하며 개발자 커뮤니티를 키워나가고 있다. 이는 향후 자사의 하드웨어가 상용화될 때를 대비해 풍부한 응용 프로그램과 사용자 기반을 확보하려는 전략으로 해석할 수 있다. 실제로 페니레인은 자나두의 하드웨어뿐 아니라 IBM, 구글, 리게티 등 다양한 양자 컴퓨터 플랫폼을 지원하며 하드웨어에 종속되지 않는 중립적인 접근 방식을 지향하고 있다.

## 빅테크 기업들의 소프트웨어 생태계 구축 노력

양자 컴퓨팅 하드웨어 기업들 또한 자체 소프트웨어 생태계 구축에 적극적으로 나서고 있다. 특히 빅테크 기업은 자사의 클라우드 플랫폼과 양자 하드웨어를 통합하려는 전략적 노력이 두드러지며, 이는 독립 소프트웨어 전문 기업이나 하드웨어 중심 기업이 특정 소프트웨어만을 개발하는 방식과 뚜렷한 차이를 보인다. 아울러 이들은 개발자 커뮤니티 확보에도 집중하며 생태계의 확장을 가속화하고 있다.

### IBM: 키스킷과 양자 개발자 커뮤니티의 선도자

IBM은 양자 소프트웨어 생태계 구축에 가장 적극적인 기업 중 하나다. 오픈소스 양자 개발 키트인 키스킷을 통해 전 세계 개발자의 참여를 유도하고 있으며 양자 컴퓨팅 대중화에 앞장서고 있다. 키스킷은 파이썬 기반 프레임워크로 양자 알고리즘 개발부터 회로 컴파일, 실제 하드웨어 실행까지 전 과정을 지원한다.

키스킷은 다음과 같은 네 가지 핵심 구성 요소로 이루어져 있다.

- 키스킷 테라(Qiskit Terra): 기본적인 양자 회로 생성 및 최적화 기능 제공
- 키스킷 에어(Qiskit Aer): 다양한 양자 시뮬레이터 제공
- 키스킷 아쿠아(Qiskit Aqua): 화학, 금융, 기계학습 등 응용 분야별 알고리즘 라이브러리
- 키스킷 메탈(Qiskit Metal): 양자 하드웨어 설계 도구

IBM은 이외에도 IBM 퀀텀 컴포저Quantum Composer를 통해 시각적인 회로 설계를 가능하게 하고, IBM 퀀텀 랩Quantum Lab이라는 클라우드 기반 개발 환경을 제공함으로써 개발자의 진입장벽을 낮추고 있다. 또한 IBM 퀀텀 익스피리언스 플랫폼을 통해 누구나 실제 양자 컴퓨터를 사용할 수 있도록 지원하고 있다.

특히 주목할 점은, IBM이 양자 교육 생태계에도 적극적으로 기여하고 있다는 것이다. IBM 퀀텀 교육자 프로그램Quantum Educators Program을 통해 전 세계 교육자에게 커리큘럼과 자원을 제공하고, 키스킷 글로벌 서머 스쿨Qiskit Global Summer School 등 다양한 교육 행사를 통해 양자 인재 양성에 힘쓰고 있다.

IBM은 이처럼 소프트웨어 도구와 교육 프로그램을 아우르는 종합적인 생태계 전략을 바탕으로 양자 컴퓨팅 커뮤니티에서 주도적인 위치를 차지하고 있으며, 이는 IBM 양자 컴퓨터의 확산과 실용화에 중요한 기반이 되고 있다.

### 구글: 써크와 텐서플로 퀀텀

구글은 써크라는 오픈소스 파이썬 프레임워크를 중심으로 양자 소프트웨어 생태계를 구축하고 있다. 써크는 특히 NISQ에 최적화된 알고리즘을 구현하는 데 중점을 두며, 낮은 수준의 하드웨어 제어를 가능하게 한다는 점이 특징이다.

구글의 강점은 자사의 강력한 머신러닝 역량과 양자 컴퓨팅을 결합한 접근법에 있다. 텐서플로 퀀텀TensorFlow Quantum은 구글의 대표적인 머신러닝 프레임워크인 텐서플로와 써크를 통합하여, 양자 기계학습 모델을 손쉽게 개발하고 훈련할 수 있는 환경을 제공한다. 이는 특히 양자 신경망QNN과 양자-고전 하이브리드 기계학습 모델 개발에 유용하다. 또한 구글은 오픈페르미온OpenFermion이라는 양자 화학 시뮬레이션용 라이브러리도 개발했다. 이 도구는 분자 시뮬레이션 문제를 양

자 회로로 변환하는 기능을 제공하며, 써크 및 기타 양자 프로그래밍 프레임워크와 함께 사용할 수 있다.

구글의 소프트웨어 전략은 연구 중심적인 성격이 강하며, 특히 양자 우위 달성을 위한 알고리즘 개발에 초점을 맞추고 있다. 일반 개발자보다는 고급 연구자들을 위한 유연하고 강력한 도구를 제공하는 경향이 있으며, 구글 퀀텀 AI 클라우드 플랫폼을 통해 자사의 양자 프로세서에 대한 제한적인 접근 환경을 제공하고 있다.

## 마이크로소프트: 애저 퀀텀과 Q#

마이크로소프트는 통합된 양자 컴퓨팅 생태계 제공을 목표로 애저 퀀텀과 Q# 프로그래밍 언어를 중심으로 한 소프트웨어 전략을 추진하고 있다. 특히 마이크로소프트의 접근 방식은 양자-고전 하이브리드 시스템의 개발 및 운영을 위한 엔터프라이즈급 도구 제공에 중점을 두고 있다.

Q#은 마이크로소프트가 개발한 양자 특화 프로그래밍 언어로, C#과 유사한 문법을 채택하여 기존 .NET 개발자들도 쉽게 접근할 수 있다. Q#은 높은 수준의 추상화를 제공해 복잡한 양자 알고리즘을 간결하게 표현할 수 있으며, 특히 오류 수정 기법이나 대규모 양자 시스템을 다루는 데 강점을 보인다.

양자 개발 키트Quantum Development Kit, QDK는 Q# 언어, 컴파일러, 시뮬레이터 등을 포함한 통합 개발 환경으로 구성되며, 비주얼 스튜디오 및 비주얼 스튜디오 코드와 연동되어 익숙한 환경에서 양자 프로그래밍을 할 수 있도록 돕는다.

가장 주목할 점은 애저 퀀텀이라는 통합 클라우드 플랫폼을 통해 아이온큐, 퀀티뉴엄, 리게티, QCI 등 여러 양자 하드웨어 제공 업체의 시스템을 하나의 인터페이스로 연결해 제공한다는 점이다. 이는 마이크로소프트의 양자 개방성 전략의 일환으로 사용자가 다양한 양자 기술을 직접 실험하고 비교해볼 수 있는 환경을 마련해준다.

또한, 마이크로소프트는 Q# 라이브러리를 통해 화학, 기계학습, 금융, 최적화 등 여러 산업 분야에 특화된 양자 알고리즘 구현을 지원하고 있으며, 양자 중간 표현

QIR, Quantum Intermediate Representation[1]의 표준 개발을 주도하면서 다양한 양자 언어와 하드웨어 간의 상호운용성 확보에도 적극적으로 나서고 있다.

### 아마존: 아마존 브라켓과 양자 생태계 확장

아마존은 최근 양자 컴퓨팅 소프트웨어 플랫폼뿐 아니라 자체 하드웨어 개발에서도 성과를 내며 주목받고 있다. 클라우드 컴퓨팅 분야의 강자답게 양자 컴퓨팅 접근에서도 클라우드 중심 전략을 취하고 있으며 그 중심에 아마존 브라켓이 있다.

아마존 브라켓은 2019년 말 발표되어 2020년부터 본격적으로 서비스를 시작한 양자 클라우드 플랫폼으로, 다양한 양자 하드웨어 제공업체의 기술을 하나의 환경에서 테스트하고 활용할 수 있게 해준다. 이 플랫폼의 가장 큰 특징은 하드웨어 중립성과 사용 편의성이다. 개발자는 D-웨이브, 아이온큐, 리게티, 옥스퍼드 퀀텀 서킷Oxford Quantum Circuits, OQC 등 다양한 양자 컴퓨터를 동일한 인터페이스에서 비교하며 사용할 수 있고, 익숙한 AWS 인프라 내에서 고전 및 양자 컴퓨팅 자원을 통합적으로 활용할 수 있다.

아마존 브라켓은 세 가지 주요 구성 요소를 제공한다. 첫째, 양자 컴퓨팅 서비스를 통해 실제 양자 컴퓨터에 접근할 수 있다. 둘째, 양자 시뮬레이터를 통해 다양한 환경에서 알고리즘을 실험하고 검증할 수 있다. 셋째, 개발 도구 및 관리 콘솔을 통해 양자 알고리즘 개발과 실험 과정을 쉽게 구성할 수 있다.

한편, 아마존은 2025년 초 마침내 자체 양자 하드웨어 칩 오셀롯을 발표하면서 소프트웨어 중심 전략을 넘어 하드웨어 경쟁에도 본격적으로 뛰어들었다. 이 칩은 캘리포니아 공과대학교 산하의 AWS 양자 연구소에서 개발되었으며, 양자 오류 수정 비용을 기존 방식 대비 최대 90%까지 줄일 수 있는 획기적인 구조로 평가받고 있다.

오셀롯은 캣 큐비트 기술을 사용하며 이는 특정 형태의 오류를 본질적으로 억제할 수 있어 효율적인 양자 오류 수정이 가능하다. 약 $1cm^2$ 크기의 실리콘 칩 두

---

1 양자 알고리즘을 하드웨어에 맞게 실행할 수 있도록 변환하는 중간 단계의 표준화된 코드 형식.

장으로 구성되어 있으며 각 칩은 초전도 재료 기반 회로로 이루어져 있다. 총 14개의 구성 요소가 통합돼 있고 여기에는 5개의 데이터 큐비트, 안정화를 위한 5개의 버퍼 회로, 오류 감지를 위한 4개의 보조 큐비트가 포함된다.

AWS 연구진은 캣 큐비트를 확장 가능한 마이크로칩 형태로 구현함으로써 양자컴퓨터를 더 작고, 더 신뢰할 수 있으며, 더 저렴하게 제작할 수 있는 가능성을 제시했다. 아마존의 전략은 '빌더들을 위한 빌더Builders for Builders'라는 AWS 철학을 반영한다. 단기적으로는 개발자와 기업이 손쉽게 양자 기술에 접근하고 실험할 수 있는 플랫폼을 제공하고, 장기적으로는 자체 하드웨어 개발을 통해 양자 생태계 내 영향력을 강화하려는 목표를 동시에 추구하고 있다.

## 8.4 기회와 도전
: 양자 컴퓨팅 투자, 무엇을 볼 것인가

앞서 살펴본 바와 같이 양자 컴퓨팅 생태계는 하드웨어, 소프트웨어, 응용 서비스 등 다양한 분야에서 수많은 기업이 경쟁과 협력을 통해 빠르게 성장하고 있다. 이러한 역동적인 변화는 투자자에게 새로운 기회를 제공함과 동시에 신중히 고려해야 할 도전 과제와 잠재적 위험 요소 또한 안고 있다.

양자 컴퓨팅 투자가 주목받는 가장 큰 이유는 그 파괴적인 잠재력 때문이다. 이 기술은 특정 산업에 국한되지 않고 신약 개발, 신소재 설계, 금융 모델링, AI, 물류 최적화, 암호 해독 등 다양한 분야에서 혁신적인 변화를 이끌어낼 수 있는 가능성을 지니고 있다. 마치 과거 트랜지스터의 발명이나 인터넷의 등장처럼 컴퓨팅 역사에서 새로운 패러다임 전환을 가져올 수 있는 기술로 평가된다.

보스턴컨설팅그룹BCG에 따르면 양자 컴퓨팅은 2040년까지 약 8500억 달러 규모의 새로운 비즈니스 가치를 창출할 것으로 전망되며 특히 제약, 화학, 금융, 자동차, 에너지 산업이 큰 혜택을 받을 것으로 예측된다. 이들 산업에서는 기존의 비즈니스 모델이 재편되거나 지금은 상상하기 어려운 완전히 새로운 기회가 열릴 수 있다.

또한 양자 컴퓨팅은 아직 초기 단계에 있는 기술인 만큼 초기 투자자에게 선점 효과를 누릴 수도 있다. 미래 핵심 기술이나 플랫폼을 개발할 유망 기업을 미리 발굴하여 투자한다면 장기적으로 높은 수익률을 기대할 수 있다. 과거 애플, 아마존, 구글 등이 각자의 시대에서 새로운 컴퓨팅 패러다임을 주도하며 막대한 가치를 창출했듯, 양자 컴퓨팅 시대에도 이와 유사한 성장을 이끌 기업이 등장할 가능성이 높다.

하지만 이와 같은 장밋빛 전망 뒤에는 반드시 짚고 넘어가야 할 도전 과제와 리스크도 존재한다.

양자 컴퓨팅 분야는 여전히 기술적 불확실성이 매우 높은 시장이다. 초전도, 이온 트랩, 광자, 중성 원자 등 다양한 큐비트 기술이 경쟁하고 있으나 어떤 기술이 궁극적으로 주류가 될지, 또 언제쯤 오류를 극복한 결함 허용 양자 컴퓨터가 등장할지는 누구도 확신하기 어렵다. 이는 마치 초기 컴퓨터 산업에서 진공관, 트랜지스터, 집적회로 등이 경쟁하던 상황과 유사하다.

이러한 기술 경쟁 속에서 특정 기술에 집중 투자했다가 해당 기술이 도태될 경우 큰 손실을 볼 수 있다는 점은, 특히 하드웨어 기업에 대한 투자에서 두드러지는 리스크다. 따라서 하나의 기술에 올인하기보다는 여러 기술에 분산 투자하거나 하드웨어보다는 소프트웨어나 응용 서비스 영역에 집중하는 전략도 고려할 필요가 있다.

또 다른 과제로는 거대 기술 기업들과의 경쟁이 있다. IBM, 구글, 아마존, 마이크로소프트 등은 양자 컴퓨팅 기술에 막대한 자금을 투자하며 스타트업들과 직접적인 경쟁 구도를 형성하고 있다. 이들 빅테크는 압도적인 자본력과 인재 확보 능력 그리고 자체 연구 인프라를 바탕으로 시장을 선도하고 있어 스타트업 입장에서는 차별화된 경쟁력을 확보하지 않으면 생존이 어려운 구조다.

무엇보다 중요한 점은 양자 컴퓨팅이 실질적인 수익을 창출하기까지 아직 시간이 필요하다는 점이다. 많은 전문가는 결함 허용 양자 컴퓨터가 상용화되어 광범위한 산업적 응용이 가능해지기까지 최소 10년 이상이 소요될 것으로 보고 있다. 현재 대부분의 양자 컴퓨팅 기업은 여전히 연구 개발 단계에 있으며, 특히 하드웨어 기업의 경우 고가의 장비, 인프라, 인력에 지속적인 투자가 필요하다.

자금 소진 속도가 빠른 상황에서 지속적인 투자 유치에 실패하면 기업은 재정적 압박에 직면할 수 있다. 이는 기존 주주에게 지분 희석의 위험으로 작용할 수 있으며, IPO나 대기업 인수합병까지 얼마나 오랜 시간이 걸릴지 불확실하다는 점도 투자 판단에 있어 고려해야 할 요소다.

아이온큐, 리게티, D-웨이브 등은 SPAC를 통해 상장하면서 일정 수준의 자금을 확보했지만, 지속적인 연구 개발과 상업화를 위해서는 여전히 추가 자금 조달이 필요한 상황이다. 특히 최근 일부 기업의 주가가 초기 기대에 못 미치면서 투자자들의 실망감이 커지는 사례도 늘고 있다.

또한 양자 컴퓨팅에 대한 기대감이 높아지면서 일부 기업이 기술력을 과장하거나 실현 가능성이 낮은 목표를 제시하며 투자를 유치하려는 사례도 존재한다. 이는 과거 AI, 블록체인 등 다른 신기술 분야에서도 빈번히 나타났던 현상으로 투자자가 과장된 주장과 실제 기술력 사이를 구분해내는 안목이 그 어느 때보다 중요하다.

양자 컴퓨팅 분야에서는 특히 큐비트 수만 강조하고 오류율이나 결맞음 시간 등 실제 성능에 결정적인 요소를 간과하는 경우가 많다. 더불어 양자 우위라는 용어가 종종 과장되게 사용되어 범용 양자 컴퓨터가 마치 이미 실용화된 것처럼 오해를 불러일으키기도 한다.

따라서 투자자는 이러한 과장된 마케팅과 현실 간의 간극을 객관적으로 평가하고 기술적 현실을 냉정하게 판단할 수 있는 시각을 가져야 한다. 기술 전문가의 자문을 구하거나 독립적인 기술 평가 보고서를 참고하는 것도 매우 유익할 수 있다.

사실 이 책을 집필하게 된 가장 큰 이유 중 하나도 양자 컴퓨팅에 대한 장밋빛 전망만을 전달하기보다, 이 기술을 제대로 이해하고 투자자가 보다 합리적인 판단을 내릴 수 있도록 돕기 위한 목적이었다. 이러한 기회와 도전 요소를 종합적으로 고려할 때 양자 컴퓨팅 관련 기업에 투자할 때는 다음과 같은 핵심 요소를 면밀히 검토할 필요가 있다.

## 기술력과 로드맵

무엇보다 중요한 것은 해당 기업이 선택한 기술 방식의 잠재력과 경쟁력 그리고 실제 기술 개발 수준을 정확히 평가하는 일이다. 단순히 큐비트 수만을 기준으로 삼기보다는 오류율, 결맞음 시간, 게이트 충실도gate fidelity 등 성능을 좌우하는 다양한 요소를 종합적으로 고려해야 한다.

또한 기업이 결함 허용 양자 컴퓨터 또는 실용적인 응용 서비스 개발을 목표로 삼고 있다면 그에 따른 구체적인 기술 로드맵이 존재하는지 그리고 그 로드맵이 실제로 실현 가능한 수준인지를 면밀히 살펴보아야 한다. 이는 양자 컴퓨터가 이상적인 규모로 확대되기 전에 해당 기업이 수익을 창출할 수 있는 실용적인 제품이나 서비스를 보유할 가능성을 판단하는 데 매우 중요한 기준이 된다.

로드맵상의 주요 이정표가 현실적인 시간 프레임 내에 설정되어 있는 그리고 과거에 기업이 스스로 제시한 계획을 얼마나 충실히 이행해왔는지 역시 중요한 검토 요소다. 이러한 이행 실적은 기업이 제시하는 향후 계획의 신뢰성을 판단하는 데 핵심적인 기준이 된다.

특히 주목해야 할 점은 해당 기업이 기술적 도전 과제들을 어떻게 인식하고 있으며, 이를 해결하기 위해 어떤 혁신적인 접근법이나 독자적인 기술력을 보유하고 있는지 여부다. 이는 단기적인 기술 성과뿐 아니라 장기적인 경쟁력과 지속 가능한 성장을 평가하는 데 있어 결정적인 요소다.

## 팀의 전문성과 구성

양자 컴퓨팅 분야에서 성공하기 위해서는 최고 수준의 과학자와 엔지니어 그리고 비즈니스 경험이 풍부한 경영진이 조화를 이루는 팀 구성이 필수적이다. 특히 창업팀의 배경과 이전 성과, 핵심 인력의 전문성, 팀의 안정성 등은 기업의 신뢰도와 실행 역량을 판단하는 데 중요한 지표가 된다.

기술 전문가와 비즈니스 전문가 간의 균형도 핵심 포인트다. 뛰어난 과학자만으로는 기술을 성공적으로 상용화하기 어렵고 반대로 비즈니스 전문가만으로는 이 복잡한 기술 분야에서 지속적인 기술 경쟁력을 확보하기 어렵기 때문이다.

또한 우수 인재를 유치하고 유지할 수 있는 능력, 지속적인 학습과 혁신을 장려하는 조직 문화도 장기적인 성장 가능성을 가늠하는 데 중요한 요소다. 특히 양자 물리학자, 컴퓨터 과학자, 시스템 엔지니어 등 다양한 배경의 전문가가 효과적으로 협업할 수 있는 학제 간 팀 구성이 되어 있는지 그리고 외부 기관과 협력 프로젝트를 얼마나 활발히 수행하고 있는지도 확인할 필요가 있다. 기술 자체의 우수성뿐 아니라 외부 협업을 통한 시너지 창출 능력 역시 기업의 근본 경쟁력을 좌우한다.

## 파트너십과 생태계

팀 구성과 인재 확보와 밀접하게 연관된 요소로 주요 대학, 연구 기관, 글로벌 기업, 클라우드 플랫폼 등과의 전략적 파트너십은 기술 개발은 물론 시장 진출 측면에서도 매우 중요한 기반이 된다. 강력한 파트너십은 기술 검증, 초기 고객 확보, 상업화 촉진에 결정적인 영향을 미친다.

특히 IBM, 구글, 마이크로소프트, 아마존 등 주요 클라우드 플랫폼과의 협력은 양자 컴퓨팅 스타트업이나 중소기업에게 매우 유리한 성장 기회를 제공할 수 있다. 예를 들어, 아이온큐는 아마존 브라켓, 애저 퀀텀, 구글 클라우드 등 여러 플랫폼과 파트너십을 맺음으로써 자사 양자 컴퓨터에 대한 접근성을 확대하고 시장 내 입지를 강화해나가고 있다.

또한 오픈 소스 커뮤니티와의 활발한 상호작용과 개발자 생태계 구축을 위한 노력 역시 기업의 장기적인 생존 가능성과 확장성을 보여주는 중요한 신호다. 기술을 폐쇄적으로 운영하는 기업보다 커뮤니티와 생태계를 적극적으로 육성하는 기업이 더 빠르게 성과를 낼 가능성이 크다.

## 재무 건전성과 지적재산권 전략

재무 건전성은 스타트업과 상장 기업 모두에 대해 투자 시 반드시 고려해야 할 핵심 요소다. 특히 양자 컴퓨팅 관련 기업이 스타트업이라면 충분한 투자 자금을 확보하고 있는지, 자금 소진 속도$_{\text{Burn rate}}$는 어떤 수준인지 그리고 추가 자금 조달 계획이 현실적인지 등을 종합적으로 파악하여 재정적 안정성을 평가해야 한다.

현재 보유한 자금으로 얼마 동안 사업을 지속할 수 있는지$_{\text{Runway}}$, 기술 개발의 주요 이정표 및 상업화 단계에 도달하기 위해 추가로 필요한 자금 규모는 얼마인지 그리고 어떤 방식으로 이를 조달할 계획인지에 대한 이해가 필수적이다.

상장 기업의 경우 매출 성장률, 수익성, 현금 흐름, 부채 수준 등의 전통적인 재무 지표뿐 아니라 R&D 투자 비중, 자본 지출 계획도 함께 검토해야 한다. 아울러 주요 주주 구성과 기업 지배 구조 역시 장기적인 투자 관점에서 중요한 판단 요소다.

지적재산권IP 역시 양자 컴퓨팅 기업의 핵심 경쟁력을 좌우하는 요소다. 해당 기업이 핵심 기술에 대해 강력한 특허 포트폴리오를 보유하고 있는지, 즉 특허의 수와 질, 인용 빈도 그리고 기술 진입장벽 형성 여부 등을 다각도로 평가해야 한다.

또한, 기업의 지적재산권 전략이 방어적인 성격—경쟁사의 진입 차단 목적—인지, 공격적인 성격—라이선싱 수익 창출 목적—인지 혹은 오픈 이노베이션 모델을 지향하는지 파악하는 것도 중요하다. 각 기업이 추구하는 지적재산권 전략이 자신의 비즈니스 모델과 기술 로드맵에 적절히 부합하는지를 평가해야 한다.

특히 양자 컴퓨팅 분야는 기초 연구와 상업적 응용 사이의 경계가 모호하기 때문에 지적재산권 분쟁이 발생할 가능성도 존재한다. 따라서 기업이 보유한 특허와 기술이 법적으로 얼마나 강력하게 보호받고 있는지, 제3자와의 지적재산권 충돌 가능성은 없는지 등을 면밀히 검토할 필요가 있다.

## 시장 접근 전략과 수익 모델

양자 컴퓨팅 기업에 투자할 때는 해당 기술이 어떤 산업 분야의 어떤 문제를 해결하는 데 적용되는지 그리고 이를 통해 어떤 방식으로 수익을 창출할 것인지에 대한 구체적이고 현실적인 시장 접근 전략을 갖추고 있는지 평가해야 한다.

특히 초기 시장으로 어떤 영역을 타기팅하고 있는지, 이 시장에서의 성과를 어떻게 더 넓은 시장으로 확장할 계획인지에 대한 명확한 전략이 중요하다. 기술 개발의 초기 단계에서는 기술 그 자체의 구현이 중요하지만 빅테크 기업이 본격적으로 시장에 진입하고 자본이 대거 유입되는 현재의 상황에서는 도메인 전문성이 더욱 중요한 경쟁 요소로 부각되고 있다.

빅테크 기업이 아닌 이상 거의 모든 산업 분야에서 경쟁 우위를 주장하는 것은 현실적으로 무리이며, 이는 마치 하나의 만병통치약으로 모든 질병을 치료할 수 있다고 주장하는 것과 같다. 따라서 상당한 규모를 갖춘 스타트업이나 상장 기업이라 하더라도 자신들만의 특화된 기술력과 경쟁 우위를 보유한 산업 영역이 존재하는지를 꼼꼼히 확인하는 것이 필요하다.

수익 모델이 명확하고 지속 가능한지도 중요한 평가 기준이다. 하드웨어 판매, 클라우드 기반의 양자 서비스 제공, 소프트웨어 라이선싱, 기술 컨설팅 등 다양한 수익 창출 방식 중 어떤 모델을 취하고 있는지, 해당 모델이 목표 시장과 고객 특성에 적합한지를 평가해야 한다.

또한 단순한 기술 제공을 넘어서 고객의 실제 문제를 해결하고 실질적인 가치를 창출하는 데 초점을 맞추고 있는지도 중요한 평가 요소다. 특히 양자 컴퓨팅처럼 복잡한 기술의 경우 고객이 이를 쉽게 도입하고 활용할 수 있도록 지원하는 포괄적 솔루션을 제공하는 기업일수록 시장에서의 성공 가능성이 높다.

양자 컴퓨팅 분야는 분명 매력적인 기회를 제공하지만 동시에 높은 기술적 불확실성과 상업적 리스크를 수반한다. 성공적인 투자를 위해서는 기술에 대한 깊이 있는 이해를 바탕으로 철저한 기업 분석과 리스크 평가가 선행되어야 한다.

투자자의 성향과 목표에 따라 다양한 전략적 접근이 가능하다. 예를 들어, 필자처럼 고위험 고수익을 감수할 수 있는 벤처 투자자라면 혁신적인 기술을 보유한 초기 단계 스타트업에 투자해 높은 성장 가능성을 노릴 수 있다. 반면, 보다 안정성을 중시하는 투자자라면 IBM, 마이크로소프트, 구글, 아마존 등 이미 확고한 사업 기반 위에서 양자 컴퓨팅에 전략적으로 투자하는 대기업에 투자하는 것이 리스크를 줄이는 현실적인 방법이 될 수 있다.

무엇보다 단기적인 기술 뉴스나 주가 변동에 과도하게 반응하기보다는 기술 발전과 생태계 성숙 과정을 지켜보며 장기적인 관점에서 접근하는 자세가 필요하다. 양자 컴퓨팅은 단거리 경주가 아니라 마라톤과 같은 긴 여정이며, 단기적인 성과

보다는 지속적인 기술 진보와 생태계 성장 가능성에 초점을 맞추는 것이 바람직하다.

특정 기업이나 기술에 과도하게 집중하기보다는 다양한 기술 방식과 생태계 영역에 걸쳐 포트폴리오를 분산하는 전략도 유효하다. 예컨대 하드웨어, 소프트웨어, 응용 서비스 등 생태계 전반에 걸쳐 균형 잡힌 투자를 하거나, 양자 컴퓨팅 관련 ETF나 전문 펀드를 활용하여 간접적인 투자 경로를 확보하는 것도 하나의 전략이 될 수 있다.

결국, 양자 컴퓨팅 투자의 성공 여부는 다음과 같은 요소에 달려 있다.

- 기술에 대한 깊은 이해
- 대상 기업에 대한 철저한 분석
- 선별적 접근과 분산 투자 전략
- 장기적인 시야와 인내심
- 위험 관리 능력

이러한 요소를 균형 있게 고려할 수 있다면 양자 컴퓨팅은 차세대 컴퓨팅 혁명에 참여할 수 있는 유례없는 투자 기회가 될 수 있을 것이다.

### 에필로그: 퀀텀 시대, 새로운 기회의 문 앞에서

우리는 꽤 긴 여정을 함께 걸어왔다. 양자라는 미시 세계의 기묘한 법칙이 어떻게 새로운 컴퓨팅의 시대를 열고 있는지, 그 눈부신 가능성과 동시에 우리가 넘어야 할 험난한 과제도 함께 살펴보았다. 큐비트의 중첩과 얽힘이라는 마법 같은 현상에서 시작해 초전도체와 이온 트랩 위에서 벌어지는 치열한 하드웨어 경쟁, 양자 알고리즘과 소프트웨어라는 두뇌를 거쳐 해킹이 불가능한 통신망과 암호 체계의 미래 그리고 신약 개발과 금융, AI 등 우리 삶을 혁신할 다양한 응용 분야까지 마치 안개 속을 헤치며 새로운 대륙을 탐험하듯, 우리는 양자 컴퓨팅이라는 미지의 세계를 한 걸음씩 밟아왔다.

양자 컴퓨팅이 약속하는 미래는 단순히 더 빠른 계산기를 넘어선다. 그것은 우리가 세상을 이해하고 상호작용하는 방식 자체를 바꿀 잠재력을 품고 있다. 분자 수준에서 생명의 비밀을 풀어 알츠하이머나 암 같은 난치병을 정복하고, 기후 변화의 해법이 될 새로운 촉매나 신소재를 개발하는 모습도 상상해볼 수 있다. 금융 시장의 복잡한 위험을 예측하고 AI가 인간의 창의성과 협력하여 새로운 지식과 예술을 창조하는 시대, 이 모든 가능성은 공상이 아니라 양자 컴퓨팅이 인류에게 제공할 수 있는 현실적인 미래다.

앞서 7장에서 살펴본 것처럼 양자 컴퓨팅이 본격적으로 실현되기까지는 여전히 많은 기술적 장벽이 존재한다. 결함 허용 양자 컴퓨터를 구현하기 위해선 기술적 도약─오류 수정 코드의 진보와 큐비트의 결맞음 시간 향상 등─이 필요하다. 그러나 8장에서 보았듯이 IBM, 구글, 마이크로소프트, 아마존 같은 기술 거인들부터 아이온큐, 리게티, 사이퀀텀, 자나두 같은 혁신적인 스타트업까지 생태계 전체가 이 과제에 도전하고 있다.

이러한 경쟁 속에서 초전도, 이온 트랩, 광자, 중성 원자 등 다양한 큐비트 기술이 각자의 강점을 발휘하며 발전하고 있으며 하드웨어뿐 아니라 키스킷, 써크, Q# 같은 소프트웨어 프레임워크도 개발자 생태계를 확장하고 있다. 물론 강력한 기술에는 책임도 따른다. 암호 해독의 위험, 감시 사회의 심화, 기술 격차의 확대 같은 윤리적 문제 역시 함께 고민해야 할 과제다. 퀀텀 시대는 단순한 기술 발전의 시대가 아니라 인간의 지혜와 성찰이 그 어느 때보다 중요한 시대다.

그렇다면 우리는 이 거대한 변화의 흐름 속에서 무엇을 해야 할까? 단지 구경만 하고 있을 수는 없다. 개인에게 요구되는 것은 호기심이라는 불씨를 꺼뜨리지 않고 끊임없이 배우는 자세다. 양자 컴퓨팅은 더 이상 물리학자만의 언어가 아니다. 이 책이 그 여정의 작은 이정표가 되었기를 바라며 앞으로는 온라인 강의, 기술 서적, 커뮤니티 등을 통해 지속적으로 배움을 이어가길 권한다.

중요한 것은 단순한 지식 암기가 아니라 양자적 사고방식을 익히는 것이다. 즉, 확률적이고 중첩적인 현상을 받아들이고 복잡한 문제를 새로운 시각에서 유연하게 바라보는 능력을 키우는 것, 익숙한 고전적 세계관의 틀에서 벗어나 양자 세계의 논리에 익숙해지는 것, 이것이 진정한 퀀텀 시대의 시민으로 나아가는 길이다.

또한 양자 컴퓨팅은 단순히 컴퓨터 과학이나 물리학의 영역에 머물지 않는다. 화학, 생물학, 금융, AI 등 다양한 분야와 융합되며 새로운 혁신을 일으키고 있다. 따라서 각자의 전문 분야에서 양자 컴퓨팅이 가져올 변화를 이해하고 준비하는 것이 미래 경쟁력의 핵심이 될 것이다.

기업 역시 이 변화의 흐름에 능동적으로 대응해야 한다. 양자 컴퓨팅 생태계는 빠르게 진화하고 있으며, 이에 따라 기업들은 자사 비즈니스 모델과 경쟁 환경에 미칠 영향을 면밀히 분석하고 장기적 전략을 수립할 필요가 있다.

당장 고비용의 자체 양자 컴퓨터 구축이 어렵다면 IBM 퀀텀 익스피리언스, 애저 퀀텀, 아마존 브라켓 등 클라우드 기반의 양자 컴퓨팅 서비스$_{QCaaS}$를 활용하여 소규모 파일럿 프로젝트를 시작하는 것도 좋은 출발점이 될 수 있다. 중요한 것은 실패를 두려워하지 않는 실험 정신과 양자 기술에 대한 열린 자세를 조직 전반에 확산시키는 것이다. 대학, 연구소, 전문 기업과의 파트너십을 통해 기술 격차를 줄이고 혁신을 가속화할 수도 있다.

무엇보다 양자 컴퓨팅이 기존 암호 체계를 위협하고 있는 지금, 기업은 자산과 시스템을 보호하기 위한 준비가 필수적이다. 양자 내성 암호로의 전환 계획을 수립하고 실행하는 것은 생존 전략이 되었으며 특히 금융, 의료, 국방처럼 민감한 정보를 다루는 산업에서는 더욱 시급하다.

투자 관점에서 양자 컴퓨팅은 매력적인 기회와 함께 높은 불확실성도 안고 있다. 기술적 차별성, 팀의 전문성, 재무 건전성, 지적재산권 전략, 명확한 시장 접근 전략과 수익 모델 등 다양한 요소를 종합적으로 판단할 수 있는 안목이 필요하다. 초기 단계의 기술이기에 단기 수익보다는 장기적인 가치 창출에 초점을 맞추는 인내심도 중요하다.

IBM, 구글, 마이크로소프트 같은 대기업뿐 아니라 퀀티뉴엄, 아이온큐, 리게티 같은 하드웨어 전문 기업, 자파타 컴퓨팅, 원큐빗 같은 소프트웨어 기업 등 다양한 접근법을 가진 기업을 포트폴리오 관점에서 고려하는 것이 리스크를 분산시키는 지혜가 될 수 있다. 실제로 보스턴컨설팅그룹은 양자 컴퓨팅이 2040년까지 최대 8500억 달러 규모의 새로운 비즈니스 가치를 창출할 것으로 전망하고 있다. 현재의 불확실성에도 불구하고 결코 가볍게 볼 수 없는 기회다.

기술이 발전할수록 양자 컴퓨팅의 윤리적·사회적 함의 또한 중요한 의제로 떠오르고 있다. 양자 암호 해독 능력이 국가 안보와 프라이버시에 미치는 영향, 기술 접근성의 불균형이 초래할 디지털 격차, 일자리 변화에 따른 사회적 대응 등은 지속적인 논의와 정책이 필요한 영역이다. 이 문제들은 개발자, 기업, 정부, 시민 사회가 함께 고민하고 협력해야 풀어낼 수 있다. 기술의 혜택을 최대화하고 그로 인한 위험을 최소화하는 책임 있는 혁신이 바로 양자 시대를 이끄는 나침반이 되어야 한다.

8장에서 필자는 퀀텀 시티라는 비유를 통해 양자 컴퓨팅 생태계의 복합적 구조를 설명한 바 있다. 지금 우리는 그 도시의 기반 시설(하드웨어), 운영 체제(소프트웨어) 그리고 실제 경제 활동(응용 서비스)이 하나둘씩 갖춰지는 초기 단계를 목격하고 있다. 특히 주목할 점은 양자-고전 하이브리드 방식의 중요성이다. 양자 컴퓨팅은 기존 고전 컴퓨팅을 대체하는 것이 아니라 함께 보완하며 새로운 가능성을 연다는 점에서 더욱 현실적이다. 이 융합적 접근이 실용화를 앞당기고 상상하지 못했던 응용 분야를 열어줄 것이다.

우리는 지금 양자 컴퓨팅이라는 거대한 파도 앞에 서 있다. 이 파도는 세상을 뒤

흔들 힘을 가졌지만 동시에 예측 불가능한 위험도 함께 안고 있다. 기술적 한계는 여전히 높고 사회적·윤리적 논의는 이제 막 시작된 단계다.

하지만 인류는 언제나 미지의 세계에 도전해왔고, 그 과정에서 놀라운 발전을 이루어냈다. 양자 컴퓨팅도 예외는 아닐 것이다. 연구자들의 열정, 기업의 과감한 투자, 사회 전체의 관심과 토론이 모일 때 우리는 이 강력한 도구를 인류의 번영과 지속 가능한 미래를 위해 현명하게 사용할 수 있을 것이다.

이 책이 독자 여러분의 양자 컴퓨팅 여정에 작은 등불이 되었기를 바란다. 양자 컴퓨팅이 열어줄 새로운 기회의 문은 이제 막 우리 앞에 모습을 드러냈다. 그 문을 열고 담대하게 나아갈 것인가, 아니면 문 앞에서 망설일 것인가? 선택은 이제 우리의 몫이다. 두려움보다는 설렘으로, 방관보다는 참여로, 퀀텀 시대를 향한 흥미로운 탐험은 지금, 여기서 시작된다.